49冊のアンアン

椎根和

フリースタイル

「玉三郎――坂東玉三郎、立川ユリ」撮影＝篠山紀信　第49号（1972年3月20日・4月5日創刊二周年記念合併号）より

「萩——時間旅行のように　純情画帖」撮影＝立木義浩　第47号（1972年2月20日号）より

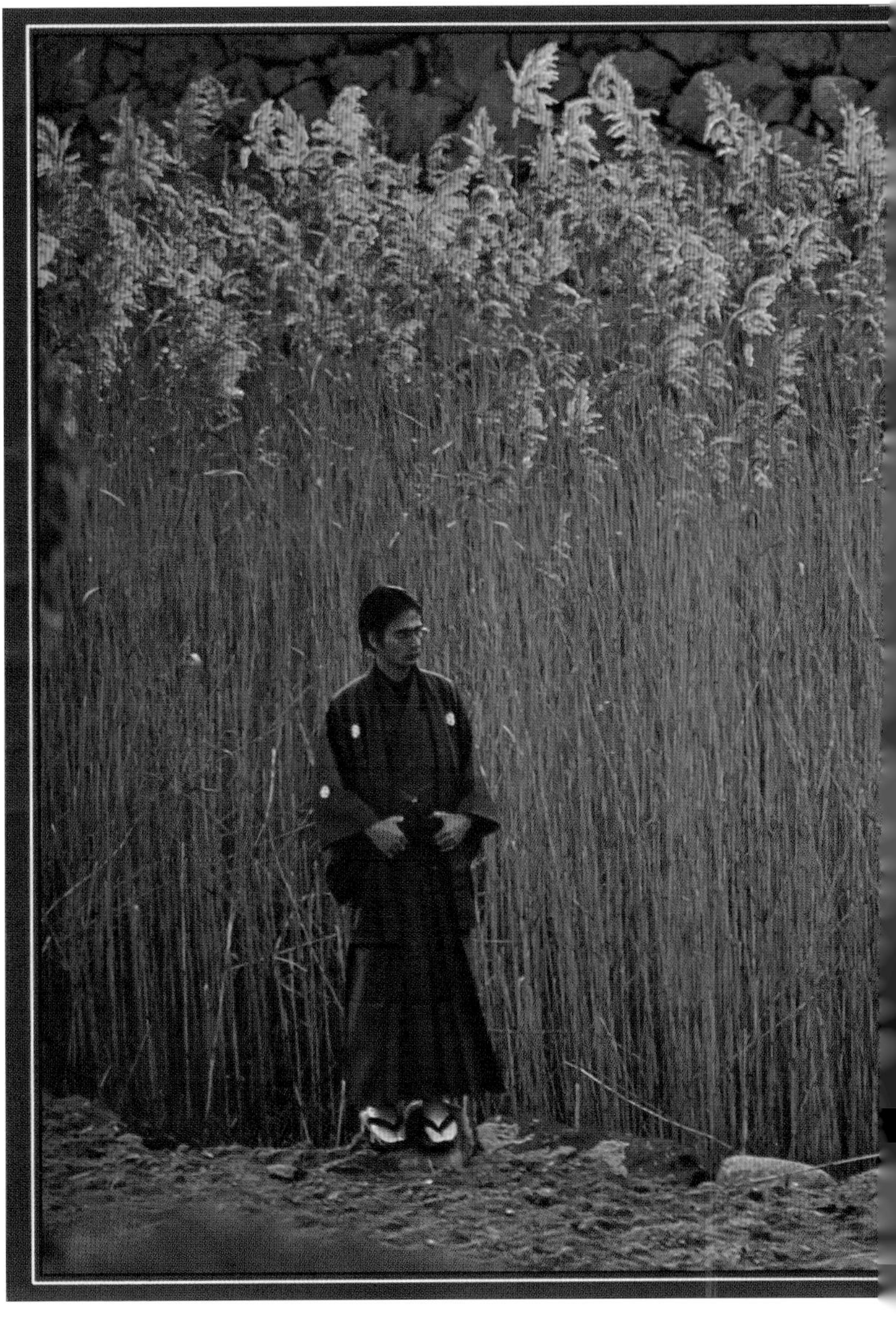

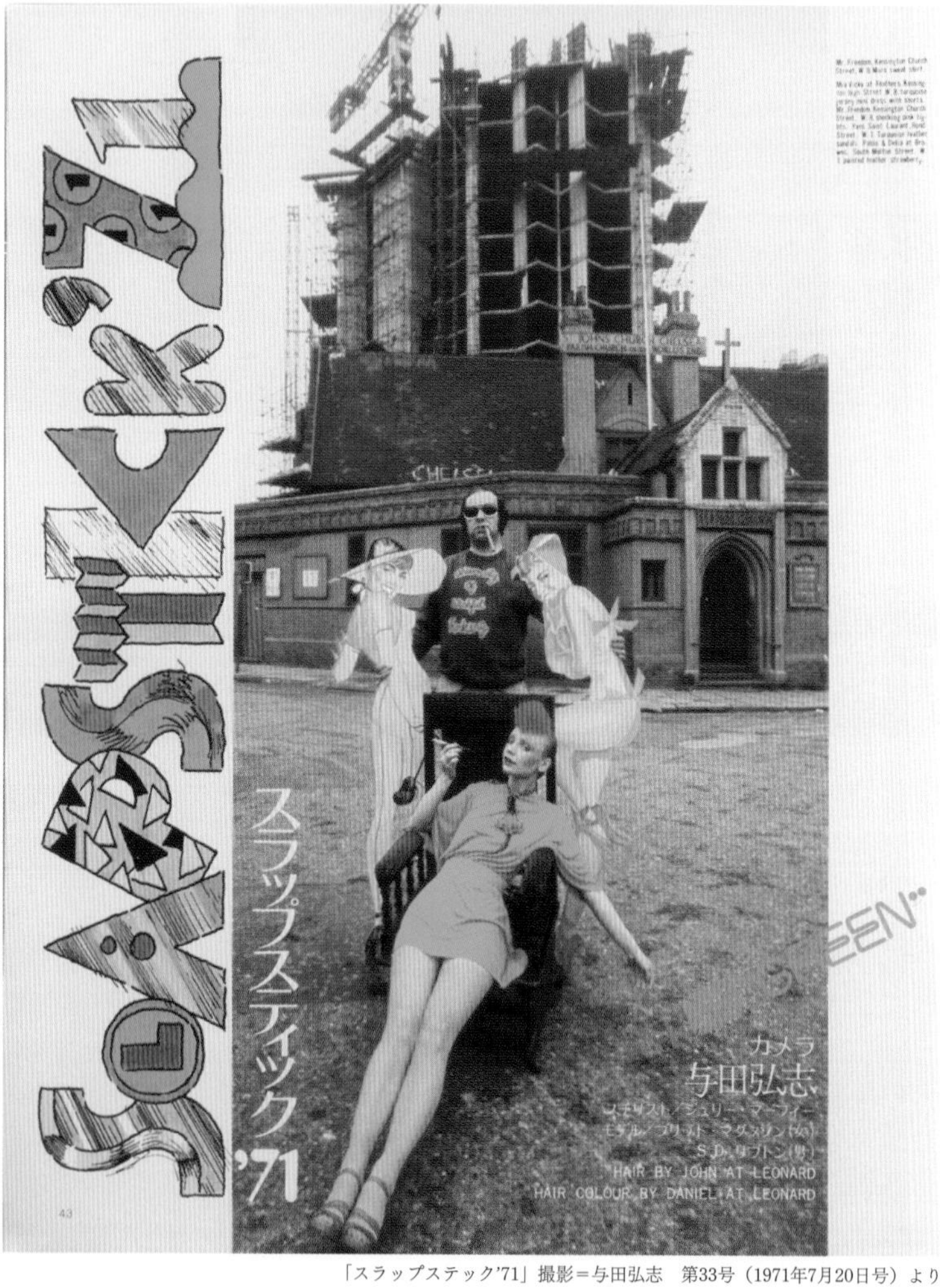

「スラップステック'71」撮影＝与田弘志　第33号（1971年7月20日号）より

「ベネチアの花嫁」撮影＝吉田大朋　第2号（1970年4月5日号）より

「デスマスク・モデル　幽玄を着る――ジェーン・フォース」撮影＝加納典明　第29号（1971年5月20日号）より

「ザンドラ・ローズ——世界でもっともユニークなデザイナー」撮影＝十文字美信　第40号（1971年11月5日号）より

「あの、ジョン・F・ケネディが愛したニューイングランド」撮影＝萩原英興　第45号（1972年1月20日号）より

「ブリットの安物買い　京都編」撮影＝八十島健夫　第47号（1972年2月20日号）より

「こんにちはモロッコ」撮影＝立川三朗　第14号（1970年10月5日号）より

「ビバ！バカンス――グリーン」撮影＝立木義浩　第34号（1971年8月5日号）より

「ディスカバー・ヨーロッパ〈バルカン〉――ルーマニアの花嫁花むこ」
撮影＝秋山亮二　第42号（1971年12月5日号）より

創刊号（1970年3月20日号）

第4号（1970年5月5日号）

第3号（1970年4月20日号）

第2号（1970年4月5日号）

第7号（1970年6月20日号）

第6号（1970年6月5日号）

第5号（1970年5月20日号）

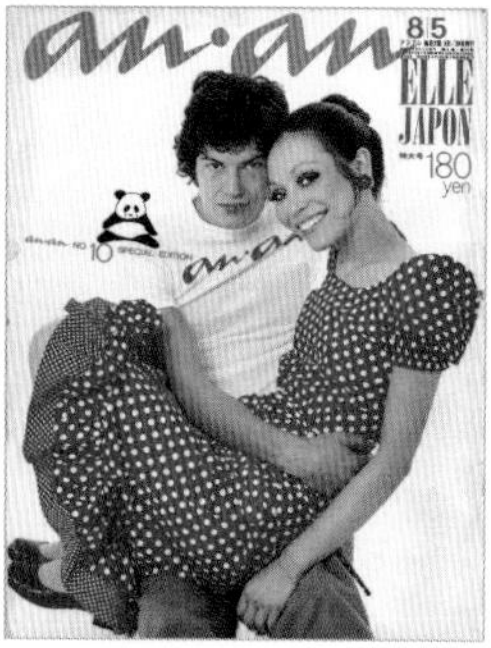

第10号（1970年8月5日号）

第9号（1970年7月20日号）

第8号（1970年7月5日号）

第13号（1970年9月20日号）

第12号（1970年9月5日号）

第11号（1970年8月20日号）

第16号（1970年11月5日号）

第15号（1970年10月20日号）

第14号（1970年10月5日号）

第19号（1970年12月20日号）

第18号（1970年12月5日号）

第17号（1970年11月20日号）

第22号（1971年2月5日号）

第21号（1971年1月20日号）

第20号（1971年1月5日号）

第25号（1971年3月20日号）

第24号（1971年3月5日号）

第23号（1971年2月20日号）

第28号（1971年5月5日号）

第27号（1971年4月20日号）

第26号（1971年4月5日号）

第31号（1971年6月20日号）

第30号（1971年6月5日号）

第29号（1971年5月20日号）

第34号（1971年8月5日号）

第33号（1971年7月20日号）

第32号（1971年7月5日号）

第37号（1971年9月20日号）

第36号（1971年9月5日号）

第35号（1971年8月20日号）

第40号（1971年11月5日号）

第39号（1971年10月20日号）

第38号（1971年10月5日号）

第43号（1971年12月20日号）

第42号（1971年12月5日号）

第41号（1971年11月20日号）

第46号（1972年2月5日号）

第45号（1972年1月20日号）

第44号（1972年1月5日号）

第49号（1972年3月20日・4月5日
創刊二周年記念合併号）

第48号（1972年3月5日号）

第47号（1972年2月20日号）

49冊のアンアン＝目次

49冊のアンアン

装画　高田理香

装幀　柿崎宏和（ザ・グラフィック・サービス）

新雑誌のため六本木にビルを買う

写真は昔から「光が描く」あるいは「光を描く」といわれてきた。どちらも叙情的な美しい言葉だ。光がなかったら、地球上で人間ばかりではなく植物、動物まで生存できない。光は肉体ばかりでなく精神にも必要と考えられてきた。適度な陽だまりに全身がつつまれた時の、あの幸福感を思いかえしてほしい。スティーブン・ホーキング博士は、ブラックホールにも、わずかながら光があると発言している。

言葉は、国によって、民族によって違うものを使っているので、そのコミュニケーション力は限定される。

そこへいくと写真は、全世界七十億人に共通する、すぐに理解してもらえるメディアだ。

写真機ができてから、わずか二百年たらずだが、当初は一部の金持ちだけが買える高価なものだった。しかしいまや、ほぼすべての人がスマートフォンで、即座に自分の感覚、感情を、写真というかたちで世界に発信できるようになった。

いい写真、悪い写真の評価・判断、好まれる写真、嫌われる写真が、時の経過につれて、つまり写真機の進歩につれて変わってきたという現象が起こっている。これは写真が変わるのでなく、わたしたちの視線・まなざしが変わったのだといえる。

一九七〇年頃から、〝写真が現実社会を撮る〟のではなく、〝撮った写真が現実になるのだ〟とプロの写真家たちがいいはじめた。ことにファッション・フォトグラファーたちに多かった。

そういう新感覚を持ったアートディレクター（以後AD）、写真家、編集者が一冊の雑誌に奇跡的にあつまった。日本最初のヴィジュアル・ファッション・マガジン「アンアン」。その視覚の砦の主《あるじ》はADの堀内誠一だった。そして若い女性、いや男性たちにも、〝ヴィジュアル・ショック〟という新しい快感をもたらした。

アンアンが創刊されたのは一九七〇年三月三日。若い女性向けの隔週誌（月二回刊）だからということで雛祭りの日が創刊日になった。オールグラビア・中とじの大型サイズ（A4判変型）を印刷製本できる機械はまだ日本にはなかったが、千代田グラビア社が、アンアン専門の印刷機を開発してくれた。

この日本初の欧米風ファッション誌発刊というアイデアを長くあたためていたのが平凡出版（現マガジンハウス）副社長だった清水達夫。他社のファッション誌はまだドレスの型紙・製図を活版ページとして入れていた頃のことだった。

清水が写真中心の女性誌の創刊を考えはじめたのは一九六二年の米国出版界視察旅行の時だった。米国の有力ファッション誌セブンティーン編集部を訪ねた際、そこが料理撮影専用のスタジオまで備えつけられた富豪のリビングルームのような雰囲気だったことに魅了され、新女性誌創刊の夢が大きくふくらんだという。

創刊までにはそれから八年という時間が必要だったが、その間、清水は自分の妻、二人の娘をモデルにし、自宅でアメリカ式のファッショナブルなライフスタイルを模索しながら写真撮影をしていた。

清水の妻、多喜のルックス、センスは日本人ばなれしていた。清水の演出による写真の多喜は、スペインの伯爵夫人のような南欧的優雅さで、ファッション写真の大御所、アーヴィング・ペンの女神、リサ以上の気品をたたえていた。

清水にフランスのエル誌との提携話を持ちこんできたのが、清水の古くからの友人でハンガリーの映画監督と結婚していた元女優の糸見しのぶだった。そして清水は一九六九年に、パリで、エル社社長マダム・ラザレフと契約書にサインをかわした。

すでに清水達夫は女性向けヴィジュアル・マガジン創刊への助走として、一九六六年から年に一冊というペースで四冊の平凡パンチ女性版をつくっていた。編集は、すべてアド・センターにまかせ、堀内誠一が、すべてのアートディレクターをつとめた。

しかしなぜか清水はアンアン誌の創刊編集長をつとめず、清水が平凡出版の〝編集者第一号〟と褒めていたゲイリー・クーパー似の美男子、芝崎文をその座にすえ、こんどの雑誌ではキミは編集長だが、編集長以上の権限を持ったアートディレクター制を採用するからと伝えた。

〝アンアン〟という誌名は清水が決めた。清水は、モスクワ動物園のパンダの名を自分の女性誌名にした。

当時、パンダは中国以外には、ロンドン動物園にチチ（牝）、モスクワ動物園のアンアン（牡）の二頭だけがいた。日本でも〝珍獣パンダ〟人気が黒柳徹子を中心に一般的になりつつあった。黒柳は日本パンダ協会の初代の会長になった。

アンアン創刊の前年、平凡出版は銀座三丁目の本社の裏口脇の仕舞屋《しもたや》（一般の住宅）を買いとり、そこを準備室にして芝崎と赤木洋一のデスクを置いた。赤木はデラックスパンチ誌編集部にいたが、早稲田大学仏文科出身だったので、今後フランスのエル社との提携による交渉役として期待されたのだと思う。そして、清水副社長にとって長男的な存在の木滑良久がくわわる。若くして週刊平凡、平凡パンチ誌の編集長を歴任した木滑を、アンアン誌の創刊編集長にしなかったのも不思議なことだったが、木滑は創刊の時から、広告担当編集長というあいまいな役職でアンアンに参加する。

その頃、椎根和は、平凡パンチの活版ページの特集班にいたが、ライバル誌の週刊プレイボーイ誌が、篠山紀信、森山大道のヌード写真攻勢にでたのをみて、編集長でもキャップでもないのに勝手に危機を感じ、それまで高級ジュエリーなどの静物写真専門だった加納典明にヌード写真を撮ってもらった。社には社員カメラマンでなくフリーの写真家を使うことや、活版ページの編集者がグラビア班の仕事をするという越境的なことは許されない芸能界的徒弟制度が残っていたが、椎根は無視した。

加納典明は最初ヌード撮影をしぶったが、椎根が完全ヌードになってくれる素人の女のコをつれてくるからと説得し、これは「レーザーヌード」というタイトルのカラー写真となった。当時、日本に一台しかなかったポータブル式レーザー光線機を椎根が借りてきて、野外での撮影に使用したことに由来する。この時点で、〝素人の女の子のオールヌード写真〟というのはプレイボーイ誌もやっていないことだった。

椎根の新女性誌への異動が決まると、他の社員たちは、どうせ失敗するのに……、と冷ややかな視線でなにもいわなかった。声をかけてきたのは淀川美代子だけだった。当時、淀川は松竹映配という洋画配給会社の宣伝部にいて、週に二、三回、パンチ編集部にやってきて、映画・音楽担当の今野雄二にスチール写真を届けていた。

今野雄二にも新女性誌への異動の辞令がでていたのだが、淀川はなぜか椎根のところにやってきて、「ワタシどうしても新女性誌の編集部に入りたいんです。どうしたらよいでしょう……」といってきた。

椎根は無責任に、「それをかなえるためには、ただひとつの道がある。社の裏口のそばに汚ない平屋の家がある。そこは新雑誌準備室で、芝崎と赤木のふたりがいる。赤木という人はヘンな人で、なにごとにもよらず、思いこんだらまわりが見えなくなって卒倒するクセがある。まず赤木にとり入りなさい」とアドバイスをした。

淀川は、こうして新雑誌へのパスポートを手に入れた。淀川の当時の魅力からすれば、赤木を籠絡するのは、赤子の手をひねるほど簡単なことだったろう。

今野雄二は国際基督教大学（ＩＣＵ）を卒業し、平凡出版に入社、椎根が中途入社する三か月前から平凡パンチ編集部に配属されていた。ＩＣＵ出のはじめての編集者だった。

新入社員は社内報に自己紹介のために文章を書くことになっていたのだが、椎根は気どりに気どって、「ロレンス・ダレルの『アレキサンドリア・カルテット』の地中海のただれた雰囲気が好き。音楽では、もうビートルズしか存在しない」と書いた。その社内報をみた今野は、すぐ、なよなよと椎根のところにきて、「いい趣味してるわね」といった。椎根は、この人はスーザン・ソンタグのいうキャンプ的なものが好きなんだ、それに角のとれた柔らかな物腰から、信頼してもいい人なんだと感じ、この会話の後からほどよい距離の信頼関係を持ち続けた。

六本木の中古ビルを買いとり、アンアン編集部は、創刊号からそこで作業することになった。

本社のある銀座に新編集部をおくと、どうしても芸能誌みたいになってしまうのではないかという堀内の危惧が、六本木という新しい若者の街に編集部をおく最大の理由となった。当時、平凡出版は芸能界を取材対象にした月刊平凡、週刊平凡があり、両誌とも百万部前後の売れ行きだったので、社内の雰囲気も芸能プロダクション事務所のようであった。月刊平凡、週刊平凡も平凡パンチも、清水が創刊編集長だった。

芝崎は、総務部長をしたがえて六本木の物件を見てまわり、六本木交叉点から東京タワーのほうへむかって二百メートルほどにあった右手のビルを土地（約八十坪）ごと買った。三階建ての古いビルだった。

ひと通りの内装工事をしてもヴィジュアル・ファッション雑誌の編集部としてはあまりにも殺風景すぎ、そのうえ壁の汚れはどうしても取れなかった。

総務部はあわててビルの屋上にプレハブ製の建築現場小屋みたいなものをつくり、そこを編集部とした。三階部分は広告関係を担当していた木滑良久、二階はイラストレーターの大橋歩が使うことになったが、どちらの部屋も古すぎる建物のせいで侘しく寂し気だった。清水副社長が新女性誌のために思い描いていたセブンティーン誌の、大富豪のリビングルーム風のイメージからはほど遠いものだった。

一階は誰も使わず放置されていた。芝崎編集長は、そのうち読者と交流できる喫茶店にするといっていたが、新築した屋上の新編集部を含め、あわてて夜逃げした土建屋の事務所にしかみえなかった。ただ、新雑誌のために六本木にビルと土地を買うという発想は、それまでの出版界、いや現在の出版界にもない。その剛気な決定をしたのは副社長、清水の力だった。

ミュータント、堀内誠一

清水は新女性誌では堀内誠一（アド・センター所属）を編集長以上の権限を持ったアートディレクターにしようと決めていた。

堀内が平凡出版で仕事をするようになったのは一九五九年。その二年前の一九五七年に芝崎が本の装丁の仕事で新宿花園町にあった、できたばかりのアド・センターを訪ね、常務の堀内誠一にであう。常務という肩書はついていたが、堀内はまだ二十五歳。誰も想像もしないようなアイデアが次々にあふれでるので、〝ミュータント（突然変異体）〟というニックネームをつけられていた。芝崎は、堀内に驚嘆すべき才能を感じ、すぐに清水に紹介した。

堀内は、十四歳（！）で新宿伊勢丹百貨店宣伝部に入社してすぐに、新宿三丁目交叉点の大ウインドウ・ディスプレイ展示をまかされたほどの神童だった。

堀内が雑誌に最初にかかわったのは伊勢丹PR誌「伊勢丹ブーケ」。カラー写真を多用し、堀内は粋なレイアウトで、企業イメージを高めた。ブーケ誌にはADがいなかったので、堀内は必然的にアートディレクター的な仕事を開始することになった。

椎根はこの時の堀内のブーケ誌の仕事と、黄金時代のハーパーズ・バザー誌の伝説的存在になっていたアートディレクター、アレクセイ・ブロドヴィッチとを比較してみたい誘惑にかられる。

二十一歳の堀内が残した伊勢丹ブーケ誌の〝ブーケ・プランタン〟という号（一九五三）の見開きの目次頁で、右頁にしゃれたパラソルをもち、タイトな洋服を着た外国人モデルがポーズしている。パラソルの先端は次頁にかかっていない。左頁には堀内の描いた柄のところに赤いリボンを巻いた赤いパラソル。それをかこむようにちいさな日本文字で記事タイトルがひかえめに並び、「Bouquet printemps」と、これも堀内の、これ以外は似合わないというフランス調書き文字の横文字がパラソルの上にある。写真のある右頁には一切文字なし。

ブロドヴィッチのレイアウトも小物がテーマの見開き頁（ハーパーズ・バザー誌、一九五八年五月号）。色使いも堀内と同じ白と黒と赤だけで、特集のタイトルは〝太陽の下のコモノたち〟と、ふつうのタイポグラフィーで入っている。右頁には、イラストでカッターシューズを履いたひざから下の女の足で、これは赤色。頁をまたいで黒と白の横縞が入ったカジュアル・バッグ。これは凡庸なページのつなぎ方で、堀内の傘の先端でさししめすほうがしゃれている。左頁には、上に赤いセーター、下に赤いシューズが二足。両方ともイラスト。文字はすべて黒というのは堀内と同じ。

この日本の神童と、アメリカの伝説的アートディレクターの仕事の似ていることに驚く。ブロドヴィッチのほうは、かすかに実用的空気がまさっているが、堀内の二頁には、センスとシャレが堂々と存在している。

どちらがマネをしたということではないが、ふたりのおかれた状況・環境・場所の違いを考えると呆然とする。しかも、六十歳のブロドヴィッチのレイアウトより、二十一歳の堀内の仕事のほうが、若々しく新鮮で、気品があり経験も感じさせるし、現代的な訴求力もある。ブロドヴィッチの二頁のイラストは広告専門だった新人アンディ・ウォーホルが描いていた。堀内は、自分で赤いパラソルを描き、その上、洋文字のタイトルまで描いている。イラストは堀内のほうが、味がある。

一九五五年、堀内は伊勢丹に在籍のままカメラメーカーの千代田光学（後のミノルタ）のPR誌「ロッコール」のタイトル・ロゴ制作、誌面のエディトリアル・デザインをはじめ、ここでもすぐADのような役割をはたすようになる。二十三歳の時だった。

ロッコール編集部は、当時の若手気鋭写真家たちのクラブのようになり、中村正也、石元泰博、佐藤明、東松照明、奈良原一高、細江英公たちと知りあい、交流を深める。堀内のレイアウトにかかると、写真が急に生き生きとすると評判になった。

一九五六年、堀内は、伊勢丹を退職し、鳥居達也が創業した日本織物出版社に入社。二十四歳だった。同社は翌五七年にアド・センターと社名をかえる。この時、堀内は常務となった。

堀内はデザイン制作の総責任者として、企業との打ち合せ、発案、撮影、最終的なレイアウトまで八面六臂の活躍を余儀なくされ、社の上階を住まいとせざるをえなかった。

アド・センターは大企業の広告制作のかたわら、若い女性向けのファッション・トレンド情報を提案する仕事もしていた。

一九五九年から堀内はアド・センターに在籍のまま週刊平凡のファッション頁〝ウイークリー・ファッション〟のアートディレクターとして大車輪の日々がはじまる。

「ハーパーズ・バザー」誌（1958年5月号）より

「BOUQUET」誌の目次頁より（1953年）

ファッションを取りあげて、五、六頁の特集を毎週一本ずつ制作するのは想像を絶する仕事量だ。テーマの決定、その洋服をどこのものにするかという問題。モデルの手配、撮影場所の設定、交渉、撮影、フィルムの選定、レイアウト……。そのうえ写真の質も高めなければならない。

堀内は高度経済成長中の日本を背景に、アクチュアルなファッション頁をつくり続ける。ほとんどスタジオを使わず、屋外での撮影で、写真はすべて立木義浩が撮った。

立木が東京写真短期大学を卒業する際、フジフォトサロンでの立木家の「家族展」の写真展示(堀内が会場構成)の縁で知りあった堀内に電話をし、「どこかいいとこないですかね……」と就職の相談をすると、「ウチでもいいんじゃない」と、簡単にアド・センター入社が決まったという。こうして〝デザインの神童〟と〝生まれながらのカメラマン〟の奇跡的な仕事がはじまった。立木は徳島の実家が有名な写真館だというのに、まだ自分のカメラを持っていなかった。アド・センターにもカメラがないとわかり、あわてて、〝マミヤの六六《ろくろく》〟を買ったという。

ウイークリー・ファッションとパンチ・メンズモード

週刊平凡創刊号に掲載されたウイークリー・ファッションのカラーのトップ写真の撮影場所は、東京駅中央線の中央口の階段。カンカン帽をかぶったふたりのモデルがそれぞれ五個のカラフルな買い物箱(堀内の手づくり)を持って階段のなかほどでポーズしている。まわりはまさにラッシュアワーのピーク時。サラリーマン、OLの〝流れる〟人間の壁ができている。ラッシュアワーが社会的問題になりはじめていた。創刊号にふさわしい、意表をついた晴れやかさと、ユーモアのある非のうちどころのない傑作写真。

この場所を知っていたのが堀内で、打ち合せの時に、「中央線の階段で、ラッシュ時にモデルを立たせて撮ったら……。その上にだけ天窓があって自然光が入ってくるのよ」と、サラッといったという。

堀内は誰もが知っている場所の、誰も知らない秘密のポイントを知っていて、そこにモデルを投じ、あっさり傑作写真をものにするという神業的アートディレクションを、週刊平凡で三年間、百回以上も、みせてくれた。

「ウイークリー・ファッション」撮影＝立木義浩
「週刊平凡」（創刊号、1959年5月14日号）より

堀内は、そのうえコピーライターとしての才もあり、創刊号のそのページのタイトルにイタリア語で「チャオ！」とつけ、これ以外はないという的確な書き文字で「Ciao!」というロゴもつくった。堀内はロゴ＝図案文字＝書き文字も天才的

で、日本文字、英文字どちらでも傑作を残した。雑誌のタイトル・ロゴも、「ａｎａｎ」からはじまって、「ｐｏｐｅｙｅ」「ＢＲＵＴＵＳ」「ｏｌｉｖｅ」「ＥＳＳＥ」「血と薔薇」などなど。

堀内は東京駅のすべての構造を、鳥のようにくわしく知っていた。視線だけを天空に置いて人間社会を眺めることができた。

東京駅中央線中央口階段の中央に、午前八時十分になると、そこにだけ光がさしこむ、ということは、東京駅に巣くっていたハトしか知らなかったはずだ。

堀内はなぜか、東京中の、いや世界中の撮影のためのグッドポイントを知っていた。名アートディレクターの必須の条件のひとつだ。

一九六一年のウイークリー・ファッション「裏切り者の末路はいつもコレ」は、堀内のＡＤの力が頂点に近づきつつあった証明のような写真。撮影場所は東京駅の〝屋根の上〟。ふたつの煙突を背景に、ドレスアップして左手にピストルをかまえた淑女風ギャングの女親分が、それみたことかというように婉然と笑っている。その足元には処刑されたふたりの子分が半身以上屋根からはみだして倒れている。

東京駅の屋根の上での撮影許可を得るだけでも大仕事なのに、そこに最新ファッションで身をつつんだ三人のモデルを置き、スラップスティック・コメディ風な写真に仕立てあげるところが堀内の発想力と実行力、そしてカメラマンがシャッターを押すまでの、映りこむゴミひとつまでも視線にとらえながら、張りつめた感覚を維持するという精神力のすごさ。

ポーズがきまり、写真家の指が目の前の風景がこわれないように神秘的な力を機械につたえる。モデルにポーズ・微調正を指示しながらの三十回ほどのシューティング（撮影）の時間は、ＡＤにとっては時が歩みを止めたような長さに感じられる。写真家はシャッターを押すという作業をしているので、時の重さを感じないですむが、ADとか編集者は、その瞬間はなにもできないので、時の重さを何倍にも感じるのである。

ここで、同じ五〇年代のヴォーグ誌アメリカ版の辣腕ADリバーマンがみいだしたウィリアム・クラインのファッション写真との比較をしたい。

クラインはヴォーグ誌アメリカ版では傑作ファッション写真を残せなかったが、この時の共同作業の果実のような写真集『ニューヨーク』を一九五六年に発表し、世界中、とりわけ日本の写真家たちに大きな影響を与えた。

「ウイークリー・ファッション」撮影＝立木義浩
「週刊平凡」（1961年）より

『ニューヨーク』は、ファッション写真ではなかった。クラインは、その写真集で〝アレ・ブレ〟というそれまでの写真界では禁じ手になっていたテクニックを使った。

その後、クラインはヴォーグ誌フランス版で、ファッション写真の傑作といわれる作品を残した。編集者は、エドモンド・シャルル＝ルーという女性で、クラインは、ランバン、ニナ・リッチ、ピエール・カルダンの衣裳を、日常的なパリ風景をバックに〝ニュース的〟に撮影した(ヴォーグ誌フランス版一九六一年三月号)。

立木義浩は、堀内の持論「すべての写真はドキュメントだ」という言葉通りに屋根の上で撮った。クラインと立木の写真は似かよっているが、六十年経過した現在の視点からすると、クラインの写真には、ある種のなにかがたりないという不足感が感じられる。立木の写真は、いまも適度な、平明な満足感・幸福感が残っているのに。椎根には、クラインに堀内クラスのADがいなかったので、そうなったとしか思えない。

堀内‐立木コンビがウイークリー・ファッションをはじめたのは一九五九年。クラインが〝ニュース的〟にヴォーグ誌フランス版で撮ったのが一九六一年。堀内‐立木コンビのほうが二年も早かった。いま簡単にクラインの写真には〝不足感〟が残り、立木のそれには〝幸福感〟がある、と書いたが、その根拠についてもうすこし説明したい。

写真の原理と発生は、古代ギリシャのイデア哲学からはじまったのだが、そのイデア哲学を生物進化論と科学技術の進歩を背景に発展させたのが、二十世紀初頭のフランスの哲学者アンリ・ベルクソンだ。彼の代表的な著作『創造的進化』のなかで、彼は映像と写真についての定義のようなものをこう記している。

「イデヤと記された原語はエイドスで(略)、エイドスは『眺め』とか、あるいは『瞬間』と訳してもよく(略)、けだしエイドスとはものの不安定をうつした安定した眺めである」(真方敬道訳、岩波文庫)

写真を語る時には、この「ものの不安定をうつした安定した眺めである」という考え方・見方を忘れてはならないと思う。この状況＝エイドスを、世界の写真界では〝決定的瞬間〟という。

クラインのヴォーグ誌フランス版の写真に、トップモードを着たモデルを窓の外の、ビルの壁についた幅十センチほどの足場に立たせているものがある。当然モデルの表情は、こわばってくる。

立木も「裏切り者の末路はいつもコレ」で堀内がセッティングした東京駅の屋根の上の、落ちたら即死まちがいなしの危険きわまりないところにモデルを立たせているが、モデル（芳村真理）はどうだといわんばかりの得意然とした笑顔をみせている。

モデルは〝ものの不安定〟ななかで仕事をしている。モデルが、そういう危険な状況で笑顔をつくるためには、すぐれたADがそばにいること、さらに、そんなことは関係ない、と無責任にもみえるノンシャランな態度を示すことができる写真家がその場にいることが必要なのである。

おそらくクラインは、ちゃんとしたADもおらず、モデルを危ない場所に立たせてしまった自分の演出について、不安を感じながらシャッターを押している。そのクラインのざわめく気持ちがモデルに伝染してしまったため、モデルは不機嫌な顔になり、無生物的な壁とか窓枠までも不安気な表情になっている。

立木の写真では煙突の基部の茶色のレンガ、丸くカットされたスレート瓦までもが安定した笑顔をみせている。

〝生まれついての写真家〟立木義浩は、堀内が設定した不安定な場所で、なにも考えずに、ただシャッターを押せる才能があったので、できあがった写真は、日本の写真の歴史に残る写真になったのだ。

立木は、無欲とかそういうつまらないレベルではなく、本当になにも考えずにシャッターを押せる希有な才能を持っていた。

〝安定した眺め〟のためには、いくつものゆれ動くものをどの瞬間で切りすてるかにかかっているのだが、アートディレクションとはこういうものだ、と堀内は、この一枚の写真で教えてくれている。

しかも、このウイークリー・ファッション制作チーム、アド・センターには、日本で最初のスタイリスト、中尾高子がいた。中尾は堀内のどんな無理難題的な注文も、堀内を失望させることなく用意できた。

一九六四年、清水達夫は月刊平凡、週刊平凡につづき、三冊目の百万雑誌となる平凡パンチの創刊編集長になる。表紙は新人イラストレーター大橋歩だった。

清水は、この若者向けの新週刊誌でも、創刊号から堀内‐立木コンビで男性向けファッション頁の制作を依頼する。通しタイトルは「PUNCH MEN'S MODE」。

平凡パンチ誌は「3S――スピード、セックス（ヌード写真）、スリル」を三本のメイン企画とし、創刊一年もたたずに百万部を突破した。ヌード写真は、日本の女優、タレントがヌードになってくれない時代だったので、パリの画家用のモデルやスウェーデンの女の子を、中村正也などに撮影をたのんだり、外国通信社から写真を買って掲載していた。

読者対象の大学生を中心とした普通の若者は、その3Sを求めて平凡パンチ誌を買ったのだろうが、ヴィジュアル系クリエーターたちや他誌のファッション編集者たちは、パンチ・メンズモードの写真に、しびれていた。アイデアの斬新さ、欧米風のキャンプな感性、道徳といった制約の無視、犯罪的といいたいほどの説得力を持った写真……。パンチ・メンズモードはアート志向の若者たちの目を毎週釘づけにしていた。

週刊平凡の頃は椎根はまだビンボウ学生だったので、芸能週刊誌を買えなかったが、ウイークリー・ファッションだけは本屋で立ち見していた。しかし、この頃には婦人誌の編集者となっていた椎根は毎週、平凡パンチ誌を買わざるを得なかった。婦人誌のグラビア担当としてパンチ・メンズモードを見るたびに、自分のやっている仕事がつまらなく思えてきた。

　パンチ・メンズモードは毎号すばらしかったが、一九六五年の「時計とトレンチコート」では、完璧なAD力、ショッキングな写真の仕上がりをみせつけられて、日本のファッション写真の最高傑作とうなるしかなかった。

　堀内は、トレンチコートの特集だからといって、冷たい雨、という陳腐な発想をせず、その場の設定を銀行強盗した直後の風景、つまり現金を強奪し、いままさに逃げだそうとしている四人のギャングたちにした。

　パンチ・メンズモードには、外国人モデルしか登場しなかった。手にはマシンガン、腕には新型高級時計、四人（そのうちのふたりは目出し帽）のギャングのうしろにはどこから調達したのか逃走用の古い古いシトロエン。

　この写真の凄いのは、タイトルに「時計とトレンチコート」と記しながらも、時計の姿がめだたないところ。時計もはっきりみえなくちゃ、という心配をするようでは、いいファッション写真はできない。「時計、トケイ」とモデルに注意したりすると、動きがギクシャクして、〝不安定なもの〟が、そのまま写真に残ってしまい、〝安定した眺め〟ではなくなるからだ。

　このフランスのフィルムノワール映画を意識したこのファッション頁こそ、椎根を平凡パンチへと転職させた真犯人だった。

　ウイークリー・ファッション、パンチ・メンズモードの五年間を振りかえって、堀内はこう記している。

「〝ウイークリー・ファッション〟はアド・センターの最もヴィヴィッドな仕事でした。（略）スタジオ写真を最低限とし、ロケハンものが主でしたので、雰囲気のある場所探しが大半の仕事でした。それとモデル探し。服の製作。写真は立木義浩。三年間の経験は後の『平凡パンチ』（一九六四年創刊）のメンズモードの頁や『アンアン』の誌面へと続くヴィジュアル・マガジンへの実験的舞台でした」（堀内誠一『父の時代　私の時代』マガジンハウス）

椎根が一九九八年に『雑誌づくりの決定的瞬間』をつくる際、立木義浩に電話をして、「ウイークリー・ファッション、パンチ・メンズモードのネガ・ポジを借りたいのですが……」と切りだすと、「あっ、あれは全部捨てたよ、一枚も残ってない」という立木の、神々しいまでの答えが返ってきた。いつでも写真機そのものになれる写真家だけに許される言葉である。〝決定的瞬間〟をみすぎたために、もらさず摑まえたために、さんざん遊んだオモチャをポイと捨てる子供のようにポジ・ネガを棄ててしまう純真な無頼着さが義浩にはあった。

堀内がアド・センターで立木義浩を抜擢し、活躍していた頃、他の広告制作会社も優秀なカメラマンを擁していた。

ライト・パブリシティ＝早崎治、安斎吉三郎、篠山紀信。
日本デザインセンター＝高梨豊、林宏樹、深瀬昌久。
アド・センター＝立木義浩、柳沢信、長浜治。

さらに東京オリンピック（一九六四）以降の日本の高度経済成長の波にのって、広告写真家が、次々とデビューする。

一九六六年夏、一枚の写真ポスターが盗まれるという事件が続出した。日本で最初に〝盗まれるポスター〟になったのは資生堂化粧品のビューティケイクの宣伝ポスターだった。

小麦色の、十七歳の前田美波里の、日本人ばなれした、めまいをおぼえるほどの輝く肢体を撮影したのは横須賀功光。コマーシャル写真で、最初に海外ロケを敢行した写真だった。場所はハワイのカ

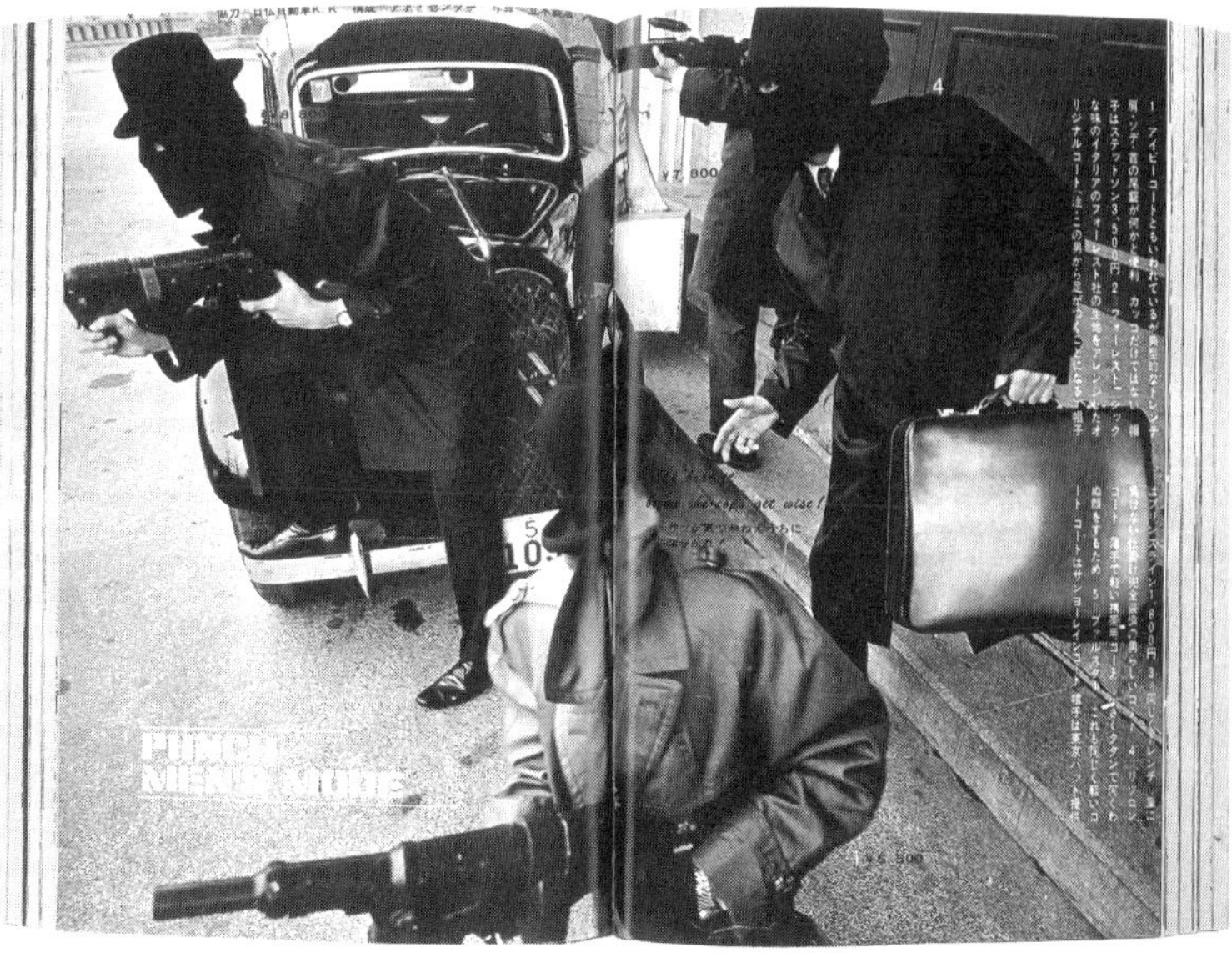

「パンチ・メンズモード」撮影＝立木義浩　「平凡パンチ」（1965年）より

ウアイ島。当時の若者たちをトリコにした美波里のカラダには、ハワイの〝善意そのものの太陽光線〟がたっぷりとふりそそいでいた。

　あのまぶしさには、みたこともないインパクトがあった。この撮影のADは誰なのか、はっきりしない。資生堂宣伝部のトップは中村誠だったが、当時新入社員の石岡瑛子という可能性もある。

　この頃から、実力を持った若手カメラマンが相次いで注目をあびはじめた。高度経済成長で大企業化しつつあった会社が、宣伝に、広告に、お金をかける時代になった。

　フリーランスの横須賀が一番派手に目立った仕事をしたが、広告制作会社ライト・パブリシティの篠山紀信も「話の特集」誌のヌード写真（松田和子、黒柳徹子、カルメン・マキなど）で、知名度をあげはじめた。篠山は日大在学中からライト・パブリシティで撮りはじめ、外国の写真誌にも彼の作品が掲載されるようになっていた。一九六八年にドイツで出版された『フォトキナ1968』にも篠山の写真が収録された。リチャード・アヴェドン、アーヴィング・ペン、マックス・マックスウェルの写真にまじり、篠山の「フライパンのなかの一匹の鯛」が圧倒的な近代感覚で、その存在感を誇示した。鯛のあの独得な色が、革命的に進化したような、形容不可能な色彩を現出していて、そこに薄いフェルメールのデルフト・ブルーの油が鯛の下腹部をひたしている。すこし難しくその写真を語ると、「不安定なフォルムに対する断固たる審判」といいたいような篠山の静物写真だった。

写真とファッション誌

写真の歴史について、すこしだけ記しておきたい。写真は昔から哲学と密接な関係を持ってきた。二千四百年前に生まれた古代ギリシャ哲学＝イデア哲学は、ソクラテス、プラトンがつくりだしたものだが、興味深いことにイデア哲学の誕生からほどなく、写真の原理が発見される。ソクラテスの孫弟子にあたるアリストテレスが発見したのが、現在の写真機の原理と同じもの「カメラ・オブスキュラ（暗い部屋）」だった。

一八三〇年代に新発明の機器として世にでてきた写真機での作品「写真」は当初、絵画と比較されてバカにされたが、百年もたたないうちに、映画を生み、シュルレアリスム絵画運動、ポップアートに影響を与えるようになった。

絵画の世界では、十六世紀のルネサンスの巨匠たち、ダ・ヴィンチ、ミケランジェロ、ラファエロたちの作品を最高のものとしているが、写真の世界でも一八四〇年代から一九一〇年代の何人かの写真家たちも、〝写真界のルネサンス期〟といいたいような傑作を残している。

一八四〇年代の英国の貴族ウィリアム・ヘンリー・フォックス・トルボットは、人類最初の写真入り書物『自然の鉛筆』を出版。カロタイプ（彼が発明した紙に映像を定着させる方式）特有の軟調が支配する写真で、全体にやわらかいグラデーションで撮られた普通の人々の日常生活の写真は、堅固さと健康さをそなえていて、現代性すらをも感じさせる。庭園の見張り人、大工、雑役夫たちのファッションがすばらしく、キース・リチャーズの魅力的なファッションと同種のものが映されているとさえ思える。大工、雑役夫たちが職業上の必要性に応じて着ていたものに、現代最高のダンディ、キースのファッションを思いださせてしまうことが、この写真の力だ。イデア哲学の重要な梃子《てこ》〝想起させるもの〟の実証ともいえる。

一八六〇年代の戦場カメラマン、米国のジョージ・N・バーナード。彼は南北戦争の従軍カメラマンとして戦場写真をこえた永遠の真実らしきものを静謐さのなかに定着させた。彼が撮影した炎上直後のジョージア州アトランタ市の風景は、映画『風と共に去りぬ』のセット制作の最良の参考資料となったことでも知られている。

一八六〇年代フランスの最高・最良のポートレート写真家ナダール。彼は、まだ生存していた伝説的有名人フランツ・リスト、クロード・モネ、ウジェーヌ・ドラクロア、ジョルジュ・サンドたちを、〝内面をえぐる〟などというこざかしいことを考えずに撮影した。ナダールの写真は自由・平等・博愛にみちていた。たとえば一八六四年未開の国ジャポンからやってきた野蛮人たち（パリ市民は、チョン髷をピストルと思っていた）、徳川幕府の第二回遣欧使節団の一行を、ナダールはスタジオで撮影しているが、そこに映された日本人の表情には、リスト、ドラクロアの肖像写真と同質の気品が漂っている。

その上、ナダールは最愛の息子ピエールを、谷津勘四郎、斎藤次郎大夫の間に立たせ、友愛と機智あふれる表情の写真を後世に残すという大サービスもした。先入観をもたず、自由・平等という精神で撮影するという態度が、このポートレート写真の質を決定している。

〝偉大なるアマチュア写真家〟という言葉は、フランスのジャック＝アンリ・ラルティーグの代名詞のようになっている。彼は一九〇〇年頃からカメラを手にして、一九八〇年代まで十六万点の写真を撮影した財産家の息子だった。堀内誠一は、ラルティーグのブルジョア生活を映した、少年の好奇心と生気にあふれた写真を一番愛した。

一八九〇年代の米国に、ラルティーグ並みの現代的センスを持ったアマチュア・カメラマンがいた。それがカリフォルニアで書店を経営していたアダム・クラーク・ヴロマンだ。彼は、滅びゆく先住民族、ポピ、ズーニィ、ナヴァホ族の生活様式を哀惜の眼でなく、優雅な芸術品のように撮影した。特異な髪型をしたポピ族の少女の真実性は、後年のファッション写真の大家アーヴィング・ペンのインカ帝国の末裔たちを撮った写真よりも、その現実的典雅さにおいてまさっている。ヴロマンの「ズニィ・プエブロの屋内」の写真は、その素朴さ、貧しさ、温かさ、知性により、プエブロの青年の横に、名前のない万人共通の神が映っているような錯覚をおぼえるほどだ。またヴロマンの「サン・フェルナンド教会とシュロの古木」の写真は、現代日本のプロ写真家に大きな影響を与えたロバート・フランクの写真集『アメリカ人』の数百枚の写真が下品にみえるほど、聖と俗が渾然一体となった、たぐいまれなアメリカの風景写真となっている。

そして一九一〇年代フランスのユジェーヌ・アジェ。アジェの写真を〝発見〟したのはアメリカの女流写真家ベレニス・アボットだったが、彼女がアジェを発見したのは一九二〇年代の後期だったため、アジェは無名で貧しい写真家として生涯を終えた。

アジェは、パリ市内、パリ郊外の風景写真、人がいとなむ生活風景を多数撮影したが、何枚かの娼婦の写真を残している。そのうちの一枚、娼家の前の路上の椅子に座り、右手にタバコ、左手に白いハンカチを持ち、右足をカメラのほうにつきだしている「娼婦」（一九二一年）。アジェの写真におさまったこの四十代の娼婦は、〝路上の女王〟のようにみえる。よく磨きあげられた黒の編上げブーツ、黒いスカート。瓢客の靴によって磨きあげられた黒びかりする石畳。そのなかに浮かぶ彼女の顔の白さは、プルーストによって神格化されたフェルメールの〝ちいさな黄色〟にも匹敵する。その黒と白のバランスは絶妙というしかない。

三冊の写真論

代表的な三冊の写真論がある。出版された順にヴァルター・ベンヤミン『図説　写真小史』、スーザン・ソンタグ『写真論』、ロラン・バルト『明るい部屋――写真についての覚書』。

『図説　写真小史』（久保哲司編訳、ちくま学芸文庫）で、ベンヤミンは、同じドイツ人の写真家アウグスト・ザンダーの、職業別、階級別に撮ったポートレート写真集『現代の顔』について社会学的に論じている。ザンダーのその写真集が出版されようとしていた時期は、ワイマール共和国からヒットラー政権への過渡期だった。それ故にベンヤミンは、「わが国では権力移動の時期がすでに到来しており、こうした権力移動の際には、観相学の訓練を積んでいること。（略）ザンダーの作品はたんなる写真集以上のものである。これは演習用の地図帳にほかならない」と政治力学上、有力な武器となりうるのではないかと解析した。

ソンタグは同じ写真集を『写真論』（近藤耕人訳、晶文社）のなかで、「ドイツ国民の写真目録である。（略）疑似科学的中立性の合意があって、それは骨相学、犯罪学、精神医学、優生学のような、十九世紀に起こった、人目につかないパルチザン的類型学が主張したものに似通っている」と書いた。ソンタグもベンヤミンと同様に、なぜか軍事的なニュアンスを感じたのだろう。

バルトは『明るい部屋』（花輪光訳、みすず書房）で、「だからこそ、偉大な肖像写真家は偉大な神話学者ということになるのだ」といった。三人ともザンダーの写真を高く評価している。

ベンヤミンはザンダーの写真を、「社会学」と、とらえたが、椎根は近代的に「統計学」的写真といいたい。

ザンダーが『現代の顔』を撮りはじめた一九一三年頃、中国の揚子江沿岸の港町、市場、名勝、旧蹟を、百四十九枚の風景写真にまとめ、『極東大観』（一九一九年刊）という豪華絹装写真集を出版した写真家、山根倬三がいた。

ザンダーの『現代の顔』が社会学的写真の最高峰とすると、山根の写真は、「地政学」的写真の傑作といってもよい。地政学とは、政治現象と地理的条件との関係を研究するものだ。

山根の風景写真は、政略的な興味にあふれている。後年、日本が満州国を勝手につくりあげたが、侵略主義政策のトップバッターの足跡のように、山根の写真はみえる。

山根の凄いところは、風景写真の傑作、ウジェーヌ・アジェの『パリ風景』にくらべても、勝るとも劣らないことだ。

『極東大観』には、なにかを隠すように、写真のこと、使用したカメラ機材、フィルムのことは一文字も書かれていない。ただ政略的観測に満ちた紀行文が一枚一枚についているだけである。山根を写真家と記したが、その時代の言葉でいえば、国事探偵（スパイ）だったのかもしれない。

ザンダー、アジェ級の傑作写真を残した山根には、〝歴史上、最高のフォトグラファーのひとりであり、同時にスパイだった謎の日本人〟という讃辞をおくりたい。

この写真集は、何千キロにわたる広大な風物が見事な均一性で統一され、同時に完璧な撮影技術、現像処理がほどこされていることに驚かされる。

最高の作品は、「沙河口満鉄工場機関車組立工場の実景」。巨大な機関車がクレーンで空中に浮かび、その下で働く工員たちの姿までクリアに映しだされている。どういうカメラで、どういう照明で、どんなテクニックを使って撮ったのかわからないが不思議な感動をもたらす。

ザンダーの写真そのものは学術書向きで、写真そのものの面白さはあまり感じられない。ただし、一九一四年にザンダーが撮った「若い農夫」だけは現代的視線からみても、みるものになにかを喚起させるものになっている。

同じドイツ人で、シャネルを復活させたファッションデザイナー、カール・ラガーフェルドがザンダーの「若い農夫」と同じ構図で二人の女性モデル、ひとりの紳士の写真を、自分のコレクションのために撮っている。ステッキを持ち、精一杯おしゃれをした三人の若い農夫が立っているのは農道であり、この気どっている表情は永遠のものであると感じて、同じ構図の写真を撮ったのだが、男のモデルを野卑な農夫でなく、サルバドール・ダリ風の紳士にしたのが失敗だった。

『写真論』でソンタグが語っているのは、写真のまわりのことばかりで、大学の美術論の講義のようなものだ。ソンタグは二〇〇四年に亡くなったが、その時一緒に生活していたのは有名女性写真家アニー・リーボヴィッツだった。ふたりはレズビアンの間柄だったと推測されている。アニー・リーボヴィッツは、全裸のジョン・レノンとセーター姿のヨーコ・オノがからみあった姿を真上から撮影したカメラマンとして名をはせたが、その撮影の数時間後、ジョンは暗殺された。

じつは三冊のなかで勇敢にも、〝いい写真〟の定義をしているのはロラン・バルトだけだった。フランスを代表する哲学者バルトは考察する対象の範囲が異様に広く、ファッション、恋愛、味覚、文学、美術と、現代人が興味をいだくもの・熱中するものについて考え続けた。

そして彼が生涯最後に出版したのがこの写真論『明るい部屋』だった。

バルトは、自分にとって〝いい写真〟は一枚だけで、それは愛する自分の母が五歳の時に撮られた、温室でボンヤリしている写真だと記している。その理由は、五歳の母の写真から〝善意〟だけを感じとったから、と。『明るい部屋』では、もちろん世界の歴史的な有名写真家の作品も論じられているが、〝いい写真〟といえば、この地方の無名写真家が撮った温室の母の一枚だと断言している。A・スティーグリッツ、ウィリアム・クライン、R・アヴェドン、アウグスト・ザンダー、A・ケルテス、R・メイプルソープ、ナダールの写真をさしおいて。

バルトは写真に関しての名言をいくつか残している。「写真は〝俳句〟に近いものとなる」「写真機は、要するにものを見る時計だったのであり……」

『明るい部屋』という本の題名からして、写真の原理〝暗い部屋〟をもじったものだが、彼が写真を語る時には、イデア哲学が頭脳を占領していたのだろう。

イデア哲学を簡単にいえば、人間生活の場において〝真・善・美〟の三つのものをさまざまな角度・立場から考えるというものだ。そのなかで最も重要なものは善だ、とソクラテス、プラトンは考えていた。

イデア哲学の〝善〟というものが、現代においては、〝愛〟というものにかわった。バルトが、かけがえのない母の表情に善を見つけたように。

ただ、写真はイデア哲学と同時に生まれたために、哲学のあいまいさ、複雑怪奇さ、わかりにくさ、表現しづらさという欠点を、そのまま受けついでしまってもいる。

バルトは『明るい部屋』にこうも書いている。「『写真』と『狂気』と、それに名前がよくわからないある何ものかとのあいだには、ある種のつながり(結びつき)がある、ということを私は理解したと思った。私はその何ものかをとりあえず愛の苦悩と呼んでみた」と。

写真の黄金時代——一八六〇 - 一九一〇年——には撮られることのなかった〝狂気〟というものが、その後の社会の発展・変化、生活意識の変動により、〝よくわからないある何ものか〟が現実生活に顔をだしはじめた。肥大した愛とか欲望をふくめた大量生産大量消費のライフスタイルは、写真に〝狂気〟と〝愛〟をもたらしはじめる。

ファッション誌とアートディレクター

世界で最初の本格的なファッション雑誌は、一八六七年に米国で創刊された「ハーパーズ・バザー」。まだ写真は印刷技術上使用できず、イラストレーションがその役目をはたしていたが、その雑誌には狂気にみちたもの、カリカチュアされたイラストが数多く掲載されていた。

人がファッション雑誌を編集すると、この狂気とカリカチュアというアイデアが頭をもたげてくるのかもしれない。多分、ファッションそのものが持つ魔力みたいなものに編集者がとらわれてしまうのだろう。

日本には一八六〇年代中頃の時期に、写真の上で、〝狂気・カリカチュア〟を表現した女性写真家がいた。彼女は自分を〝写真師〟と名乗った。

群馬・桐生の島隆《しまりゅう》。隆は写真家の島霞谷《かこく》と結婚し、夫から写真術を習った。代表作は隆が夫をモデルにし演出して撮った「カボチャを担いで笑う島霞谷像」。

右手でカボチャを担ぎ、左手には半開きの扇子を胸のところに置いた霞谷はザンギリ頭で大笑いをしている。この時代、西欧でも日本でも、写真に撮られるモデルが笑い顔で写されることはなかった。さらにカボチャなどというへんなものを手にしてカメラの前に立つなんてことは狂気の沙汰だったろう。

隆の写真には、夫に対する現代風の愛と善意の表現がある。写真という魔術のようなものに対して隆は〝魂的〟な怖れを軽くのりこえた狂気の一歩手前の放埒な大胆さを、世界で最初にリアルに定着させた。

バルトはもちろん、この隆が撮った写真をみていないし、〝狂気〟の具体的な例（写真）をあげていないが、狂気をひめながらも健全に撮られた写真を、「これを写真のエクスタシーと呼ぶことにしたい」と一九七九年に宣言している。

夫の霞谷は幕末の奇才といわれたが四十三歳で急逝。隆は夫の死後、桐生で三十年以上も「島隆写真館」を経営した。二〇〇五年、島家より群馬県立歴史博物館に、霞谷、隆の撮った写真多数と湿板カメラ、現像器具が寄贈され、世界で最初に〝健全な狂気〟を表現した傑作写真がようやく一般の人の目にふれるようになった。

隆の演出した〝狂気〟は、一九二〇年代のシュルレアリストの写真家、マン・レイにひきつがれた。米国生まれのマン・レイは、前衛芸術の都となっていた一九二〇年代初頭のパリへやってきた。そして近代的な意味で最初のファッションデザイナーだったポール・ポワレに自分の写真を売りこみ、その才能を認められる。ポワレは、シャネルの前の世代のデザイナーとしてすでに伝説的な存在だった。

マン・レイがヌードの写真をみせるとポワレは「ヌードというのは常に変らず流行しているものだ。透明な衣裳をまとえない女性というのはかわいそうなものだ」といった。マン・レイはまた自伝にこう記している。「(写真は)芸術とファッションをむすびつけるのだ」と。

マン・レイのファッション写真には、いつもなんらかの狂気のようなもの、彼からいわせればシュルレアリスム独得の人間くささが感じられる。「ボーモン家の舞踏会におけるカザティ侯爵夫人」(一九二七年)は、張りボテの実物大の二頭の馬の前でファッション・ポートレート風に立つ侯爵夫人というもので、怪奇が美しさにまさった写真だが、侯爵夫人の目は、その美貌、誇り、虚飾、豪華な衣裳により、ほとんど発狂寸前の女の目になっている。マン・レイは、一九三〇年代のハーパーズ・バザーの常連カメラマンとなった。

マン・レイのあとを追うように、〝つつしみ深い狂気〟の写真を撮ったのがリチャード・アヴェドン。彼は一九四六年からバザー誌でファッション写真を撮った。

二頭の荒れくるう象のあいだで、ディオールのドレスを着てポーズするモデル。この写真がアヴェドンの代表的作

「カボチャを担いで笑う島霞谷像」
撮影＝島隆（群馬県立歴史博物館保管）

品だが、驚くべきことにモデル（ドヴィマ）は、右手で象の鼻をつかんでいる！　恐怖心をいっさいみせないでポーズするドヴィマとそれを写真機でつかまえたアヴェドンの忍耐力。この写真では象のほうがひきつった恐怖の目をしていた。象はパリのサーカス団から借りて撮影された。

バザー誌時代のアヴェドンの写真が、〝つつしみ深い狂気〟をたたえていたのはロシア生まれの名アートディレクター、アレクセイ・ブロドヴィッチの指導による。アヴェドンは、バザー誌に入る前は、ブロドヴィッチが主宰するアートスクールの生徒だった。そのアートスクールでアヴェドンと同じクラスにいたアーヴィング・ペンはヴォーグ誌を選んだ。

ブロドヴィッチは、一九三四年から一九五八年まで、バザー誌のADをつとめた。また伝説的なファッションエディター、ダイアナ・ヴリーランドも一九三六年から一九六二年までバザー誌に勤務している。その三人の才能をコントロールしたのがカーメル・スノー編集長だった。

ダイアナは、一九六二年にヴォーグ誌に移動し、アヴェドンも一九六五年にヴォーグ誌に移っているが、アヴェドンのファッション写真は、バザー誌時代の写真のほうが秀れている。ヴォーグ誌での彼は「ポートレート写真」に力をそそいでいたようにみえる。アヴェドンの次にヘルムート・ニュートンの狂気が世界的人気を得る。

カーメル・スノー編集長は、ヴォーグ誌の編集者だったが、一九三四年にバザー誌に移動した。

欧米の優秀な写真家、編集者たちが、バザー誌とヴォーグ誌の間を、いったりきたりしている様子は、大リーグのスター選手がコロコロと球団を変える様に似ている。もちろんその度に、出版の世界ではドラマ＝人間悲喜劇が生まれる。ダイアナが十年間のヴォーグ誌勤務のあげく馘をいいわたされた時には、憤怒の声をあげたという。

ヴォーグ誌は一八九三年に、はじめてイラストではなく写真を使ってファッションを紹介した雑誌だった。

一九二〇年代のヴォーグ誌はアートディレクターとしてドイツ人のメーメッド・フェミイ・アガをむかえいれ、誌面の刷新をはかる。それまでの白い余白の多かったレイアウトを、写真を誌面いっぱいに使う、裁ち落しの現代的デザインに変えた。この時代のヴォーグ誌を代表する写真家にはエドワード・スタイケンがいる。

一九四二年、ヴォーグ誌はロシア生まれのアレックス・リバーマンをアートディレクターにし、彼はADから、経営にも口をだす副社長的存在になり、四十年以上も、ヴォーグ誌のコンデナスト社の全誌の総監督として君臨した。リバーマンは、「ファッション写真は、それが実用的な目的を超えたときに偉大でありうる。示すべき衣服を超えて、写真家が人間を眺め、彼の前におかれたイメージを見ることができるなら」といっている。

リバーマンは、ADとしてアーヴィング・ペン、ウィリアム・クラインなどの写真家を育てあげた。

写真家・編集者は、バザー誌とヴォーグ誌の間をいったりきたりしたが、アートディレクターは、最初に入った編集部で引退するまで仕事にはげんだ。すでに欧米のファッション誌では、アートディレクターが絶大な編集権を持っていた。

「ボーモン家の舞踏会における
カザティ侯爵夫人」撮影＝マン・レイ

「ボクにもよくわからないんですヨ」

一九七〇年、椎根は二月に入ってから六本木の新編集部に顔をだした。芝崎文、鴇巣《ときのす》龍彦のふたりがいた。赤木洋一と中谷規子は、ヨーロッパ取材にいっていた。編集長の芝崎は、誰がどこへいったとか、そういう編集部の状況を説明したり、わかりやすくするような言動はいっさいしないタイプだった。編集室の真ん中に、混乱・混迷という巨大な文字が浮かんでいるようであった。

鴇巣は以然から、明るい虚無感とやけっぱちの行動力を持った編集者で、夜になると、本人だけが美人だと思っている若い娘を幾人も編集部に連れてきて、編集部の若い女性たちから嫌がられていた。アンアン誌がめざす新しいタイプの女性とはとても思えない、あぶないムードを漂わせていた彼女たちは〝トキノス・ガールズ〟と名づけられていた。天才的な人物批評家でもあった堀内誠一は、後年、「鴇巣さんには、ワンショルダーの水着を着せて、両方に大きな鉄球のついた重量挙げのバーベルを持たせて写真を撮りたい」といっていた。

平凡パンチ誌での椎根の最後の記事は、「ことし（昭和四十五年）大活躍するパワーフルな人物——この12人のオトコとオンナの驚嘆すべき快挙」という予測・予見記事で、トップには三島由紀夫をおいた。昭和四十五年の三島の活躍を、椎根は月別に妄想とデタラメだけで予測記事を書き、十一月のところに「自宅にて割腹を図《はか》るも、あまりの痛さに中止する」と記した。三島の切腹をぴたりと、その月まであてててしまったが、十一か月後にそれが現実の事件になってしまった時にはその記事を憶えている人もなく、四十数年後に新右翼の鈴木邦男に指摘されるまで書いた椎根も完全に忘れていた。

六本木の古いビルにエレベーターはなかった。屋上まで階段をのぼり、重い鉄の扉を開け、その三メートル先にプレハブ小屋の入口、当時としても安食堂の裏口にあるような安っぽいアルミサッシュのドアがあった。雨が降ると濡れないようにダッシュした。

このサッシュのドアをあけたところが編集部で、約百四十平方メートルほどのワンルームになっていた。むこうはしの右側、ステップを二段下ったところに約六畳ほどの広さでレイアウトルームがあり、そこにはレイアウト用の大きなデスクが三個置いてあった。

椎根と同じく新雑誌に異動を命じられた、今野雄二、岡田満、秋葉均の姿はまだなかった。

椎根は、なにもしていないのに忙しそうにみせるワザを持っていた芝崎、鴇巣のふたりに、こう提案した。

「これから机はもっと増えると思いますが、全員、壁をむいて仕事をするレイアウトにしましょう。中央部が広々としているのは気持ちのよいものですし、それにお客がきた時のための応接セットも置けますし……」

驚いたことに芝崎は、なんのためらいもなく、「そうしましょう」と賛成してくれた。

椎根は、さっさと自分の机と椅子を壁に押しつけた。二、三日後にやってきた今野雄二は、「これ、いいわね。だれが編集長かキャップか、わからなくて」とほめてくれた。

芝崎の机の下には、ダンボール箱に入れられた大量の封書があった。前年にアンアンの創刊準備号として発売された平凡パンチ女性版号の〝スタッフ募集〟の告知で応募してきたものだった。五千通以上あった。芝崎に「読んだんですか？」と聞くと、「編集長にそんな時間あるワケないでしょ」。椎根が「それじゃ、ボクはヒマですから読んでいいですか」と聞くと、「どうぞ」。椎根は、〝忙しい〟という言葉を使う編集者は信用しないことに決めていた。結局、椎根は五千通全部に目を通し、ふたりだけと連絡をとった。それが高校生の近田春夫と写真家の八十島健夫だった。

平凡パンチ誌にいる時、椎根は、当時の前衛美術家、倉俣史朗、ヨシダ・ミノル、坂本正治たちにいろんな実験的オブジェ家具をつくってもらっていた。坂本はキネティックな光学装置を得意としていたが、この時はナイロン系新素材（毛足の長い化繊）で、直径三メートルの円型ソファをつくってくれた。円型のソファの周縁は二重になっていて、そこにもぐりこむこともできた。色は派手なオレンジ色で、平凡パンチ編集部から早く処分しろといいたてられていたので、好都合とアンアン編集部に運びこんだ。

新編集部の中央に、フワフワしたオレンジ色の物体は異様な感じを与えたが、外国から来たお客には好評で、ほとんどの人が、いきなりそこに長々と寝そべって楽しむことになった。

レイアウトの新谷雅弘と、ウサちゃんこと村松仁美は、連日の徹夜仕事で疲れはてると、そのソファでウサギの仔のようになって寝ていた。芝崎と鴇巣、赤木、中谷は、絶対にそのソファを利用することはなかった。

しばらくすると、フリーランスのライターたちの机も壁にむかって並べられた。淀川美代子、野田敬子、滝谷典子、歌代千代子、高橋淳子（カメラマン）、原由美子（エル誌から送られてくるネガ・ポジの整理と翻訳係）、島本美知子（スチリスト）。そして編集総務として社員の佐川直美。進行担当は鴇巣。校正の大井川さん。

編集長の芝崎は、中央のソファのまわりをショウのモデルのように腰に手をあてて歩きまわり、突然なんの脈落もなく野田敬子にむかって、「あなたは池部良が、好きですね」といいだして、野田を、

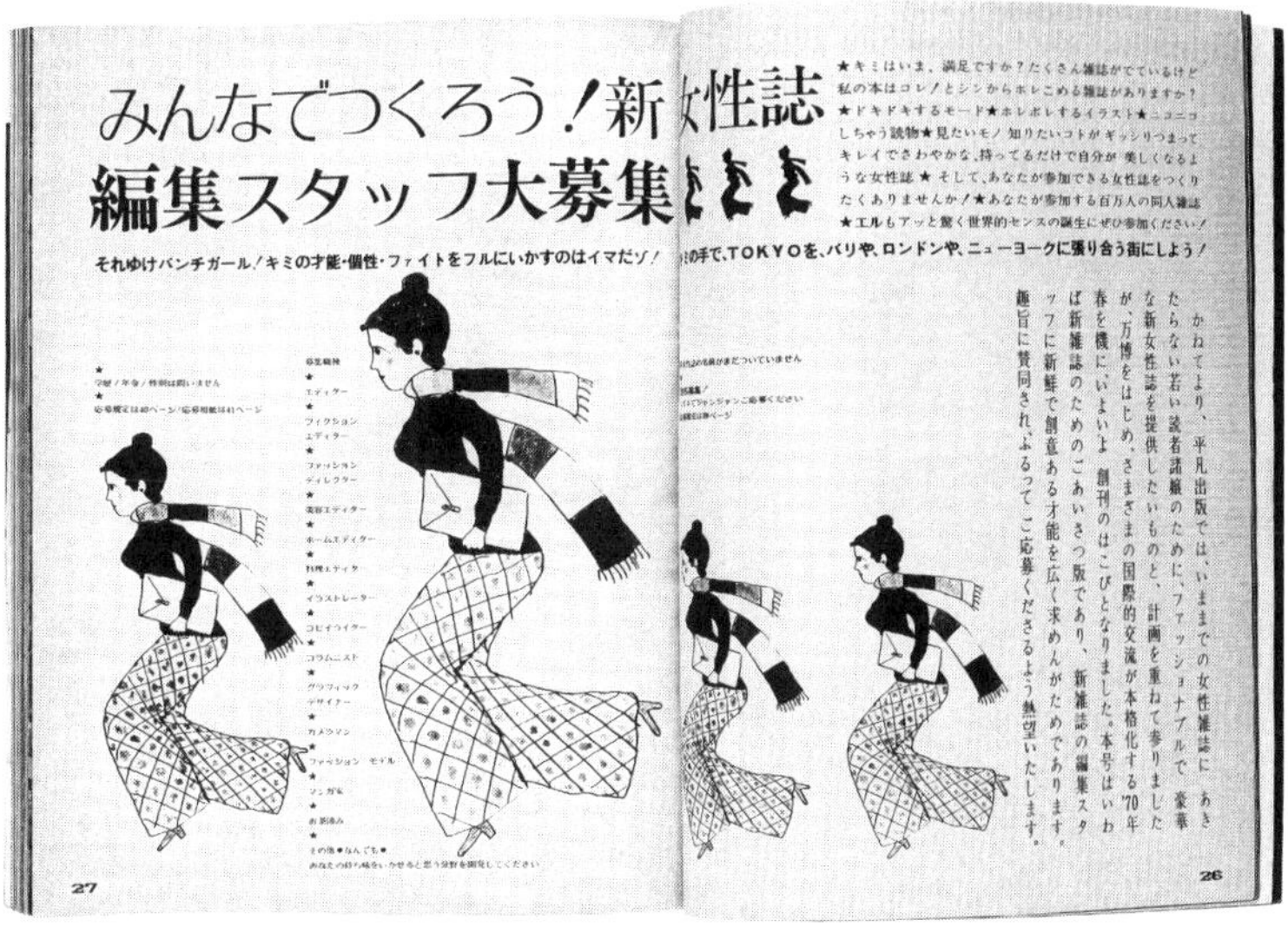

「平凡パンチ女性版」に掲載されたスタッフ募集の告知ページ

おびえさせていた。

芝崎はハリウッドの代表的な二枚目男優に似ていたが、むしろ一九三〇年代のヴォーグ誌ファッション写真家セシル・ビートンのようなダンディだったと記するほうがより正確かもしれない。ビートンは英国生まれで、幼少の頃から英国上流社交界に憧れたダンディな写真家。バイセクシュアルな性向を持っていたが、美人女優グレタ・ガルボとも煮え切らない恋愛関係を持っていた。

芝崎は日本映画界で〝永遠の処女〟といわれた大女優、原節子をくどき落とし、はじめて表紙（月刊平凡）モデルになってもらった。その号（昭和二十六年新年号）はたちまち売り切れとなったという。難攻不落、絶対に雑誌の表紙には出ません、と意志強固な原節子を、どのようにしてくどき落としたのか、シャイな芝崎は語っていないが、芝崎のダンディ振りに感動して表紙モデルになることを許可したのではないかと空想するほうが楽しい。

上役の清水は、そういう芝崎を、新女性誌でも活躍するだろうと期待したのだろう。

アンアン誌創刊にくわわった椎根和は、その頃、英国のノヴァ誌のベッドの上で男が下、女が上の位置でかさなりあったファッション写真を記憶している。天井の鏡にうつった二人のあられもない写真（男がモデルをこなしながら写真も撮った）、こんなアイデアのある写真家は誰であろうかとクレジットをみると、ヘルムート・ニュートンと記してあった。

セシル・ビートンは一九四四年に、最後のインド総督マウントバッテン卿とふたりでソファにあおむけになっているポーズを、天井の鏡を利用して撮影している。ビートンはイギリス人が偏愛する鏡、異界への扉のようなものをしばしば撮影の小道具として使った。ニュートンは、このビートンのアイデアにインスパイアされて、ノヴァ誌の写真を撮ったのだろう。

ビートンは多才な男で、ヴォーグ誌に洒脱なスケッチ画をしばしば発表していた。写真のことを書き加えると、ビートンは一九三一年に若きハリウッドスター、ゲイリー・クーパーを撮影している。この写真はクーパーが撮られた数万枚の写真のなかのベストといってもいいほどの格調高い若い色気を発散している。ビートンの写真の才能を最初に認めたのはヴォーグ誌編集長だったチューズ夫人。一九二八年の暮、ロンドンでの出会いだった。

さらにビートンには映画『マイ・フェア・レディ』のオードリー・ヘップバーンの豪華な衣裳を彼ひとりでデザインするというファッションセンスがあった。彼はこの仕事でアカデミー賞衣裳デザイン賞を受賞している。

しかし芝崎には、そういったものがなかった。長いあいだ女たちから、ハンサムね、といわれ続けてきた、ゲイの感覚のない日本の男は、女のファッションに関しては盲目になってしまう。現在のTV界のファッションリーダーを、ゲイ出身者が主流をしめているのはそのためだ。

フリーの淀川、野田、滝谷、歌代は、組合対策として編集集団「三宅菊子事務所」所属だということにされていた。平凡出版労働組合は、雑誌は社員だけで制作するものという主張をけして変えなかった。すこしでもフリーライターの姿が目立つと、団交で編集長をジワジワといじめていた。清水の考えた、アートディレクターが主で、編集長は従との関係は、社全体ではなかなか理解されなかった。

とくに販売促進を担当する販売部は困惑した。アンアン担当に指名された柿内扶仁子が、一番困った立場に立たされた。

販売の柿内は、創刊日のずっと前に、全国の書店向けのパンフレットのために新雑誌の内容、読者像をわかりやすく説明した文章をつくる必要があったが、編集長の芝崎に、どんな内容の新雑誌になるのか尋ねても、きちんとした答えはかえってこない。芝崎はとうとう、「ボクにもよくわからないんですヨ」というしかなかった。

そこで柿内は、アンアン誌の販促として、ミニ・ファッションショウと新人演歌歌手をだきあわせての一座をつくり、全国をかけめぐった。

このミニ・ファッションショウ用の衣裳は、アンアン誌の外部社員のようだった川村都と堀切ミロが、デザインした。

いよいよ、創刊！

創刊号（一九七〇年三月二十日号）。

表紙。撮影、立木義浩。モデル、マリタ。定価百六十円。

日仏の有名人の〝おめでとう〟メッセージがはなやかに飾った。仏側はエル社社長、エレーヌ・ラザレフ、人気随一だった前衛ファッションデザイナー、アンドレ・クレージュ、同じくデザイナー、マルク・ボワン、ダニエル・エシュテル、人気絶頂だった俳優アラン・ドロン、歌手のアダモ、駐日フランス大使などの歓迎の言葉がならんだ。

日本側は、三島由紀夫をはじめとして佐藤栄作首相の寛子夫人、建築家の黒川紀章、作家の庄司薫、五木寛之、コシノジュンコなど。

アートディレクター堀内誠一は振り回されていた。創刊号の表紙にエル誌から送られてきたカラーポジを使おうと考えていたが、全部をチェックしても使えるものがない。

表紙の制作というのはデリケートな感性としたたかな計算と度胸が要求される。モデルの選択も重要な問題となる。新雑誌の感性をどの程度にして、読者の感覚はどのぐらいかを推測し、その距離感を計算しなければならない。

堀内は、エル誌の写真に表紙にむいたものが一枚もないと判断すると、すぐに撮影を決意した。カメラマンは立木義浩に決めていた。たまたま来日していたクリスチャン・ディオールの専属マヌカン、

「はじめまして！　アンアン代表です」撮影＝立木三朗　創刊号（1970年3月20日号）より

マリタの時間がとれ、六本木のスタジオで撮影した。

編集部で創刊号がくばられた時、椎根は、すこし弱いと感じたが、五十年経過してみると、表紙のどこにも弱さがない。半開きの口とこぼれる歯。明眸皓歯（澄んだ目と白い歯）の美しさがきちんと残っている。両耳のわきから胸に流れる金髪の適度な量、シンプルな黒ニットの帽子、シンプルなブルゾン。そこには上品にみせようとする下品さがなかった。当時の、今もだが、日本の雑誌の表紙の写真がよくないのは、ADも写真家も、上品ぶるから、下品あふれる写真になってしまう。堀内‐立木コンビには、上品さに憧れるという粗雑なものがなかった。

この表紙には、フランス人モデルの写真と大橋歩が描いたパンダが組み合された。イラスト画のパンダはアンアン誌のアイドルマーク（アイキャッチャー、エンブレム）、商標になった。歩の描いたこのパンダは、ずっとアンアン誌の表紙に使われた。

歩は創刊号から連載エッセイ「あゆみのエッセイ」を書いていた。第一回目のテーマは〝初夜〟。すでに結婚していた歩は、「私は愛している人にしかSEXを感じない部類の人間です」と、当時のフリーセックス礼賛風潮に否定的な意見を書いた。

カラー21頁「はじめまして！　アンアン代表です――ユリとその撮影隊」。赤木洋一、中谷規子の取材チームが制作したパリ、ロンドン、ヴェネツィアでのファッション写真。堀内がつくった〝YURI PARIS LONDON〟という欧米の雑誌でもみられない、すばらしい英文字、ロゴがおかれていた。このロゴは、アンアンがめざす〝華やかでしなやか〟という本質をよく表現していた。

パリとロンドンの写真は、義浩の実弟、立木三朗が撮った。堀内は、三朗に熱い期待をかけていた。ここで一番印象的・象徴的な写真は、モデルの立川ユリがロンドンの小粋なホテルの部屋でひとりベッドで朝食をとっているもの。ベッドの上で食べられるよう特別製のトレイの上にはミルクコーヒーとビスケットだけ。衣裳は、白いナイトキャップ、ジャージーのパジャマ。デザインはユリの主人、金子功。

ヨーロッパの粋な恋人たち、夫婦たちが、よく朝食をベッドでとる欧州映画のシーンは、当時一部の女性たちから憧れの視線でとらえられていた。年配の日本女性の感覚からすれば、行儀がわるいと顔をしかめられるような時代だったが、堀内は、あえてこの写真を大きくした。創刊号でもっともチャーミングな三朗のいい写真だった。

このユリの写真は、創刊号を買った女性のうち、多分五、六パーセントのひとが、その写真を切り抜いてひそかに壁にピンでとめただろうと思われる。または自分の秘密の箱に、そっとしまいこんだ。

自分がロンドン、パリへいったら、朝食はベッドの上で……という願望パターンを生む最初の写真となった。ユリの清潔感が、ベッドの生ぐささ、行儀が悪いという批判の声をかき消した。

金子功は、デザイナー兼スタイリストとして同行した。彼のスーツケースには、このパリ、ロンドン、ヴェネツィア取材旅行のために堀内誠一の指示・要請で制作した約三十数着のドレス、カジュアルウエア、スーツがつめこまれていた。

金子功は、アド・センターに在籍のまま、堀内の要望と指示により、毎号十数点の衣裳をデザイン・制作した。堀内の視点からみて、アンアンに掲載する価値のある既成品はまだ日本には存在しなかった。だから堀内は、オートクチュールを注文するような感覚で、金子功にまかせた。

金子功は、自分の妻ユリが着るのだからイメージが湧きやすかったろうが、二年間、四十九号分、約千点ちかくの衣裳をデザインしつづけたことになる。

ＡＤ堀内は、十代の時に勤務先の伊勢丹百貨店の倉庫にあった戦前のフレンチ・ヴォーグ誌、美術書を読み耽った体験から、欧米のファッション誌編集のしくみを知ったのだと思う。

堀内はつねづねこういっていた。

「世界を目で知る人は幸せである」（堀内誠一『ぼくの絵本美術館』マガジンハウス）

堀内は先天的に視覚を知識に直結させ、感性として表現する才能にめぐまれていた。それは、前述したソクラテスの、視覚が一番大事だ、という哲学理論と完全に同じものだった。堀内がイデア哲学を勉強した形跡はないし、それに特別、英語が得意だったわけでもない。堀内少年のすぐれた視覚が、ヴォーグ、バザー誌をみているうちに、ファッション誌の本質を喜びのうちに見抜いた、ということだろう。ファッション誌を成功させるには、新雑誌にとって女神のような存在感のあるモデルが必要だ、ということも知っていた。ヴォーグ誌の、ペン－リサ、ハーパース・バザー誌の、アヴェドン－

ドヴィマとアニエリがファッション誌の女神だったように、アンアンの〝女神〟は、立川ユリと決めたのは堀内だった。

ユリはドイツ人の父親と日本人の母のあいだに生まれた。妹の立川マリもモデルをしていた。

七〇年代初頭、もうひと組の姉妹モデルがいた。ティナ・ラッツ（三女）、バニー・ラッツ（長女）、アデール・ラッツ（次女）だ。ティナは資生堂のビッグキャンペーンの顔となり、高度経済成長期の代表的な顔になった。バニーのほうは、のちに異能ミュージシャンというか芸術家のようなデヴィッド・バーンと結婚。ティナはレストラン王のマイケル・チャウ（中国人）と結婚し、ロンドンやＮＹのセレブ界の女主人公になり、ヘルムート・ニュートンにも撮影された。彼女はエイズを公表した最初の著名女性になり、四十一歳で亡くなった。

ティナとバニーの父親も、ドイツ系米国人だったが、この時代、もっとも人気のあったモデルが、ともにドイツ人の父、日本人の母という符合に不思議なものが感じられる。ティナは、一般的にいって一番人気があったモデルだったが、なぜかアンアンには一度も登場しなかった。それはまったく偶然で、バニーとアデールのほうは、数回アンアンのモデルとなっている。

デザイナー金子功にとって、その創造の源泉はユリだった。金子はアンアンをはじめる六年前にユリと結婚していた。しかもこの業界ではめずらしいことに、いまも円満な家庭を維持している。ユリが人並みはずれて賢かったということだろう。現在、ユリは愛息と一緒に千葉で、農業、果樹栽培に汗を流している。

金子は、そのやさしげなルックスからは想像もつかないような豪気な男だった。ピンクハウスを立ちあげた頃、松濤に家を建てたのだが、新進建築家、安藤忠雄に設計を頼んだ。しばらくふたりで住んでいたが、どうにも住みにくい。そこで水まわりをすこし変えようと思って、いちおう安藤忠雄事務所に電話をしたところ、事務所の男性が「先生の作品は、いっさい改築してはなりません」の一点張り。金子は、松濤の家をすぐ売り払った。

カラー14頁「エル誌　パリ・コレ'70」。解説、長沢節。自分のメゾンを持って、全盛期をむかえたイヴ・サンローランのワンピースを若いカトリーヌ・ドヌーブが着ている。

カラー5頁「ユリのヨーロッパ――LONDON」。撮影、立木三朗。コスチューム、伊藤公。吊りベルトのニッカーボッカー姿のユリ。六歳と十一歳のロンドン・キッズの、ユリが美しいのはボクたちのせい、とでもいいたげな得意顔が、この写真を健全なものにした。紳士然としたスーツ姿のユリは、手にルイ・ヴィトンで買ったコウモリ傘を持っている。写真説明は、ランチのジャガイモのことばかり、コスチュームの説明はいっさいなし。これは創刊号以降も守られた。衣裳説明文というのはなぜか写真を台無しにする。

デザイナーの伊藤公は、同じファッションデザイナーの松田光弘と結婚していたが、アンアン創刊の頃には離婚していた。松田は青山に店内がブルー一色のブティック「ニコル」を七〇年にオープンしていた。

モノクロ7頁「エル・エ・リュイ（彼女と彼）」。シリーズ第一回。撮影、加納典明。創刊号のモノクロ写真全体をひきしめた力強い写真。

元祖国民的美少女、鰐渕晴子がNYでタッド若松カメラマンと恋に落ちた。少女から大人の女にイメージチェンジした鰐渕が、堂々たる女ぶりを7頁にわたって展開。タッドも出演している。加納の写真は、日本人がモデルだと感じさせないインターナショナル性があり、全写真が永遠に残りそうな活力をみなぎらせていた。

とくに静岡のある浜辺で撮った、ふたりが毛布にくるまった写真は、ふたりのエロティックな充実感と、未来への不安がミックスした表情をとらえていて、ベストのショット。強風で乱れた髪と、だきあって、ひとつの物体と化した姿の輪郭の部分だけが白く発光している。

プリントの絶妙な焼き付けは、加納自身がやった。この写真が、この号全体をひきしめた。

加納を雑誌の世界にひっぱりこんだのは椎根だったが、この写真は椎根の担当ではなかった。まだ平凡パンチにいた石川次郎がNY取材にいき、そこで鰐渕とタッドの恋愛を知って、思いついた企画だった。だから日本でのその撮影は、石川が編集者として〝越境仕事〟をしたものだった。

堀内が、加納のストロングな写真をみて、7頁という大企画ものにした。

モノクロ6頁「石坂浩二」。撮影、辻幣（社員）。石坂の私生活的な写真だが、どうしても芸能写真になってしまう。加納の写真と比較すると、やはり加納のほうにアンアンらしい新鮮さがあった。

堀内もそれを感じたのか、加納の写真を辻の前に置いている。さらに、おしおきのように、多分、鴇巣が勝手につくってしまった「ミニミニ・テアトル」というコント風のフォト・ストーリィを辻の見開き写真の左スミに6×7センチの大きさの写真を入れた。このミニミニ・テアトルは、それ以降の頁にも十三カットも入っていて、誌面の統一感が失われた。

堀内は困ったものだと感じていたが、なにをいわれてもケラケラと笑いとばしてしまう鴇巣には、なにもいわなかった。もちろん他の編集者も、なんだコレ！　と感じていたが、なにもいえなかった。

モノクロ3頁「ロバート・レッドフォード――野性と優しさをかねそなえたセクシュアルな男」。配給会社から借りた映画『明日に向って撃て！』の写真を掲載した。映画担当の今野雄二はこの頃、髭《ひげ》に異常にセックスアピールを感じていた。これ以後も、髭のスターが登場すると必ず取り上げた。

このレッドフォードについて今野の書いた文章が気持ちの悪いものだった。ゲイの男が、普通の女のコの口調をマネしたため、語尾が奇妙なものになっている。今野自身、男性誌と女性誌の区別がよ

「エル・エ・リュイ（彼女と彼）」撮影＝加納典明　創刊号（1970年3月20日号）より

くついてない状態にいたのだろう。「少年の無邪気さとおとなのずる賢しさが加わったとき、男は限りなくセクシーで魅力的になるの」「あなたの感受性をうたがっちゃう」など。

渋い口髭のレッドフォードの顔のそばにも無惨にミニミニ・テアトルが入っていて、女の、〝ケチね〟というセリフが入っていた。今野は、きっとベッドでひとり涙を流したと思う。

モノクロ4頁「赤頭巾ちゃん」。澁澤龍彦訳、シャルル・ペロー原作。AD堀内の美意識の一番深いところにあった童画への憧憬がよくでている連載企画。

イラストレーションは1頁大の大きなサイズで二枚。はかなくエロティックな裸体の少女の、せまりくる危機を前にして匂うような悲劇性を絵にしたのは片山健。

澁澤龍彦の文字は、原作者ペローよりもはるかに大きい62級中明朝体。字画の多い澁澤の四文字が、それだけで、ひとつの物語になっているような印象だ。堀内の好きな世界観がでたア

シャルル・ペロー原作、澁澤龍彦訳「赤頭巾ちゃん」イラストレーション＝片山健
創刊号（1970年3月20日号）より

ートディレクションで、アンアン誌の名物連載となっていく。

モノクロ2頁「女の色気と男の色気」。エッセイ、三島由紀夫。イラストレーション、黒田征太郎。

三島は、「そもそも色気とは何であろうか。私は色気とは文化の蓄積の中にしかないものだと思う。古い、長い文化を持った国ほど色気というものを理解する」とはじめ、「いま男から見た女の色気の代表は、藤純子のような女優である」という独断のあとに、複雑な色気論を展開した。

このエッセイを三島に依頼した編集者に、ADは堀内がやると教えられて、三島は、「エッ、あんな非妥協的なワンマンに大衆誌の仕事が務まるのかなあ」と真剣に心配したという。

三島がなぜ堀内をワンマンと評したかというと、この二年前の「血と薔薇」創刊号で、三島の発案で「男の死」というグラビア企画があった。ADは堀内。カメラは篠山紀信。三島を鎌倉の海の岩場で全裸にして撮影するシーンがあり、三島はフンドシ姿でいいだろうといったが、堀内が「ダメです。全裸になってもらいます」と強くいったのを三島が記憶していたからだった。

アンアンの創刊号には、誰がどのページを担当したのかも、ライター名も記されていなかった。これは編集部そのものが、どういう組織体で動いていくのか、編集長の芝崎自身ですら五里霧中の状態にあったからだった。

とにかく編集部はバラバラ。企画立案・海外取材、コスチュームの発注、レイアウトとすべてやってしまう怪物のようなアートディレクター堀内。その上、「雑誌は音楽の組曲のように、いやもっと食事のコースに似ているかも知れません。アペリチフがあり、前菜《オードブル》、アントレがあり、メイン・ディッシュがあり、デザートや食後酒のツマミがあるという形を先ず想像します」（『父の時代　私の時代』）という堀内の編集理論は、堀内の脳内にあり、それを具体的企画に、どう落としこむかという難題は芝崎編集長の手にあまっているようにみえた。さらに自分勝手なことばかりを平気でやる鴨巣という進行担当の副編集長みたいな存在。そこに広告担当といいながら、編集頁もつくっている木滑。ひとつの雑誌に四人の編集長が、横の連絡もなくいるような無政府状態だった。その下にいる赤木、中谷、今野、椎根、岡田、秋葉は、ただボーッとしてみているだけだった。

しかしもともとアナーキーな状況が大好きで野心的だった椎根は、これで自分も好きなことができる、とひそかに考えていた。

三宅一生、高田賢三の登場

第2号（一九七〇年四月五日号）。

表紙。撮影、立木三朗。〝女神〟立川ユリが表紙になった。ＡＤ堀内は、表紙は顔のアップというそれまでの常識をくつがえすような写真にした。アンアンのアイドルマークになったパンダのポーズをユリにさせたのだ。両手を顔にあて、両足をＯ字型にさせて腰をおろしている。金子功がデザインしたシャツとパンツスタイル。このポーズでは靴が丸見えになるため、靴がポイントになるが、ユリがフランスで買ってきた趣味のいいブーツを用意していたため、開脚Ｏ《オー》ポーズが無理なくできた。

雑誌は表紙できまるという持論の清水副社長はよろこんだと思う。表紙撮影初陣の、三朗のてらいのない若さがストレートにでて、欠点のない写真になった。

カラー7頁「ベネチアの花嫁」。撮影、吉田大朋。堀内がこの号で一番みせたかったのは、ヴェネツィア名物のゴンドラの上で、ユリがウェディングドレスを着てフランス人形をだきかかえて結婚の甘い夢をみているようなショット。ユリが三重、四重にも映りこむプリズム・フィルターを使って大朋はこの夢幻的シーンをつくりあげた。

堀内は、さらに一枚の写真を見開きに三度使うというデザイン処理をおこない、八人のユリが現出した。大朋のこの写真は、アンアン初期のモニュメント的ファッション写真となった。

サンマルコ広場では、リラの花を持つウェディングドレスのユリのまわりに数百羽のハトが乱舞し

「ベネチアの花嫁」撮影＝吉田大朋　第2号（1970年4月5日号）より

ている。なぜか悲しげな運命がまちうけているような予感をさせる幽婉典雅な写真。ドレスは四着で、金子功と伊藤公がデザインした。

どのカットもユリはスカーフで頭髪をつつんでいる。ブライダル・リースはない。このパリ、ロンドン、ヴェネツィア大撮影旅行には、ヘアスタイリストを連れていかなかったのだ。合計七人のメンバーの費用で予算オーバーになり、ヘアスタイリストをつれていく余裕がなかった。ファッション写真をつくりあげる上で、目立たないが、最も重要なのはヘアスタイリストだ。海外取材時には、編集者をカットしても、ヘアスタイリストを同行させるべきである。

雑誌の海外取材で、費用を低くおさえるために航空会社、観光局とのタイアップというシステムを考えだしたのは、木滑良久だった。この六年後に木滑が創刊したポパイ誌では、アメリカ政府観光局がいつも協力していた。

カラー9頁「エル誌　モード'70」。ミニからミクロまでお気に召すまま、とのリード文。まとまりのない写真と衣裳類。カメラマン、デザイナーの名前もない。

カラー7頁『『アンアン』のファッション編集室がスタートしました!』。撮影、立木三朗。

椎根が堀内によばれて、レイアウト室にいくと、「アンアン編集部がスタートしたという雰囲気の写真を、三朗と一緒につくってくれ」といわれた。編集部は安っぽいベニヤ板の壁だったので、階段を使うことにした。大荷物を持って階段をあがる編集者役は、親戚のお姉さんのような粋な堀切ミロにたのんだ。そこにたまたま、堀内がデザインした大きな包装紙が届けられた。椎根はそれを壁紙とみたて、ミロ、モデルの出口モニクが壁全面にベタベタと貼りつけている写真を撮った。

これではどうしようもない、と不安になりながらも、ポジを堀内に渡すと、フンフンフンとなにもいわずに堀内はデスクにむかった。

刷りあがってきた第2号をみて椎根は驚いた。どうしようもない写真を使って、華やかな編集部の雰囲気と編集者たちのりりしい姿がそこにあった。堀内が描いた英文字ロゴのananを数百回も整然と繰りかえして印刷された包装紙を誌面の三分の二以上のスペースに配置し、目を見張るばかりのハデなページにしたてあげ、人物写真はちいさくし、それに続けて三朗が撮った立川ユリ、立川マリの化粧風景をからませて、「ただいま、モデル特訓中」という見出し。最後の見開きには、全員ミニ・スカート姿のユリ、マリ、モニクら五人のモデルが六本木の交叉点で全員左の方向をむいている写真を使っていた。

堀内は、どんなにひどい写真を持っていっても、ダメだという死刑宣告のようなことはいわなかった。なんとかするのがADの役目だ、と考えていた。もちろん、その作業を、「死体を運びこまれて、生き返らせてくれ、といわれているようなものだ」とアイロニーをこめて表現していたが……。

モノクロ6頁「ジェーン・バーキンもいいけど　ダァーンさんもいいね——」。

大手のオリオン・プレスに椎根の友人田村クンがいて、ある日、いいのが入りましたよ、とセルジュ・ゲンズブールとジェーン・バーキンの写真を持ってきた。バーキンは、ミケランジェロ・アントニオーニの映画『欲望』に出演して世界的な人気がではじめていた。『欲望』はロンドンの若きカメラマンが主役の映画で、すでに椎根は観ていた。ゲンズブールも、バーキンとのデュエット『ジュ・テーム・モア・ノン・プリュ』(この歌は、日本では放送禁止になった)の大ヒットで有名になりかかっていた。バーキンの娘ケートの面倒をみている写真もあった。バーキンは二十二歳だった。

椎根は、写真だけでは弱いかなと考え、イラストレーターの小林泰彦に、バーキンの人体解説図を描いてもらった。小林は、〝(おっぱいは)小さいけど型よし〟とか〝(モモの外側の肉のつきぐあいが)いいカンジです〟と彼女の魅力を解説した。

路上でじゃれあっている写真が二枚あった。一枚はゲンズブールの首にバーキンが腕をからみつけているところ、もう一枚はその腕がほどけたところ。椎根は、どちらか一枚しか使わないだろうと考えながら、タイトルをつけて堀内に渡した。

レイアウト用紙をみて椎根は驚いた。最初の見開きの右頁にバーキンがゲンズブールの首にかじりついている写真、左頁にそれがほどけた写真。わずかな違いしかない写真を二枚使うことによって動画をみているような効果をあげていた。椎根が渡した時よりも、二倍も三倍も〝いい写真〟になっていた。

カラー5頁「これでもアタシャー　シュフですョ」。撮影、長浜治。

椎根が担当したふたつ目のカラー企画は、当時、人気絶頂のイラストレーター、宇野亜喜良と美恵子夫人の私生活風景。宇野は先妻と離婚して、モデルというより謎の美少女として、写真家、広告制作者、クリエーターたちにモテモテだった鈴木美恵子と結婚し、飯倉の豪華マンションに住んでいた。

美恵子は、アンディ・ウォーホルのスーパースター、イーディよりも凄い美人だった。

部屋には、横尾忠則の〝便器の前でパンティを脱ぎかかっている女〟の原画とか、奇怪な仮面、白いシャンデリア、亜喜良の手になる手書きの絵が入ったライティングデスクなど、華麗な倦怠が、汚れのようにつまっていた。

これを長浜治は、当時、大流行していたインフラレッド（赤外線写真用フィルム）を使って撮影した。トップの写真は、ゴチャゴチャと汚れている台所の隅に、捨てられた仔猫のようにうずくまる美恵子。フィルムのせいで、特殊なブルーが強く印象に残る。この撮影で美恵子は、自前の、ゴージャスな五点の衣裳を着てくれた。

堀内は、この扉の写真に、亜喜良の描いた魔女風のヌードの女の絵を左側に組み合わせ、その絵をショッキングピンク色にした。六本木を中心に遊びまわっていたこの時代のクリエーター関係者の、いつも新しいものを求めながら、アンニュイな態度をとるムードがよくでた5頁になった。

説明文は全部で百字以内におさめ、各頁に長めの小見出しを入れた。「神経が　タカぶって　もうダメだってサー」とか、最後の写真には「もう　ワタシ　ダメよ　死ぬわョ」と彼女のいった言葉を、そのまま利用した。美恵子は、本当に、この撮影の十五年後に自死する。

椎根が考えた、このすこし長めの小見出し風タイトルを各頁に入れるスタイルは、アンアン編集部でちょっとしたハヤリになった。

この長浜の写真は、〝ファッション・ポートレート写真〟の日本第一号だと思う。ファッション・ポートレート写真とはファッション誌における、ファッショナブル（いろんな意味で）な人物に重点を置いた写真と理解してもらいたい。ヴォーグ誌時代のアヴェドンが、もっとも力を入れたのも人物写真だったが、東京にも、NYのディスコ、エレクトリック・サーカス風のクラブ、ビブロスがオー

「『アンアン』のファッション編集室がスタートしました！」撮影＝立木三朗　第2号（1970年4月5日号）より

プンし、夜な夜な着飾ってそこへあつまりだしたのが、イラストレーター、カメラマン、若い世代のファッションデザイナーたちだった。

全盛期のアイク&ティナ・ターナーのショウのあとは、六本木、西麻布のバーやレストランで朝まで遊ぶ。そういうライフスタイルを楽しむ新しいファッションピープルが出現していた。その中心にいたのが宇野亜喜良と美恵子だった。椎根もその端っこにいたので、結婚直後のふたりを撮影できた。

モノクロ5頁「紐育7番街のデザイナー」。撮影、加納典明。ニューヨーク七番街は米国のファッション業界の中心地だった。新人デザイナー、三宅一生の紹介。

椎根の一九七〇年二月二十日の手帳に、〝午後10時、三宅一生事務所開きパーティ〟と記してある。ずいぶん遅い時間から始まるパーティだなあと思いながら千駄谷のマンションの一室を訪ねると、アメリカ風にシンプルなパーティで、椎根は三宅一生にそこではじめて会った。

堀内誠一は、金子功、伊藤公を中心にアンアンのファッション頁を展開していくのだろうと椎根は予想していたので、自分は、新人ファッションデザイナーを発掘していこうと決心し、その最初がNYから帰国したばかりの三宅一生になった。堀内は「ADの仕事の大半は新しい才能の発見にあります。多くの才能を自分の感覚に接ぎ木することで（雑誌を）豊かなものにしようというわけです」（堀内誠一『ホーキ星通信』、「EDITOR」エディタースクール所載）と記していた。

狭いパーティ会場で会った一生の印象は、日本には、こんな印象のデザイナーはいなかった、だった。一生は三十一歳。上唇の上に一文字の髭があった。パリで、ギ・ラロシュ、ジバンシーのアシスタントデザイナーとしてのキャリアがあり、NYではジョフリー・ビーンズのデザイナーをしていた。

一生の写真は、加納に頼んだ。銀座の雑踏、新宿御苑、駐車場で撮影した。椎根が写真にそえた説明文は、「正確な意味で、世界に通じるただひとりのファッション・デザイナー」。

そのプリント（紙焼き）を十数枚持って、堀内に、「パリ、ニューヨークで修業して帰ってきたばかりのデザイナー……、ですが、5頁で……」といった。

いつものようにフンフンと聞いていた堀内は、椎根の説明が終わると、タバコに火をつけ、ひと口も吸わないでレイアウトデスクの右隅に置いた。灰皿はあったが、デスクを灰皿がわりにするのが堀内流だった。

つぎに写真をパラパラとみると、すぐレイアウト用紙にむかい、サラサラとラフスケッチを完成させ、前にいる新谷雅弘に、「これ、やっといて……」と渡した。タバコの火はまだデスクまで届いていなかった。灰も床に落ちていなかった。堀内は5頁を二分もかからないでレイアウトしてしまった。

これが〝神速〟といわれた堀内の特技だった。普通のデザイナーは、ネガを引き伸し機に入れて、〝あたり〟をとる。だが、堀内は、ネガを見ただけで、正確に寸分のくるいもなく、スケッチ風に描けた。タバコが半分も燃えつきないうちに仕事を終えるという決意が、そのデスク上のタバコにあった。

トップの写真は、一生がコートに袖を通そうとしているポーズが選ばれた。彼の目には、三十年先を見ているような鋭い輝きがあった。加納は創刊号に続いて、新しく写真界の主流になっていくファッション・ポートレート写真をしっかりと撮ってくれた。

堀内はこのデザインワークで、三宅一生に大きなプレゼントをした。

堀内は最初の頁に、ちいさく漢字で三宅一生、その下に英文字で、「issey」というロゴを大きく入れ、人名は頭文字を大文字でという常識を軽くスルーした。堀内にとっては、なんでもない仕事だったが、一生は雑誌がでると、すぐ椎根に電話をかけてきて、あの issey miyake のロゴを自分がつくった服に使ってもいいか、といった。

あれから五十余年、一生は、その堀内が作ったロゴを、現在も、自分のブランド・ロゴに使い続けている。書体は、多少、太めになったが……。

「ジャーナル」欄に、パリに仕事場をうつした高田賢三が、セーヌ右側のギャルリ・ビビエンヌに「ジャングル・ジャップ」という店をオープンするというニュースが載っている。壁面にアンリ・ルソー風の絵が描かれた店内写真もそえられていた。

賢三は、世界中のファッション界を長くリードしてきたオートクチュールではなく、普通の女性が気軽に買えるプレタポルテのデザイナーをめざす、と宣言していた。オートクチュール界の衰退とプレタポルテ界の拡大発展がモード界の話題になっていた頃だった。アンアン誌の提携相手のエル誌も、どちらに軸足を置くかを迷っているような写真を送ってきていた。創刊号に載った「エル誌　パリ・コレ'70」が、そのことを物語っている。

ココ・シャネルとともにフランスの戦後のオートクチュールを代表してきたクリスチャン・ディオールが一九五七年に急逝し、後継者に指名されたのは二十一歳のイヴ・サンローランだった。しかしサンローランは数年でディオールをやめ、二十六歳で自分のメゾンを立ちあげ、一九六六年からプレタポルテに進出していた。カール・ラガーフェルドは、ジャン・パトゥのデザイナーを経て、クロエのプレタポルテに進出し、フェンディとも親密な関係を持ち、最初の打ち合せ中にあの天地を逆に組み合せた二個のFのシンボルマークをちょちょいとつくりだした。一九六五年のことだった。

高田賢三は、一九六一年（昭和三十六年）に文化服装を卒業。同期生に、松田光弘、荒牧政美、金子功がいて、〝黄金の四人〟といわれていた。

アンアン誌は、この四人のデザイナーの作品を集中的に誌上に載せた。ここにさらに、椎根が担当した三宅一生、山本寛斎、菊池武夫、のちに島本美知子が発掘した川久保玲を加えると、現代の日本のファッション界を代表した顔ぶれになる。

荒牧政美は、アド・センターでスタイリストをしていた加代子と結婚し、ともに大人気店になった原宿マドモアゼルノンノンを経営。のちに、荒牧はパパスを設立。金子功は、二年間アンアン誌のために衣裳をつくり続け、のちにピンクハウスを設立する。松田光弘はアンアンの創刊時に、青山にブティック、ニコルをオープンした。

堀内の世界名作シリーズ第二回目は、種村季弘作「吸血鬼」。イラストは、新人、金子國義。金子は、首に黒いリボンをつけ、口からタラリと血が流れている美少女を描いた。その血はむき出しの乳房にポタリと二滴ばかりたれていた。

読者参加企画として、フツーの女の子をモデルに仕立てあげるモノクロ企画があり、鋤田正義カメラマンが、あまり熱意の感じられない写真を撮っている。

「編集室から」のページでは、レイアウトの村松仁美、翻訳担当の原由美子、フリーライター兼編集者として、淀川美代子、滝谷典子、歌代千代子が、顔写真、年齢入りで紹介された。ただし、淀川も、滝谷も二十歳と記されていたが、本当は二十六歳だった。こんなつまらないウソを書いたのは、鴇巣だったかもしれない。

淀川のコメントは、「アンアン編集部スタッフになれたら、かわいい文章も書いてみたい」。当時、文章という言葉にはつけてはならないと思われていた〝かわいい〟という形容詞をはじめて使って自己紹介文を書いた。淀川は、十三年後、オリーブ誌編集部に異動、〝かわいい〟路線の写真を展開し、ロウティーン少女たちに大ブームとなった。

一九七〇年の日本のファッション業界は、パリのオートクチュールの業態をまねたデザイナーたちが君臨していた。

一九三一年の満州事変から一九四五年の太平洋戦争の敗戦までの十四年間は、国民全員が〝戦時下〟という耐乏生活を強いられていた。女性の生活にかぎっても、奢侈な和服・洋服の売買は禁止、パーマネント髪も禁止され、モンペ姿が標準服装になった。金の指輪・貴金属のアクセサリーは〝供出〟という名目で、ごく安く政府に買い上げられた。一九三九年からは白米を食べることも禁止だった。

敗戦後、日本人全員が飢餓寸前の食糧難となったが、女性たちに、長いあいだ、好きなものを着る、という自由がなかったためか、〝洋装する自分〟という渇望が沸きあがった。

とはいえ、店頭にはなにもなかったので、自分で洋服を作るために、洋裁学校が大ブームとなる。「文化」「ドレスメーカー」という名のついた洋裁学校が全国各地に雨後のタケノコのように設立され、一九五五年には、洋裁学校に通う全生徒数が五十万人を超えた。女子中高校卒業生の半数ちかくが洋裁学校に通っていたことになる（坂本佳鶴恵『女性雑誌とファッションの歴史社会学』新曜社）。

当時の二大洋裁学校は「杉野学園ドレスメーカー女学院」と「文化服装学院」。

このふたつの大手洋裁学校は、自分で洋服をつくるための技術を教える雑誌を発行した。一九四九年、ドレスメーカー女学院は、杉野芳子のもと、「ドレスメーキング」（鎌倉書房）を創刊。文化服装学院には、戦前から発行されていた「装苑」（文化服装学院出版局）があった。一九五七年には、やはり洋裁学園を経営していた田中千代が服飾誌「服装」（同志社）の監修者となった。堀内誠一が服装創刊号のADを務めた。

三誌とも、洋服の作り方の型紙頁がついていた。

一九五二年、FEC（日本ファッション・エディターズ・クラブ）が設立される。発起人、今井田勲（文化服装学院出版局）、熊井戸立雄（婦人画報社）、瀬戸忠信（日本繊維出版社）、長谷川映太郎（鎌倉書房）。FECは、一九五六年から、〝その年にめざましい活躍を示し、わが国の服飾界に貢献した人ひとり〟にFEC賞を与えた。

一九五七年、アド・センターの鳥居達也によって、ADセンター・ファッション・グループ、AFGが結成された。メンバーは中村乃武夫、久我アキラ、小林秀夫、渡辺和美、西田武生、平田暁夫、ファッション・ディレクターの長沢節。このグループは一九五七年から、ディオールの「ニュー・ルック」発表に刺激され、日本のファッションの流行の方向性・ラインを示そうと、一九五七年から、ハンター・ライン、軸ライン、サイド・ライン、キューピッド・ライン、ファンキー・タッチ、ミュータント・タイプなどを発表した。驚くべきことに、堀内誠一は、以上のライン発表のアートディレクションをすべて担当していた。

ちなみにディオールは、ニュー・ルック（ライン）発表後も、十一年間で二十二回のコレクションすべてに〇〇ラインというネーミングをつけた。チューリップ・ライン、H、A、Yなどのアルファベット・ラインなど。

堀内は、一九六一年に「テイジン・ホンコンシャツ」キャンペーンの企画・制作も担当。ホンコンシャツは大ヒット商品となり、この新聞広告に対して、アド・センターは、通商産業大臣賞を受賞した。

一九六四年、東京高級洋裁店組合（東京コレクショングループ）が第一回コレクションを発表。メンバーは、松田はる江、細野久、森英恵、鈴木宏子、諸岡美津子、水野正夫・和子、中嶋弘子、中村乃武夫たちだった。彼らは、サンディカ（パリのオートクチュール組合）を志向した組織だった（千村典生『戦後ファッションストーリー 1945 - 2000』平凡社）。

中村乃武夫が一九六〇年にパリのアンバサダホールで作品を発表していた。ファッション界の若手リーダー格だった堀内は、このショウを現地でみている。中村の前に、伊藤茂平もパリでショウを開催していた。

一九六〇年のFEC賞は、森英恵。その理由は、「十年間にわたって映画衣裳、既製服および広範なデザイン界での活躍」。森は一九五三年、新宿に「ひよしや」をオープン。六三年に「ヴィヴィド」を設立し、プレタポルテに進出する。六五年にはニューヨークでコレクション、七五年にはパリでコレクション、七七年にパリにメゾン「ハナエ・モリ・パリ」を開き、サンディカのメンバーになる。

皇室関係のデザイナーでは、美智子上皇妃が皇太子妃時代は芦田淳、平成になると、久我アキラ夫人の植田いつ子が美智子皇后の衣裳デザインを担当していた。植田いつ子は三島由紀夫の戯曲「サド公爵夫人」の舞台衣裳の制作デザインをした。

こうしたファッション界を変えようと考えていた若いデザイナーたちを大いにバックアップしたのがアンアンであった。そのトップバッターが高田賢三たちだった。

ファミリーヌード第一号

第3号（一九七〇年四月二十日号）。

表紙。撮影、立木三朗。モデル、立川ユリ。衣裳、金子功。

カラー9頁「2人はイタリアへ」。エル誌から送られてきた〝旅もの〟。イタリア南部の白い壁の田舎で、恋人同士のふたりが旅行用の衣裳を着ている、というただそれだけのもの。カメラマンの名はなし。パリのオートクチュール界も沈滞気味だったが、エル誌の写真も、カメラマン、編集者、ADにもやる気が感じられない。

カラー6頁「ユリのスーブニール大公開」。撮影、大倉舜二。モデル、立川ユリ。コスチューム、金子功。ヘア、松村真佐子。創刊号、第2号で大ファッション撮影旅行にでかけたユリのお土産ものの紹介頁だが、金子功はユリのためにカジュアルなウエアを制作している。

日本の女性誌が、はじめてルイ・ヴィトンを大々的に記事にした。ヴィトンのバッグが大小十一種類、ドーンと紹介されている。「パリでも高くて、二万円の中型のやわらかいかたちのバッグしか買わなかった」とユリは語っている。残りのバッグについての所有関係が誌面ではふれられていない。創刊号のファッション写真にも登場したヴィトンの傘も紹介されている。

当時の日本では、ヴィトンの商品は、赤坂・東急ホテル二階のショップでだけ売られていた。その店名のクレジットがないので、モデル仲間から借りたとも考えられるが、この頃からヴィトンが圧倒的人気を誇るようになった。婦人靴はスクエア・カットのシャルル・ジョルダンが憧れの的だった。

この号にヘアの松村真佐子が初登場。その後、金子‐ユリのファッション頁のほとんどを松村が手がけるようになる。

スター並みの人気者になっていた立木義浩の担当は、中谷規子（後に吉森と姓が変わる）だった。ある日、椎根は中谷に、「立木さんに、ファミリーヌードを撮ってもらえないか。立木さんの写真なら、有名人カップルもハダカになってくれそうな感じがするんで……。ヌードになる家族はぼくが見つけてきますから……」といった。中谷は即座に「そんなことできっこないじゃん」と、熊本出身のはずなのに、なぜか静岡弁で却下した。

アメリカのヒッピーの家族が、オールヌードでフリーペーパー、ポスターなどに登場するのがひとつのハヤリになっていた。椎根はそれを知って、日本でも立木義浩なら可能かもしれないと考えたのだった。

中谷は、できっこない、やってくれるはずがない、との一点張りだったが、椎根は、ダメでも、話だけでもしてほしい、とねばった。

可能性は五分五分だと考えていた椎根だったが、しばらくして中谷が、めずらしくニコニコしてやってきた。「やってくれるって。それも第一回目は、ウチの家族でやらないと、次にやってくれるヒトがでてこないだろうといって、母に撮ってもらうって、もう家族全員をつれて徳島にいっちゃった」

椎根は、立木のセンスに感動した。ファミリーヌードを撮影してほしい、というアイデアだけだったのに、立木自身が家族をひきつれてモデルになるという飛躍に……。新しい流れに理解がある、というレベルではなく、もっと恐いセンスがあるとしかいえない。義浩の写真の本質と同じものを感じた。

堀内はすぐに義浩の弟、三朗に、義浩の人気者ぶりがわかる日常的なスナップ写真を撮るように命じた。

モノクロ6頁「エッ　あのタツキさんが　ファミリーヌードを撮られたんですって！」。

レイアウトも完璧だった。まず三朗が撮った普段の義浩がカッコよかった。新スター誕生、という興奮があった。オフィスのベンチに横になり、脚をくみながら片足だけを上げるスーツ姿の義浩。そのフランス製の靴の上品なこと。また、波がうちよせるビーチで、くるぶしまであるロングコートをはねあげながら、スウェーデン製高級カメラ、ハッセルブラッドのクランクに指をからませて、モデルにせまっている姿。日本人ばなれしたそのアクション。一メートル八十以上の細身の肢体。そんなホレボレするような写真が4頁続いて、最後の見開き2頁だけをセピア調にしている。

これが立木義浩三十二歳。妻、三智子三十歳。長女、香好三歳。次女、理賀二歳、の裸の家族肖像写真だった。

壁にはモディリアーニの絵がかかっていた〝ファミリーヌード〟第一号の写真。「写真提供　立木写真館〈徳島〉」とクレジットが入っていた。

息子とその嫁、ふたりの孫のヌード写真となれば、常識的にいえば、遠慮するものだ。だが、これを撮った母、香都子が島隆が最初に撮ってみせた〝狂気〟〝写真のエクスタシー〟というものを持っていたためか、生涯で一番、チカラの入った撮影になっただろう。最愛の息子夫婦と孫のヌード写真を世界の写真史上はじめて撮影し、それがメディアに掲載されるのだから。香都子の写真館人生は、のちにNHK朝の連続ドラマのモデルになったほどのアヴァンギャルドな冒険心にあふれていた。

ちなみに、島隆、立木香都子に続く女性写真家の〝狂気の写真〟の系譜は、現在、ウェブ上の、〝自撮りのキミちゃん〟こと西本喜美子（熊本市在住）に受け継がれている。

彼女の写真が、「通販生活」誌の表紙に使われたのは二〇一八年、八十九歳の時だった。七十二歳の時から、写真家、モデル、演出家、脚本家、コンピュータ・グラフィックスなどの全技術を、息子が運営する写真塾で習い覚えたという。つまりADの役目と写真家の仕事を……。

西本が最初に〝自撮り〟写真を撮る時に思いついたテーマが〝ゴミ問題〟。自分は年寄だから、「もういつ捨てられるかわからんでしょう」という考え方で、自らごみ袋にもぐりこみ、首から上だけを出して、リモコンでシャッターを押した。

自分をゴミだと考えうる強靱な精神と究極の客観視力。そしてその飛躍を、〝いい、面白い〟と思える感性。世間では、その行為と判断を〝狂気〟という。

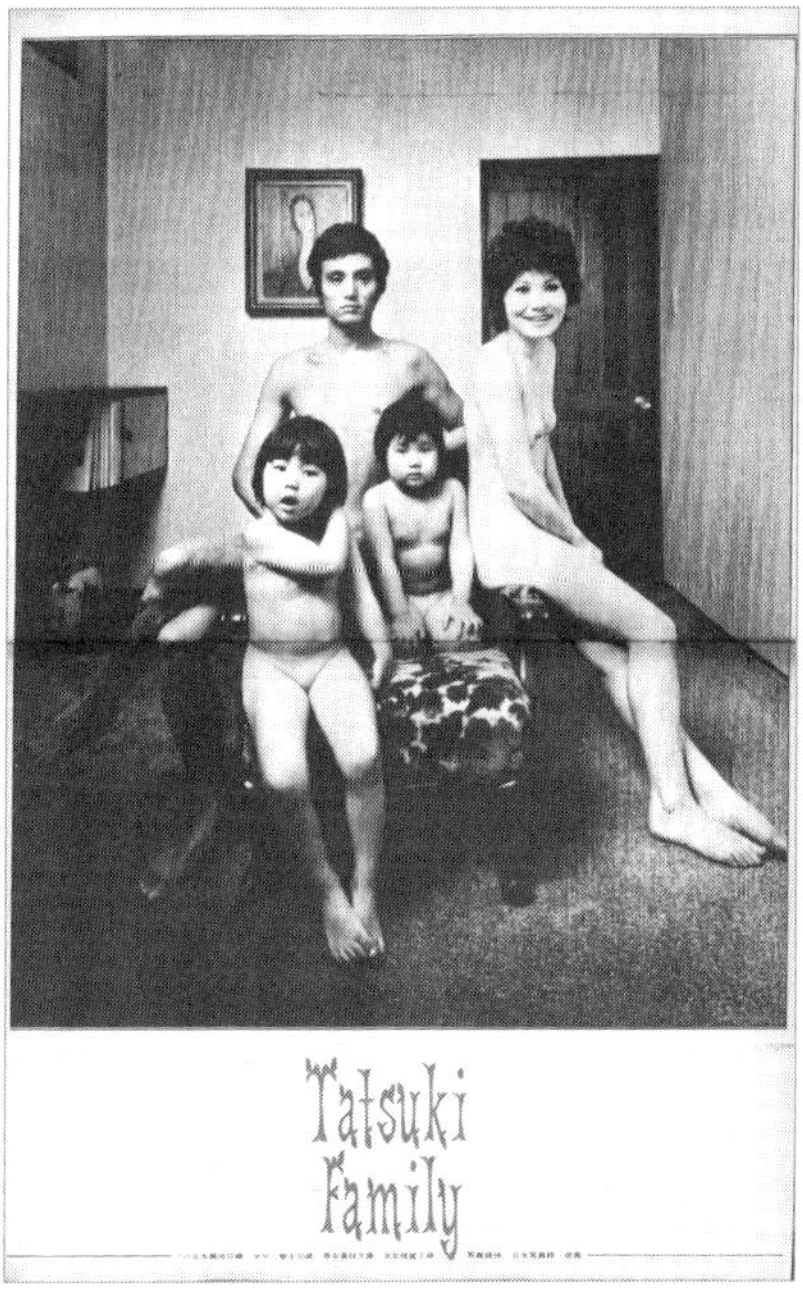

「エッ　あのタツキさんが　ファミリーヌードを撮られたんですって！」撮影＝立木写真館〈徳島〉第3号（1970年4月20日号）より

カラー7頁「ユリのヨーロッパ⑥」。撮影、吉田大朋。

創刊号、第2号にのせきれなかったユリのファッションもの。

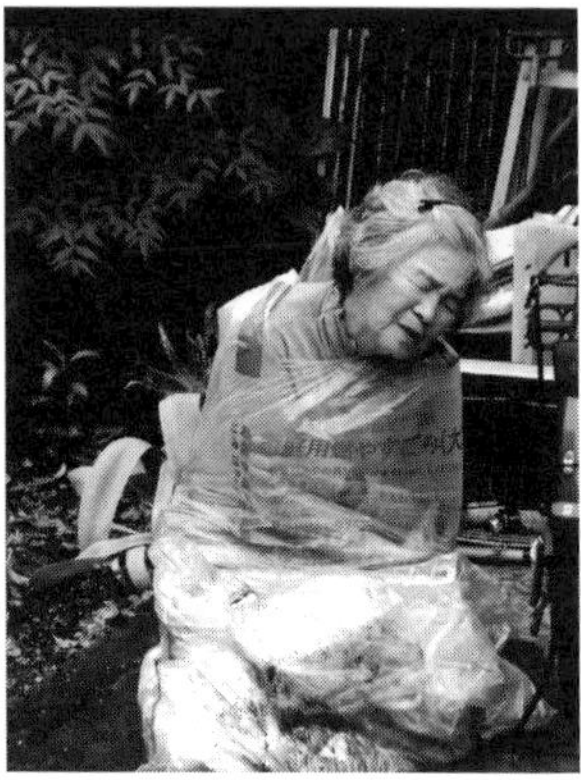

自撮りのキミちゃん
カメラ＝西本喜美子（2002年ころ）

Tシャツがテーマ。デザイン、松田光弘。最後の頁におかれたフランスの麦畑の写真がいい。

ユリは、芽がでたばかりの麦畑にしゃがみ、指で芽をつまんでいる。まだ土のほうが優勢だが、畑のむこうにはフランスの誇る美しい並木が、画面の左から右肩あがりに右端までかたむいている。この傾いだ風景は、地球の丸さと、ユリのお尻から背にかけての曲線と同調している。ユリの、季節をつまんでいるような指先と半開きの唇がいい。

カラー6頁「男を皆殺しにしろ！　ソラナス――アンディ・ウォーホールを射った女」。

バレリー・ソラナスは当時、米国で最高にもりあがっていたウーマン・リブ運動のなかで最も過激なグループSCUMのリーダー。SCUMはソサエティ・フォー・カッティングアップ・メンという意味で、ソラナスはこの二年前に、ウォーホルに三十八口径オートマティックのピストルで三発命中させて、瀕死の重傷をおわせていた。この頁は椎根が以前からウォーホルがらみのニュースを追いかけていることを知っていたオリオン・プレスの田村クンが持ちこんだもの。ソラナスの顔写真と、そのデモ風景、SCUMの過激なポスターが八枚あった。

そのポスターのコピーが凄い。〝男だってことは不完全という病気だ！〟〝セックスはフケツで時間のムダだ！〟〝ユカイでシビれる女ばっかりの世界をつくろう！〟

椎根は、最大で2頁だろうと考えながら、堀内に素材を渡したが、完成したレイアウトをみると6頁になっていた。

「ユリのヨーロッパ⑥」撮影＝吉田大朋　第3号（1970年4月20日号）より

最初の見開き頁は、タイトルとソラナスの顔写真を反転したもの。左頁に大きくソラナスの正常な顔写真、右頁に左頁の四分の一のサイズで黒と白が反転した顔写真。左頁の写真を太い黒枠でかこんだ指名手配写真のような凶々しい印象のレイアウト。

次の見開き4頁に、八枚の過激なポスターが全部使われた。

アンアン誌のアートの頁では、欧米で流行して人気のあったポスターを特別に厚紙頁にして入れていた。この号ではピーター・マックスの華麗な「アポロシリーズ」の三点を掲載。堀内はポスターが新しいメディアだと意識していた。

カラー15頁「エル誌　プレタポルテ'70」。衣裳も凡庸で、写真もよくない。デザイナー、カメラマンの名前も入っていない。メーキャップ2頁、インテリア2頁、アクセサリー2頁とか、気合のはいってない、つまらない計15頁。

この号の表4、つまり裏表紙が、ファッションメーカーROPÉ（ロペ）の広告だった。この写真を椎根は、天啓をさずかったような衝撃とともにみた。背景が外国であるのはまちがいないので、イギリス人の有名カメラマンが撮影したものとも考えたが、よくみるとちいさくHIROSHIと記してあった。

欧米の写真家情報にくわしい都市開発デザイナーの浜野安宏に聞いたところ、あの写真は日本人カメラマンで、ロンドン在住の与田弘志だと教えてくれて、与田の電話番号も教えてもらった。しかも浜野は、この写真のADだという。

ROPÉと書いたが、JUN&ROPÉという名で有名なアパレル会社だった。ROPÉは女性ものの名、JUNは男性もののブランド名だ。

この時代のJUN&ROPÉの映像感覚は、世界でも通用するほどの先進性があった。七三年には、リチャード・アヴェドンに広告写真とTV・CF用のフィルム（動画）まで制作させている。アヴェドンは、この撮影のために、当時もっとも有名なモデルを四人使った。ヴェルーシュカ、ローレン・ハットン、ジューン・シュリンプトン、アンジェリカ・ヒューストン。この顔ぶれには、驚きいるしかない。TV・CFでアヴェドンは、ヴェルーシュカにチョビ髭をつけさせて、両性具有者がゆく、みたいな狂気の演出もしている。これは日本のTVでも、そのまま放映された。アヴェドンに撮影を頼んだ最初の日本企業という栄誉はJUN&ROPÉという会社のものになった。

余談だが、ヴェルーシュカといえば、一九六四年、いつも芸能人ばかりじゃ、あきますね、と当時、婦人生活誌の編集者だった椎根がナマイキなことをいうと、「いまヴェルーシュカというモデルが来日してますよ」とカメラマンのムトー清次がいった。

ムトーと約束の時間にホテル・オークラのロビーへいくと、ファッション界の〝伝説中の伝説モデル〟といわれたドイツの伯爵の娘、ヴェルーシュカがひとりで椅子に腰かけていた。まわりには通訳やマネジャー、写真家の姿もない。

ヴェルーシュカはアメリカの紙幣に印刷してある白頭鷲みたいな第一印象だった。背は一メートル八十五センチ。その後の椎根の体験でいうと、猛禽類にみえたら超一流のモデル、一流、二流のモデルは、かわいい小動物にみえるものだ。

椎根はつたない英語でインタビューすると、ヴェルーシュカは、昨日まで京都の古い寺でヴォーグ誌オーストラリア版のファッション撮影をしていて、カメラマンは、いまその引き伸ばしをやっているという。

ドイツ語訛りのヴェルーシュカの英語は、わかりやすかった。そこへ写真家兼恋人のフランコ・ルバルテッリがあらわれた。焼き上がったばかりの白黒写真のプリントを手にしていた。

京都の古い寺で撮ったものだ、とその写真をみせてくれた。それは、絶対に太陽があたらない、何百年も水がとりかえられていないような、ちいさなドブ池で、ヴェルーシュカがドレスをふとももまでたくしあげ、ドロドロした汚水のなかで、左脚を強くふんばり、ポーズをとったものだった。

椎根は、なにか感想をいわなければとあせったが、口から出たのは、「蚊にくわれませんでしたか?」だった。

ヴェルーシュカは、「一流モデルには蚊は近よってきません」と表情をいっさいくずさずいいきって、席をはずした。

ルバルテッリは、彼女が彼の視界からみえなくなると、ニヤッと笑って、「いやあ、蚊には悩まされた。あの池は蚊の巣だった。でも私はクレーバーなカメラマンだから、この秘薬を用意していた。これを彼女の脚に塗りつけていたんだ」と、ポケットから瓶をとりだした。黄色の日本製の「キンカン」の中瓶だった。

この時ムトーが撮影したヴェルーシュカの写真は、2頁で婦人生活誌に掲載された。

アンアンの写真のほうがいい

第4号（一九七〇年五月五日号）。

表紙。撮影、立木三朗。モデル、立川ユリ。衣裳、金子功。

創刊直後の雑誌にありがちな、編集部の体力切れ、というような内容になった。全体がボンヤリしている。

カラー7頁「LA MER LA MER LA MER!」。撮影、立木三朗。八人のスタッフが香港・マカオのファッション撮影のために準備作業中の東京での写真。

モデルは、当時突然人気モデルになった十九歳の杉本エマ。スタイルも容貌も外国人に近かった。この撮影準備のために衣裳を制作しているのが、堀切ミロ。ミロは、セツ・モードセミナー出身のデザイナーで最初はイラストレーターだったが、この頃は衣裳デザインもしていた。小物あつめは新人スタッフの島本美知子。ミロという怪女が、エマよりも魅力的に撮られていた。その後ミロはスタイリストに特化したが三十年近く西麻布の夜の女王であった。

三朗は、一枚いい写真を撮った。ミロが白と青のツートンカラーのバギー・カー（オープンカー）を運転し、後部席にエマと島本、そのうしろには満載された衣裳の山。バックの景色が流れていて、大口をあけたミロ、エマの自由奔放な笑い顔。まさに青春やっている、というファッション写真にな

アンアンファッションルームは、しばらく編集室を香港・マカオにうつします。行ってきまーす!!

「LA MER LA MER LA MER!」撮影＝立木三朗　第4号（1970年5月5日号）より

った。この特集のための堀内のタイトル・ロゴがまたよく、海がすこしも出ていないのに、海、それも地中海を想起させた。

アンアン・ニュースで言い訳のように、AD堀内、カメラマンの立木三朗、エル誌連絡担当、赤木洋一の三人がパリへでかけた、と記している。帰りには南仏で撮影の予定もあり、と。

カラー7頁「プチ・パン Petit Panty」。撮影、長浜治。

椎根はこれをわざといつもバイクの油の匂いがする撮影を得意としていた長浜に頼んだ。そして、かわいいパンティが店には売っていない、という理由をつけて、やはりセツ・モードセミナー出身のデザイナー、川村都にパンティをつくってもらい、ミロのものも数点入れた。

椎根はこの二年前に平凡パンチ誌で、川村都、堀切ミロ、そしてイラストレーターの岩崎トヨコの三人を、〝全ブス連〟という名のユニットにしたてあげて、人気者にしたことがあった。ミロとミヤコは、アンアン創刊当時の編集部の頼りになる先輩という存在感があった。

「プチ・パン」のモデルはアフリカ系のデニスと、子どものキャロライン。長浜はバックの色に赤を多用していたが、堀内は、頁の地の色に黄色と黒色を使って、椎根のあいまいな狙いと写真を、なんとか救ってくれた。

カラー7頁「エル誌　PRINTEMPS」。パリ名物レビュー劇場内でのファッション撮影。写真は、堅牢だが面白味がなかったためAD堀内は、仏文字を図案文字——電球文字というのか、楽屋の女優の鏡の縁についている電球のつらなり——にした。それもピンクからブルーへ変化するグラデーションにして粋で華やかな頁に仕立てあげた。

モノクロ6頁「ユリのウイークエンド」。撮影、沢渡朔。いつも華麗でかわいい衣裳をつけて登場するユリが、意表をついて、自分の家のキッチンで、ブラジャーとパンティだけの姿で料理している。

堀内はこのレイアウトを、第2号のジェーン・バーキンの時の手法、つまり同じようなカットの写真を見開きで四枚使ってやっている。大きなフライパンは左手でいつもお尻のうしろにあり、右手はフタをあけたり、味見をしているショットがいい。沢渡の少女趣味が、ユリの個性にうすめられて、キッチンが女子校の保健室のようなムードになっている。

カラー7頁「この子たちは　何を見たのだろう」。米軍が参戦して大規模な戦場となったベトナムの子どもたちの絵と写真と詩。

「みてくれ、あのかわいい少女を、あのかわいらしい美しい顔、彼女らは早朝に夢のなかからびっくりして眼をさますと、頭上に投下されたナパーム弾で焼き殺されてしまった」（詩、トー・ヒュー。坂本徳松訳）。素材、写真、絵はオリオン・プレスの提供。

堀内の、子どもたちが描いた絵の選び方が、当然だが、冴えている。また地の色として、特徴的な黄色使いが効果的。堀内が地の色に黄色を使うのは、素材に満足していることの証しだった。

モノクロ7頁「日野皓正　NEW YORK in」。写真、内藤忠行。日本でも人気を確立していたトランペッター日野がNYで四十日間ジャズ修業をしたというフォト・ストーリー。ウィリアム・クラインの写真集『ニューヨーク』の影響がありありとある。スターきどりの日野ではなく、NYでは無名人、日野というコンセプト。帝王、マイルス・デイヴィスを聴きにいったら、客は五、六人しかいなかった、という本場の厳しい状況が語られているが、どうしても芸能写真っぽくなってしまった。これは持ちこみ写真だった。


第5号（一九七〇年五月二十日号）。

表紙。撮影、立木三朗。モデル、立川ユリ。コスチューム、金子功。

目次わきのコラムで、立木義浩が「ファミリーヌードをよろしくお願いします」と顔写真入りで宣伝してくれている。「〝写真は記録〟だという考え方からいくと、ファミリーヌードにこそ、写真の真髄があるような気がする。これからもファミリーヌードを撮り続けてゆきたい。ご協力をおネガイシマス」。担当の椎根にとっては、ありがたいコメントだった。

義浩が撮影する初回ということで、椎根は張りきって、二組のカップルにヌード撮影OKの承諾をもらっていた。

トップバッターはミュージシャンの加藤和彦（23歳）とミカ（21歳）。ふたりは婚約中だったが、和彦は、あっさりとOKしてくれた。

義浩は力のこもった撮影で、和彦・ミカをアメリカのシンガーソングライターのカップルのような、フリーな気分が画面のすみずみまで行きとどいている、格調ある写真を撮った。

あの頃は五〜六年ごとに男のファッションが変化していったが、その度に、和彦はその時代の典型的ファッションの写真を残している。そんなファッショナブルな彼が最初の有名カメラマンとの撮影で、オールヌード、つまり衣裳を着なかったのが、愉快であった。

二組目はイラストレーター宇野亜喜良と彼の二番目の妻、美恵子。撮影場所は宇野の自宅マンション。いかにも日本の七〇年代っぽい雰囲気がある。結婚したばかりの美恵子には、子どもがいなかったのでビスクドール（人形）を両足でかかえている。亜喜良の足の、親指だけがそりかえった瞬間に、義浩はシャッターを押した。日本の浮世絵で、その瞬間の描写に、女性のほうの親指がそり返っている絵があるが、亜喜良はこの写真撮影にエクスタシーにちかいものを感じたのだろう。それを逃さずとらえた義浩の官能に対する反射神経が凄い。

二組を撮影し終えて、もっと衝撃的なファミリーヌードを撮りたいという気持ちが椎根に湧いてきた。ファッション写真的に、本邦初の妊娠ファミリーヌードを撮ろうとしたのだ。ところがこれは難行した。

産婦人科医に電話をしても、なにをバカなことを、といわれた。しかたなく六本木を歩いている妊婦を捜すことにしたが、ひとりもいない。友人にも捜してもらったが、返答がない。

今回はあきらめるしかないか、というところに、椎根の昔からの友人が、新妻をつれて遊びにきて、うれしそうに妻がもうすぐ出産なんです、といった。いま何か月かと尋ねると、十か月だという。あわててファミリーヌードの主旨を説明し、やってもいいという友人の言葉も終らないうちに、義浩に電話をした。「いま目の前に、妊娠ファミリーヌードをやってもいいというカップルがいるので、大至急撮りたい」と伝えると、二日後ならスケジュールが取れるという返事。

その椎根の友人の男性は、有名な弁当屋の若旦那だった。椎根が日本初の妊娠ファミリーヌードだ

「立木義浩のファミリーヌード」撮影＝立木義浩　第5号（1970年5月20日号）より

というと、「ウチは、日本で最初に駅弁を売りだした老舗だ」といった。晶麿という若旦那は二十二歳。なにも異義を申したてない妊婦、彩は二十三歳だった。

撮影は短時間で無事終了。椎根は、大きくせりだした十か月のおなかの大きさに動転してしまい、ふたりがみえないところで待機した。義浩は「撮影中に陣痛がはじまりやしないか、ハラハラしながらシャッターを押していた」といった。撮影の四日後に、無事出産したと晶麿から電話があった。

これらのファミリーヌードは、全部、モノクロで撮影された。一組に見開き2頁。右頁に着衣の写真。左頁にヌード姿。三組で計6頁。

カラー7頁「レパルス・ベイの杉本エマ」。撮影、長浜治。モデル、杉本エマ。コスチューム、堀切ミロ。ヘア、田中親。

撮影隊は香港にでかけた。堀内はフランス取材中で、このチームをひきいていなかったが、海外取材ではじめてヘアスタイリストとして田

「レパルス・ベイの杉本エマ」撮影＝長浜治
第5号（1970年5月20日号）より

中親を同行させていた。

レパルス・ベイでボートの上に横たわるエマをインフラレッドフィルムで撮った一枚の写真がいい。遠くに白いホテルがそびえ、海の色もムラサキで、いかにも香港で撮影したというあやしげな雰囲気が漂っていた。エル誌が送ってくるモード写真よりも、はるかに現代を感じさせる若々しく、危険な写真だった。

アンアンの写真のほうがいい、という椎根の判断は、この号でインタビューに応じた来日中のフランスの写真家ピーター・ナップが証言している。ナップは以前、エル誌のアートディレクター兼写真家だった。

「最近のエルはつまらなくなった。五年前までエルで働いていたんだけど、その時代は三人の優秀なアートディレクターがいた。そのうちのひとりがボク。ところが五年前に三人そろってエルをやめてしまった。今回は万博（大阪）の写真を撮りにきたんだけど……。どんな写真を撮りたいかって？それは写真にユーモアがある、なんでもない写真をめざしているんだが……。テクニックなしの写真ってのは、一番むずかしいからなぁ」

ナップのインタビューは椎根が担当したのだが、ナップが椎根の判断を、これほどハッキリと裏づけしてくれたことをいうとは想像もしていなかった。椎根は、人がよさそうで、すこし好色そうな顔をしたこのフランス人写真家が好きになった。そして、ああ、やっぱりこういう剛直なＡＤがいたから、以前のエル誌の写真はよかったのだ、と納得した。

カラー11頁「エル誌　ファッション」。写真、マイク・ラインハーディッド。テーマは革。流行の蛇革の衣裳も入っていたが、どれもしっくりしない写真ばかりだった。

アンアンは創刊号から星占いのページを掲載していたが、4号あたりから、よく当たると評判になった。当時、欧米の女性誌には星占いのページが必ずあったが、日本の雑誌にはなかった。星占いは占ってもらう人の住んでいる場所が重要なファクターになるから、エル誌のものを流用できないので、エル・アストラダムスと名乗る摂田寛二に書いてもらうことにした。摂田は千二百年分の星の運行表を持っていて、それに基づいてアンアンの星占いは書かれた。

堀内さんも、全編集者にとっても、大迷惑企画だったミニミニ・テアトルは、この号で終わった。みんな、ほっと胸をなでおろした。

横尾忠則、故郷へ帰る

第6号（一九七〇年六月五日号）。

表紙。撮影、立木三朗。モデル、立川ユリ。衣裳、金子功。ユリの得意技になった変型パンダポーズ。金子の黒ワンピース、白い帽子に白いソックスでパンダ風衣裳。創刊から三か月たち、ようやく編集部内も落ちつきはじめた。

カラー12頁「パリのマヌカン娘——ベロちゃんを紹介しまーす!」。撮影、立木三朗。トップページに堀内がクレヨンで目と口とソバカスと髪の毛だけを描いたベロちゃんの顔が絶品。そこに「VERO」という図案文字。まさに堀内の名人芸がつまったイラストレーションとタイトルロゴ。

堀内と赤木がパリにいって、アンアン向きのモデルを連れて帰ってきた。

〝ベロちゃん〟の本名はベロニック・パスキエ。ソルボンヌに通っている学生だった。パリのモデルクラブにはフランス人はすくないのだが、ベロちゃんはフランス人で、カルチェラタンの古い建物の最上階に住んでいた。

この12頁は、ベロちゃんが持っていた衣類だけを彼女が着て、若い人向きの名所で撮影している。サンジェルマンの露店野菜市場、太鼓橋で有名なサンマルタン運河、世界中の学生のたまり場「十番地」というバーなどなど。

ベロちゃんのサラサラと音がしそうな清潔感と天衣無縫なキャラクター、三朗のノンシャランとした自分を押しださないカメラワークが、絶妙なバランスをたもっている。いい写真とはいえないが、天真爛漫さにあふれている。ベロちゃんの不思議な魅力、全開。ポーズもプロらしくなくてよい。

最後の見開き2頁は、次号の予告。堀内の、イタズラ描き風の太陽と海とヤシの木のイラスト。そこに「FLY to Côte d'Azur!」の図案文字が大きくある。

カラー7頁「ギャレリー・ド・パリ」。撮影、立木三朗。オープンしたばかりの高田賢三のブティックJAP店内で、彼の衣裳を、ベロともうひとり、すこし大人っぽいモデルのサンディに着てもら

「パリのマヌカン娘――ベロちゃんを紹介しまーす！」撮影＝立木三朗　第6号（1970年6月5日号）より

った。パリのマヌカン娘のスナップ写真風ではなく、不思議な雰囲気のファッション写真になっている。ロケ地は、JAPの店内のほか、中央市場跡、有名パサージュ（アーケード）など。コスチュームは十点。流行のきざしがあったフォークロール、パッチワークのトップとスカート、透ける素材を使った淡い感じのパンツとチュニック。パリではケンゾーのブティックは大評判で、毎日マヌカンたちが殺到している、と記されている。

この「ギャレリー・ド・パリ」の三朗の写真は、その後のアンアンのファッション写真のスタンダードになったと思えるほど落ち着きがあるものだった。

モノクロ7頁「アンアンの島で――シルバリー夫妻とその子どもたち」。撮影、沢渡朔。

アンアンの島というのは三宅島のこと。火山爆発・全島民避難するずっと前の、緑あふれた平和な島だった。ファミリーヌードに出演してくれる家族を捜していて、無人島でなら、と条件提示され、三宅島で妥協してもらった。遠出なので多忙な立木義浩でなく、沢渡にした。沢渡なら、ビクトリアン・ロマンティック、あるいはラファエロ前派の絵のような自然のなかでのファミリーヌードを撮ってくれるのではないかという期待が椎根にはあった。

カール・シルバリーは二十八歳のスウェーデン人で、妻の美紀子、それに三歳の長女エレオノーラ、一歳の長男ゲンヤ君、それと家族だからどうしても一緒に撮ってほしいといわれた大きなグレートデン（犬）のドゥーリー。カールは、この取材のあと、堀内の依頼で目次わきに一カットのマンガを連載するようになる。

三宅島へは羽田から飛行機でいったのだが、その前日が大変だった。カールが三宅島に花がないと困るから、東京の植木屋で鉢植えの花を買って持っていきたい、といってゆずらない。

椎根は、三宅島にも花がたくさん咲いていているといったが、自信はなかった。椎根はあわてて神宮前の植木屋へいって、花が咲いているのを十鉢買った。運ぶのは椎根の役目だから、首にヒモをかけ、水がタレないよう鉢をおさめる箱をつくり、ヒモで結びつけた。こういう野球場の食べ物販売人のような格好で、椎根は機上のヒトとなった。

人間よりも大きなグレートデンは、さすがに人間用シートに座りづらいし、許可もされなかった。カールは泣く泣く、その大型犬を檻に入れて貨物室へ移動した。そんなゴタゴタをみても沢渡写真家は、椎根に同情めいたことをいっさいいわなかった。それが一流の写真家の矜持だった。

撮影は、池のある草原、大木の根元、流れでてかたまった溶岩の台地でおこなわれた。

椎根が考えていたラファエロ前派のような流麗な写真ではなかったが、沢渡は、この自然、この調和、この人生が大事だというカールの人生観をすこしも傷つけない、ごく自然な写真に撮った。

グレートデンのドゥーリーが一番の役者で、ハダカの四人を尻目に——ドゥーリーもヌードだった

「ギャレリー・ド・パリ」撮影＝立木三朗　第6号（1970年6月5日号）より

が——すべてのショットで名脇役のように演技してくれて、写真をひきしめた。

スタジオ撮影ばかりだったファミリーヌードの、はじめて大自然のなかでの撮影だったが、創世記の神話を想起させるようなものになり、とにかく成功だった。椎根が駅弁売りのように持っていった花鉢の出番は一度もなかった。カールも忘れていたのかもしれない。

モノクロ1頁「ジャーナル」欄。

アンアンの出現は、海外の若いクリエーターたちの注目をあつめ、売りこみが激増した。ある日、椎根が電話をとると、「私は大倉節子というものです。今度、フランスからきたテキスタルデザイナーのマネジャーをしています。彼はユルゲン・リールといいますが、いちどお会いできませんか？」といった。

すぐに若い外国人男性をつれて大倉さんが編集部にやってきた。

外国人男性はポーランド生まれのドイツ人で高校卒業後パリでテキスタルデザインを学んだ

という。彼は、静かでおとなしいものごしに似合わず、激烈な調子でこう語りはじめた。

「日本にきて驚いた。ぼくのデザインしたパターンが、そのままそっくり無許可で綿シャツなんかに使われている。ぼくは日本にきて自分のスタジオをつくりたかったけど、バックになってくれるメーカーもないし、いくら説明しても、興味は持ってくれても理解してもらえなかった。いくら社長が年寄りで、時代が変われば、といわれても、その時にはぼくだって年寄りだ」と怒りまくった。

欧州人にしては、怒りっぽく、激しやすい性格だと椎根は判断したが、その様子がクラシックのショパンを想いださせた。つまり彼は音楽のように怒りを発展・展開させたのだが、こういうまじめな基準を持った青年なら、日本で成功するかもしれないと思ったのをおぼえている。

最高におかしかったのは、彼の怒りが最高潮に達した時、彼のポートレートを撮っていたスタッフカメラマンの高橋淳子の着ていたシャツをみて、「これもボクがデザインしたものだ」と騒ぎはじめた時だった。

こういうアクチュアルな偶然は、人生にプラスに働く。彼はこのインタビュー記事が掲載された直後に、アンアン誌に大量の広告をだしていた大企業、旭化成と契約し、その後は、自然志向の流れにのり、トントン拍子に仕事を拡大していく。のちにヨーガンレールというブランドを立派に成長させた青年だった。

カラー9頁「エル誌'70の水着コレクション」。めずらしく意志と統一感のある写真。

カラー4頁「ユリとマリのホンコンアベック」。撮影、斉藤亢。モデル、立川ユリ、立川マリ。コスチューム、ROPÉ。貧しげな汚れた場所で撮った写真がよい。そんなところにひそむ香港の底力みたいなものを斉藤はキチンととらえた。

モノクロ4頁「ベロちゃんが案内してくれたパリ」。堀内誠一の見開き2頁分のイラスト地図が凄

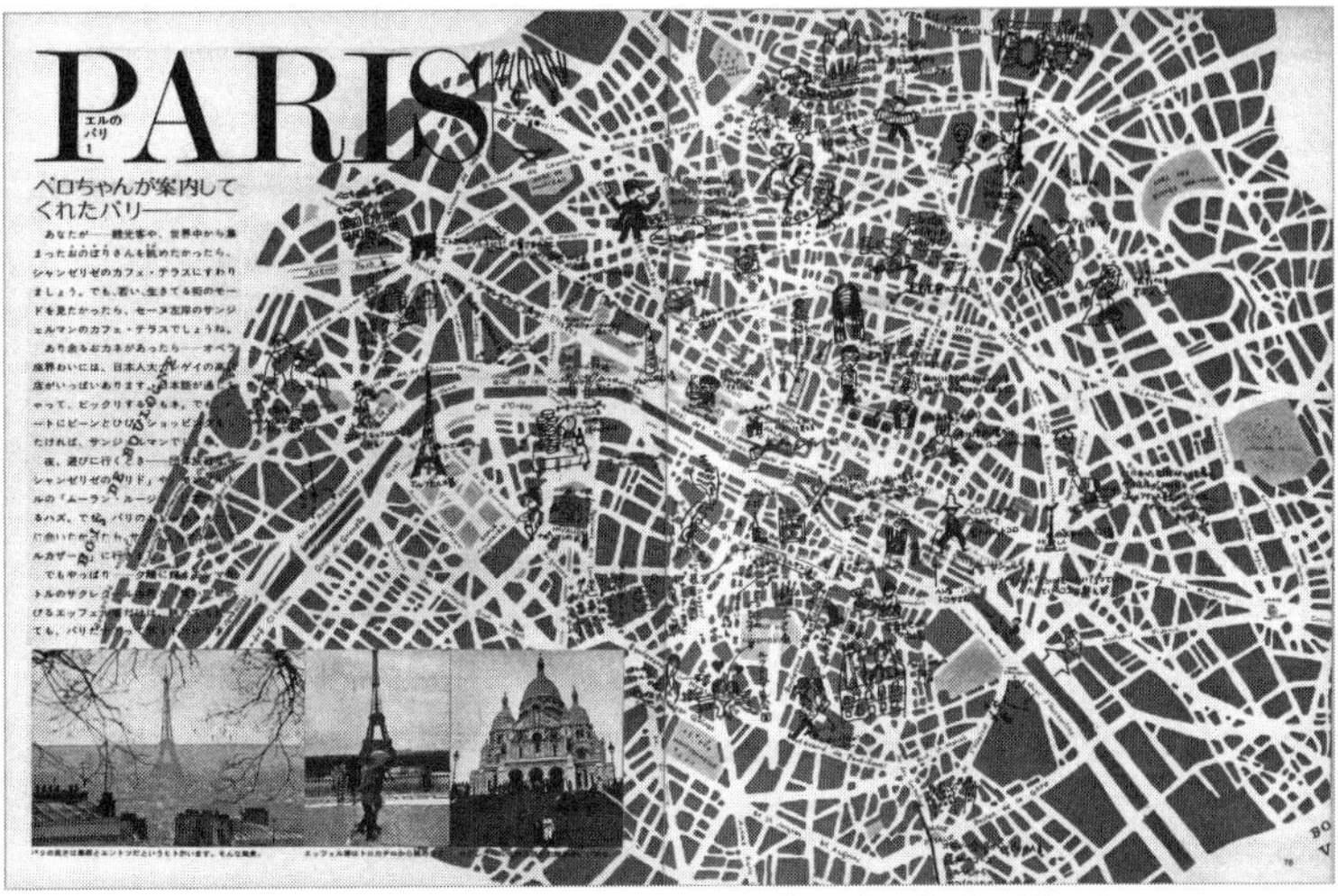

堀内誠一が描いたパリの地図「ベロちゃんが案内してくれたパリ」 第6号（1970年6月5日号）より
©Seiichi Horiuchi

い。モノクロ2頁のために描くものじゃない、とタメ息さえでてしまう。

パリ全図を細い露路まで手描きで描いていて、その露路すべてが堀内のすばらしい脳細胞のようにみえてしまう。大通りの名称と、「ベロちゃんがコシかけて写されたトコロ」とか、「高田賢三さんのブティックJAPのあるところ」と親切なキャプション入り。なにか壮大な、堀内の才能の浪費のようなものを感じさせた。

編集頁ではなく見開きの広告頁だったが、秋川リサが十代の輝くばかりの肢体をおしげもなくみせた、帝人ピーターパンの広告。写真家の名は記されていない。バックは、南の島のコーラル・ビーチ。白い砂と海水がキラキラときらめき、その波がヒタヒタと押しよせてくるところで、リサはあおむけになってレンズをみて笑っている。白いビキニのトップをはずして左手で隠し、髪は波につかっている。

この頁をめくると、左右四十七センチ天地二十八センチのリサの半裸の肢体が、ドーンという衝撃音となって倍ぐらいのサイズのもののように感じられた。大好評となりのちに帝人が六十枚のポスターを読者のためにプレゼントしてくれた。もっとも、一番欲しがったのは、アンアンの読者ではなく、男の子という気がしたが。

「ジャーナル」の頁では、サンローランの店が東京・青山通りにオープンしたと告知がある。世界で三十六番目だったとも。「バリッとしたガラスばりの外観もいいけど、値段も最高！」と説明している。


第7号（一九七〇年六月二十日号）。

表紙。撮影、斎藤亢（前号では「斉」になっていた。これ以降も時々変化する）。モデル、立川ユリ。衣裳、金子功。帽子、中村隆男。

目次わきの欄で、芝崎編集長がめずらしく読者にむかって発言していて、この文章が、清水達夫が、そして堀内誠一がめざした雑誌の性格をきちんと、とらえている。

「読者のおたよりの中に『もっと身近なおしゃれ、自分自身で作れる服も掲載して下さい』というご希望が多いようです。『アンアン』は新しいファッション・マガジンですが、昔からある洋裁学校向けの、実用服飾誌や美容専門誌ではありません。（略）〝あなたのフィーリング〟をみがくための雑誌なのです。（略）踊ること、住むこと、旅すること、みんなファッションです。5号から連載中の『ファミリーヌード』についても、賛否両論いろんな反響がきています。（略）情報化の70年代に、若い読者とともに、広い意味でのファッションのゆくえを探るのが、フィーリング・マガジン『アンアン』です」

この文章の下には、三宅島で一家四人でファミリーヌードを撮影させてくれたカール・シリバリーの、ひとコママンガの連載が入っていた。

カラー13頁「ベロちゃんと花のニースへ！」。撮影、立木三朗。前号の予告ページと同じタッチの図案文字「Vero in Côte d'Azur」が入った。

三朗の写真は、いきなり世界の檜舞台、コートダジュールでの撮影だったせいか、生気がない。前号のケンゾーの衣裳をパリで撮った時の生彩が感じられない。コスチュームは、東京青山・サンローラン、パリ・MGストアとある。三週間の長旅で体力が残っていなかったのか。モデルもベロちゃんと、もうひとりのベロニックという同じ名のモデルを使っている。日本の若いカメラマンがはじめていった外国で、その国のモデルを使ってするファッション撮影ほどむずかしいものはない。三朗も、日本人モデルなら、もっといい写真が撮れただろう。

カラー7頁「o-lé! GYPSY!——ジプシーすてき！」。撮影、吉田大朋。モデルはユリと、ティナ・ラッツの姉、アデール・ラッツ。ヘア、松村真佐子。衣裳、金子功。

堀内のヒッピー文字のようなロゴが愉しい。ビーズとか、ちいさな鏡をはめこんだインドの民俗衣裳風のロングスカートで、このタイプのスカートが世界的に大流行していた。ジプシー（現在のロマ族）の先祖はインドといわれているから、これをジプシーのスカートといっても、まちがいではない。金子がつくったロングスカートは迫力があり、この頁にインパクトを感じさせた。

この号では、椎根が編集部に持ちこんだ坂本正治制作の巨大なフグのお腹みたいなソファが大活躍。何度も写真に撮られている。

まず、ケンゾーのJAPを手伝っていたテキスタイルデザイナーの安斉敦子が編集部を訪れて、赤いニットのロングドレス姿で、そのソファにドーンと横たわっている写真。

もう一組、そのソファが大好きになってしまった世界最高のスチリスト集団、その名も〝マフィア〟の妙齢の女性三人組。社長のマイメ・アルノーダン以下が編集部にいるあいだ中、坂本のオレンジ色のソファから離れようとしなかった。このマフィアというスチリストの会社は、繊維、織物、染色メーカーという大企業、大手アパレルに、二、三年後のトレンド情報を売るという業態のチームで、いわばファッション産業の総司令部のようなものだった。

広告・雑誌の撮影に洋服などをあつめてくる人もスチリストといった。椎根は、その三人組との会話から日本でも広告・雑誌のほうのスチリストを流行させようと決心した。三人組と芝崎編集長、椎根が、そのソファでなごんでいる写真が「ジャーナル」欄にのった。

椎根はアンアン編集部にくる前は、平凡パンチ誌で三島由紀夫と横尾忠則を担当していた。

この頃、横尾忠則は休業宣言をしてから半年ほどたっていたが、椎根はずっと横尾事務所をしばしば訪ねていた。雑談のなかで、横尾は、二度と帰るまいと決心していた故郷、兵庫県西脇に帰ってもいい、ともらした。椎根は、じゃあ、アンアンにその帰郷風景を載せましょう、といった。

撮影は、それまでも横尾のプライベート写真、芸術活動を撮っていた篠山紀信に自然と決まった。篠山はまだアンアンで仕事を一度もしていなかった。

これがカラー6頁「西脇オデッセイ」となる。撮影、篠山紀信。モデル、横尾忠則。一泊二日の帰郷撮影旅行だった。

〝オデッセイ〟という言葉は、京大全共闘の幹部だったS君がこの夏に富士山で、フジ・オデッセイというロック・フェスティバルを主催しようと悪戦苦闘しているのをみて、使った。

横尾は、〝横尾忠則故郷へ帰る〟「西脇オデッセイ」と筆文字で書いてくれた。日付は、昭和四十五年五月十日。そして、「解題　横尾忠則　写真　篠山紀信」とこれも流麗な筆で書いてくれた。

「西脇オデッセイ」撮影＝篠山紀信　第7号（1970年6月20日号）より

トップ見開きの写真は、横尾の小学時代の担任だった大前千枝子先生と、その小学校の校庭での撮影。和服姿の大前先生が恥ずかしそうに左手を顔の前においた。そのうしろで白い上下の横尾が恥じらいながらカメラをみつめている。校庭にはちいさな水たまりが残り、そのむこうに鉄棒があり、体育姿の、五、六人の生徒の姿もみえる。

横尾は、写真に添えた文章で、「故郷を離れていてこそ、私の創造が存在しているのだ」と記している。

それが帰ってきてしまったのだ。つまり不安定な気持ちで、校庭に立っていた。そこに横尾の憧れだった女教師が何十年ぶりに昔と同じように、にこやかな笑顔であらわれた。

篠山はポーズをつけずに、なりゆきで撮影していた。

すべてのもの、人間の時間の流れが、この校庭で、この瞬間に、みごとに集中し、すぐ離ればなれになった。ちいさな雲は、悲しみもなく、喜びもなく、もうどこかへ消えた。瞬間の時間の交叉の跡をフィルムに残して……。

この写真は篠山の最高傑作の一枚であるとともに、アンアンの写真のなかでも最高に〝いい写真〟だと椎根は思っている。

国鉄のキャンペーンにマネされる

第8号（一九七〇年七月五日号）。

表紙。撮影、立木三朗。モデルは来日したベロちゃんことベロニック・パスキエとユリのふたり。衣裳は、金子功デザインの「ａｎａｎ」というロゴの入った長袖Tシャツ。

カラー1頁「きむずかしやのピエロットのものがたり」。イラストと文、飯野和好。飯野の童話タッチのおはなし。彼はこの時代から日本人ばなれした絵を描いていた。

カラー9頁「ベロ・イン・アメリカ」。撮影、立木三朗。衣裳はNY在住の三橋綾子。

堀内、三朗、ベロニックの三人は、コートダジュールからニューヨークへいった。今回は、モデルが外国人で衣裳が日本人だったが、やはりファッション写真としてはすこし弱い。NYガイドみたいな頁になった。三朗は、ウィリアム・クライン風に撮影しなかったのはよい。緑たっぷりのセントラル・パークに集合したヒッピーたちの写真は新鮮だった。ベロちゃんは、ブルックリン橋の上でダウンしたと説明にある。モデルは、時々、体力切れでエンストをおこすことがある。

カラー5頁「サンフランシスコ」。撮影、立木三朗。モデル、ベロ。

ベロは、NYから東海岸のサンフランシスコにやってきた。当時、シスコのヘイトアシュベリーは、ヒッピー発祥の地といわれていたが、ベロちゃんたちがそこへいった頃には、もとの静かな街にもどっていて、ちいさなヒッピーバッヂが観光客相手に大流行中だった。堀内はこのバッヂ（フラワーパワーなど）を大量に買い、紹介している。ベロはNYよりもシスコが気に入った御様子。

カラー5頁「牧場のユリ」。撮影、大倉舜二。モデル、立川ユリ。コスチューム、金子功。ヘア、松村真佐子。帽子、中村隆男。

マドラスチェックをテーマにした衣裳で、大倉は二枚だけいい写真を撮っている。牧場の棚の上で、ウサギを抱いたユリと、細い草をくわえ、そっぽをむいている若者。もう一枚は、衣裳と同じ色の大量のイチゴを前に感激しているユリ。ユリがパリで買ってきたという黒革ベルトの金色のバックルが燦然と輝いていた。当時、日本には、いいベルトがすくなかった。

モノクロ7頁「JOE!」。撮影、篠山紀信。ニューロックの内田裕也のフラワー・トラベリン・バンドのボーカル、ジョーを篠山が撮った。

第7号に続き、篠山と椎根のコンビで京都円山公園のステージにでかけた。ジョーはのちにジョー山中という名で映画にも出演したが、この頃はエレキショックヘアで人気急上昇中だった。撮影する篠山のヘアも、ジョー以上のエレキショックヘアだったが、日本のロックシンガーを、有名カメラマンが撮った最初のファッション・ポートレート写真といってもいいだろう。

立木義浩のファミリーヌードはフランスから一時帰国していた佐藤亜土《あど》夫妻。ジャクリーヌ夫人と亜子、絵子、敏知の三人の子とともに。亜土はフランス在住で、'69パリビエンナーレ賞を受賞したばかりだった。

椎根は、自分のやりたい企画をやっているうちに、いつのまにか二大巨匠、立木義浩、篠山紀信の担当になってしまっていた。

そして、一組のファミリーヌードの承諾をもらうために、二週間のあいだに百人に電話し、九十九人に断わられるという状況だった。

有田泰而とは、この号で初仕事をした。

モノクロ5頁「ふたりのスピンワーク」。撮影、有田泰而。モデル、山佳泰子、早川武二。「彼女と彼」シリーズ。

早川はセツ・モードセミナーの学生だったが、そのニューエイジ的なルックスで、時々モデルをやっていた。早川はこの十年後に沢田研二の「ＴＯＫＩＯ」の電飾衣裳を制作して、一躍有名になる。

有田泰而は、沢渡朔の無二の親友で、椎根は沢渡から紹介された。この有田の写真は、ふたりのモデルが自然に呼吸しているという感じがよかった。

世界名作シリーズ「サンドリヨン——あるいは小さなガラスの上靴」。原作、シャルル・ペロー。訳、澁澤龍彦、イラストレーション、片山健。

澁澤と片山のコンビが、この企画にいちばんピッタリしていた。堀内もそう感じていたのか、「サンドリヨン」は、いつもの4頁から6頁に増やして、絵も三枚という大サービスぶり。

いつも物語の最後につけられる澁澤の解説に、「女性がぬぎすてた靴、なくした靴というのは、こういう具合に、何か神秘的な、エロティックな意味をおびてくるもののようです」とあった。

「サンフランシスコ」撮影＝立木三朗　第8号（1970年7月5日号）より

「ジャーナル」欄では、パンティストッキングの大流行にあわせて、その正しいはき方をメーカーに聞くと、答えがバラバラだったという話を紹介している。日本女性は、七〇年から、パンティストッキングをはきはじめた。

第9号（一九七〇年七月二十日号）。

表紙。撮影、立木三朗。モデル、

立川ユリ、杉本エマ。衣裳、金子功。ふたりとも赤と白の衣裳。

この号は、ベロ特集号といいたいほど、ベロがカラー・モノクロ頁あわせて25頁という大露出ぶり。

カラー9頁「ユリとベロの京都」。撮影、立木三朗。

ユリとベロちゃんが京都で珍道中という写真。リヴィエラでベロを生気なく撮った三朗ではなく、今号は活気あふれる写真を撮る三朗だった。どちらかといえば、さみしい感じのユリと、アッケラカンとしたパリジェンヌ、ベロ。路上で遊んでいる姿が乾いた旅情すら漂わせている。

ベロは、NYと東京ではくたびれてしまうが、京都は全然疲れない、という。三朗は、外国人観光客が撮ったジャポニカ趣味みたいな写真に仕立てあげている。その視線の転換ぶり、二重の濾過作業の見事さ。

南禅寺山門の上のふたり。ベロが、大ドロボー石川五右衛門を気どって小手《こて》をかざして、京の巷《ちまた》を見下ろしている。カメラを片手に舞妓をパパラッチしたり……。

いちばん心に残る、というかベロの本性がよくでているのは、黒塗りのゲタをつっかけたふたりが、京の子どもにまじって路上で遊ぶ写真。ユリがアスファルトの上に指でなにかを描くのを、両手を頬にあてたのぞきこむベロのポーズ。好きな所へいったら演出されないでも、写真にフォトジェニックなものをもたらすのがパリジェンヌ、ベロだった。彼女の能力を見抜いた堀内のアートディレクション力（モデルを選ぶのもADの重要な仕事のひとつ）も凄いが、三朗も、ベロに見物人役をやらせることで彼女の美質がきわだつところに気づいていた。

モノクロ9頁「ベロとサブの軽井沢」。撮影、吉田大朋。三朗はここではカメラをはなれてモデルに徹している。ベロとサブ（三朗）が軽井沢を背景に、つかのまの国際恋愛中という写真。とくに古い鉄道の車窓ごしに撮られたふたりの表情が絶品。頬づえをしたサブの前のガラス瓶に入った牛乳。

「ベロとサブの軽井沢」撮影＝吉田大朋　第9号（1970年7月20日号）より

ベロの手には、白い花束。写真の上部と下部に映された六十個の鉄の鋲《びょう》がまるでたかまるふたりの心臓の音のようにもみえる。アンアン写真史に残る、リリシズム極致の青春を大朋は残した。この写真にそえるために堀内は、詩人、岸田衿子にはじめてエッセイを書いてもらった。

この号が編集部に配られると、しばらく無音の世界になった。みんな大朋が撮った「ベロとサブ」の列車の窓辺のふたりのリリシズム写真に、魂をすいとられたかのようだった。

椎根はベロの写真をはじめてみた時、堀内はなんと素っ頓狂なモデルを選んだのだろうと思ったが、この京都と軽井沢のベロの写真で、ベロは異常なほど、素朴な文化に感応する能力の持ち主なのだ、と理解した。

モノクロ6頁「ベロちゃんトーキョー日記」。撮影、立木三朗。立木義浩のスタジオを訪ねたもの。「東京で知りあった人のなかでも、いちばんステキな人はタツキさんです。タツキは日本でいちばん優秀なカメラマンのひとりです。

でも彼は、キサクで、ぜんぜんキドってないの。わたしが知ってるフランスのカメラマンと、いちばんちがうところはそこなの！」と、ベロは人物鑑定眼もしっかりしていた。

ただ、堀内がベロを抜擢した本当の理由は、もうひとつあった、と椎根は考えている。堀内はフランス十九世紀末の絵本作家ブーテ・ド・モンヴェルの「ジャンヌ・ダルク」をフランスの至宝と絶讃していた。そのモンヴェルの「ブルターニュの小間物売り」の絵に登場する立ち見をする若い女のひとりの表情のなかに、椎根はベロを発見したのだ。外見は素っ頓狂にみえても、自分の好きなものにしか目をひらかない頑固さと素直さ。関係ない人にみせるフランス人独得の無関心さと、その内にある堅実な素朴さがベロにはあった。

カラー3頁「ユリ狐」。撮影、立木三朗。モデル、立川ユリ。衣裳、金子功。ヘア、松村真佐子。撮影場所は、京都、伏見稲荷の朱色の鳥居。美しい女狐が、アンアンにまぎれこんだような妖しい写真になった。

ユリの衣裳は、金子功が古い千代紙人形をイメージして制作したワンピース。気合いの入ったユリが、最初に舞妓みたいに顔を白く塗って目じりに紅をスッと入れたら、金子が、それじゃない、といった。次に目のまわりに紫をぼかし、つけまつ毛をつけても、ダメ！　最後に、素顔に赤いシャドーだけを入れてみると、なんだか、こわい顔になったのだが、金子はOKをだした。

モデルが、あまりチカラをこめてポーズしたり、化粧をすると、ファッション写真には、とりかえしのつかないシミのようなものを残す。その微妙な間合いを金子は知っていた。

一九七〇年十月、大手広告代理店、電通は国鉄（今のJR）のために、個人旅行拡大、とくに若い女性向きの大キャンペーンを展開、「ディスカバーJAPAN」と名づけられた。そして日本の美しい地方都市を、大きな帽子、トンボメガネ、ロングドレス姿で旅する女性たちは後年〝アンノン族〟

と名づけられることになり、TV・CFで秋川リサが「私のいま食べているのはタコめしでーす。これはミニ周遊券でゴザイマス」とのアンアン弁が大いにウケた。この電通のキャンペーンは、堀内がユリとベロと三朗の三人を使って展開した、このアンアン第9号を、そのままマネたものだったと椎根は思っている。

今野雄二の〝髭わずらい〟は、この号でも発症した。ロバート・アルトマンの傑作映画『M★A★S★H』の紹介ページで、ストーリーそっちのけで、髭づら・馬づらのエリオット・グールドを持ちあげている。今野はグールドにのぼせあがり、監督のアルトマンの名さえ入れ忘れた。

カラー2頁「タツキ、シノヤマのポスター差し上げます！」。説明に、当代最高の人気カメラマン、立木義浩と篠山紀信のヌード写真の傑作をポスターにしました。合計千人の方にプレゼント！　とある。義浩については、「ナイトショーで全国の人気男性ナンバーワンの彼はいまいちばんキメこまかい美しい写真をつくる男」と記されている。モデルは立木、篠山ともに麻生れい子。

篠山には、「脱がせ魔の別名をもつ男、〝ハダカになるのが今日的だ〟、という思想を持つ鬼才カメラマン。先日、死の谷で撮影したヌードを中心とした大展覧会を開き、人々にショッキングな感銘を与えた」。一九七〇年に銀座松坂屋でひらかれた篠山の「死の谷の乙女たち」展は、堀内誠一が会場構成をしていた。

モノクロ4頁「原田治さんの軽井沢案内」。イラストと文も原田治。この頁も偶然だが、「ディスカバーJAPAN」の前奏曲のようになった。帽子をかぶった女のコのイラストのまわりに、原田の書き文字で、「大きな帽子が似合うのも、やっぱり軽井沢だからです」とある。

モノクロ6頁、世界名作シリーズ「猫の親方、あるいは長靴をはいた猫」。原作、シャルル・ペロー。訳、澁澤龍彥。イラストレーション、片山健。片山の描いた猫の表情が絶品。これほど奸知にあふれて、かつ気高い、海賊の親分風の猫は、類をみない。

「ジャーナル」欄で、NYから帰国した坂田栄一郎カメラマンが紹介されている。ある日、椎根が篠山紀信事務所へいくと見知らぬアフロヘアとヒゲの青年がいた。篠山に「このヒトは坂田栄一郎というカメラマン。アヴェドンのアシスタントを四年やって、帰国した。椎根クン担当でアンアン誌で写真を撮ってもらいなさい」といわれ、その最初の紹介頁となった。

秋川リサでゴザイマス

第10号（一九七〇年八月五日号）。

表紙。撮影、立木三朗。フランスの俳優ルノー・ベルレーとユリ。衣裳、金子功。ルノーにあわせてパリ調のワンピース。ユリは、〝変型お嬢さまダッコ〟されている。特大号のため定価百八十円。

トップはカラー9頁「リサでゴザイマス」。撮影、立木三朗。モデル、秋川リサ。リサのお披露目のような企画。彼女は創刊当時は「服装」誌の専属モデルだったのでアンアン登場が遅れた。

見開き2頁の大きさにした写真が三枚。北海道の草原でTV・CFを撮影中の立木義浩を、リサが訪ねたという設定。リサはアンアンのロゴ入りTシャツ。彼女の魅力が十分伝わってくるような、なんでもない、いい写真。リサと三朗が、のちに結婚したというのも理解できる節度のある親密さがすべての写真にある。それにしても脇役の義浩の格好のよいこと、ベルレー以上だった。

あと、タイトルの〝ゴザイマス〟。こののち、リサの記事はすべてこのゴザイマス調で飾られた。考えたのは中谷規子とライター三宅菊子のコンビ。

カラー4頁「ユリとルノー・ベルレー」。撮影、吉田大朋。衣裳、金子功、VAN。

退廃的な写真が得意の大朋と、さみしげな退廃が好きな金子功。日本で撮影したが、できあがったのはベルエポック時代のパリの公園みたいなムードを漂わせるファッション写真となった。

愛するユリにささげた薄手のドレスたちが、はかなげでいい。たとえていえば日傘と帽子がよく似合うような。六十年前のわびしげなパリのムードがでているのは、背景のベンチに座る禿げ頭の、生活にくたびれた風の外国人モデルを配したことによる。

カラー7頁「ベロちゃんのニッポン狂い」。撮影、立木三朗。衣裳、金子功。

まずベロが寿司屋のカウンターに座った写真。剣道道場で木刀片手に睥睨している写真には、仏国剣士の気迫がこもっている。ひょろ長い脚と手をふりまわし空手の型のポーズ。人力車夫見習い中、というのもある。金子は、日本伝統の稽古着、水玉模様のダボシャツなどの仕事着をアレンジし、女性のための衣裳をつくった。なかでも剣道着をアレンジしたキュロットスカートとブラウス風シャツが完全なモダンファッションになっている。

金子は二週で一冊分という、デザイナーにとって強制労働めいた時間的制限をうけながら、堀内の意向にそった衣裳を量産した。こんな凄いデザイナーは、当時も今も存在しない。

サラッとチャーミングな写真たち。ベロは力まず、不機嫌な顔もせず、哲学を学んでいるかのような表情で撮られている。

なぜか、最後の見開きでは、三朗にかわって巨匠、細江英公がベロをモデルにファッション写真を撮っている。菖蒲《あやめ》と水郷で有名な潮来《いたこ》へ行き、女船頭があやつる舟の上で、矢絣のユカタに赤い帯のベロ。細江は、写真はこういう風に撮るんだよ、と三朗に教えているのか。細江のチカラと技があふれすぎて、ベロよりも、女船頭のほうがファッショナブルにみえた。

細江は三島由紀夫をモデルに傑作写真集『薔薇刑』（集英社）を撮った巨匠だが、この潮来の写真の緊密性は、三朗には、だせない味だった。画面の右下の女船頭の左手の日焼けした指先の芸術性の高さは、ミケランジェロの絵の指先と同等のものだった。

カラー、モノクロ17頁「イラストレーター・フェスティバル」。七名の作品を載せている。大橋歩、原田治、松井喜三男、早川武二、川村都、沼田紀代美、古家嗣治。しかし堀内の期待した〝大型イラストレーター〟出現の兆しはなかった。時代は、フォトグラファーのものになっていた。ただ原田治の天性の都会的〝軽さ〟だけがなにかを予感させた。

モノクロ7頁「うたかたの恋」。撮影、沢渡朔。娼婦、堀切ミロ、ヒモの男、四谷シモン、マドロス、金子國義。演出、桂宏平。美装、金子國義。

ミロ、シモン、國義と理想的な配役。沢渡は、たっぷりと、ただれた男と女、色男の愛憎関係を写真化、一種の傑作写真となった。ミロの演技に、シモンもタジタジとなっている。フシダラな生活をくり返す女の色気とやるせなさをミロは見事に演じた。ミロは現実の生活でも、もっと魅力的なフシダラな生き方をした。

モノクロ2頁「ドロップ・ザ・マスク――仮面の求道者たち」。撮影、須田豊。当時の代表的ファッションピープルの八人が、全員、眉なし人間になった。〝あまりにも自然をさけび、安易に平和を、美しさを求めて、さまよう人の多い中で、彼らだけは、人の心に含まれている醜悪な部分をひけらかそう〟という思想のために。コシノジュンコ、宇野亜喜良、西村ヨシコ、ロンドン・ジュリー、岩崎トヨコ、笠井讃平、安斉敦子、小瀬川マニ、当時のファッションピープルたちの哲学的自己表現法を

「ベロちゃんのニッポン狂い」撮影＝細江英公　第10号（1970年8月5日号）より

撮影した。

10号にもなったので、写真は安定してきたが、文字の頁は、まだまとまりがない。「太ったってイイじゃない!!」とか、「情婦って、かっこいいね。さあ、がんばって情婦になろう！」とか支離滅裂だった。

ただひとつ、この号で注目すべきニュースは、ケンタッキーフライドチキンが、はじめて「新宿タカノワールド・スナック」に登場したことか。

第11号（一九七〇年八月二十日号）。

表紙。撮影、立木三朗。モデル、立川ユリ、秋川リサ。衣裳、金子功。

リサが、ユリとともに表紙に初登場。ユリは、一メートル七十、体重五十六・五キロのリサのひざにのり、頭をリサの八十六センチのバストに押しつけているという珍しいポーズ。リサもユリも横縞シャツに横縞パンツ。

カラー3頁「MOJO IN――出現！ニューロ

ックのニューワールド」。加納典明がインフラレッドフィルムで撮影。衣裳、ＢＯＷ＆ＮＯＫＯ。担当、椎根。

日本にも内田裕也のフラワー・トラベリン・バンドを中心に、十数組のロックグループが出現し、毎週どこかでロック・フェスティバルが催されるようになった。そのＦＴＢのボーカル、ジョー、それにギターの、メキシカンっぽかった上月潤と、外国人モデルふたりを撮影した。〝モジョ〟は、中南米の先住民族の言葉で〝一緒に〟という意味。当時、関西のロック系の人々は、異常ともいえるほど、このモジョ＝ＭＯＪＯという英文字を使っていた。写真は、担当の椎根の思いこみ、のめりこみすぎで、なにか新宗教のヒミツの部屋で、わるいことをしているような雰囲気になった。ファッション写真の場合、モデルの妙なヤル気と、担当者ののめりこみすぎは、写真に黒いシミのようなものを残してしまう。

カラー6頁「ユリとマリの北海道——汽笛の聞こえる坂の町・函館」。撮影、斉藤亢。モデル、立川ユリ、立川マリ。衣裳、金子功。

ユリ、マリの姉妹モデルが、なにか秘め事を語らっているようなムード。少女趣味の世界はわからないことだらけだ。

斉藤の写真は〝日本的少女趣味風〟がいつも色濃くでていた。彼の視覚を刺激するものは、それしかないようであった。斉藤は、アンアンで仕事をする前は「服装」誌でファッション写真を撮っていたのだが、その時に、女性編集者からすりこまれたトラウマのようなものが、つねに写真にでてくるような感じがした。

カラー5頁「VERO JACK——あのシュエット（イカしてるコ）を撃て！」。撮影、細江英公。モデル、Ｃ・ベロニック・パスキエ。衣裳、松田光弘。

堀内が、タイトルもロゴも、ジャン＝リュック・ゴダール映画風にデザインしている。トップページの左側に、映画フィルムの黒いコマを入れ、ライフルの標準器マークも三個ある。撮影場所は鹿島臨海工業地帯の砂浜。

ベロが『気狂いピエロ』のアンナ・カリーナのオレンジ色の明るい退廃感を見事に再現している。ゴムホース好きの細江は、この写真でも、ホースのついた水槽を見つけ、そのそばにベロを立たせた。細江はファッション写真を撮っても、モデルへのポーズの指示、水槽の配置、それをどこまで写真に取りこむかなどが、あまりに的確すぎて〝近代的〟な写真になる。三朗のような、なにもない、ほころびがすこしある〝現代的〟ファッション写真にならない。

松田の衣裳もマニッシュな統一感があり、薄ぐもりの千葉の砂浜で、南仏のような雰囲気の活劇風写真を撮ってしまう堀内と細江の老練な計算力に納得させせられる写真となった。

カラー5頁「大リサ　小リサのにちようび」。撮影、立木三朗。モデル、秋川リサ、石川理恵。衣裳、北原明子。

この小リサ＝石川理恵という女のコは、椎根の元同僚、石川次郎の長女。たまたま編集部に遊びにきた時に、「このコ、リサに似ている」となり、大リサ、小リサで売っちゃおう、という芸能界的ノリでモデルにさせられた。

大リサのサービス満点のスマイルと小リサの小動物のような仏頂面の対比が抜群。リサには、三朗の写真の時だけにみせるリラックス感があり、さらに小リサの出現で、ますますいい表情をみせている。

北原の衣裳はメルヘンチックで、撮影は北海道だった。三朗は突然の子役の出現にもめげず、年のはなれた姉妹風の、アンアン・ファッション写真の典型の数枚を残した。三朗は、大リサが一番魅力

床一面に積もった蝶の死骸《しがい》が、男の静かな死を飾っていた。彼はなんと20年以上も蝶をちぎっていたのだ。
「蝶をちぎった男の話」撮影＝立木義浩　第11号（1970年8月20日号）より

的にみえる顔の角度を知っていた。その角度は、恋といってもいいかもしれない。

モノクロ7頁「蝶をちぎった男の話」。原作、庄司薫。撮影、立木義浩。出演、伊丹十三、小泉一十三、武藤重遠。構成・演出、高樋洋子。ファッション・ディレクター、松田光弘。ヘア&メイク、芝山サチコ。協力、PISA、粟津潔事務所。

雑誌用のフォト・ストーリーではなく、映画にしてしまったほうがいいのじゃないか、という気がした。原作は人気絶頂だった庄司薫の十九歳の処女作。これだけの人間を使って写真を撮ると、莫大な経費がかかる。さらに恐しいことに、編集部の誰が担当したのか、わからなかった。あいかわらず編集者同士の横のつながりはなかった。この頃のアンアンには、この企画のように金がかかって、その上、担当者も不明のものが、時々、掲載されていた。

カラー4頁、モノクロ7頁「こんにちわ　はるかな　幼い日」。写真、植田正治。詩、高橋睦郎。堀内が植田の過去の傑作作品を借りてきた。

植田正治は、鳥取県の境港市の写真館の主人。日本の写真界から遠くはなれていたが、彼の存在自体を、ある種の希望のようなものとしてカメラマンたちは感じていた。堀内誠一はこうして、自分の好きな、あるいは尊敬する写真家の作品を、剛速球を投げるように、アンアン誌上にのせた。

植田の撮ったものには、〝写真〟という文字がピッタリおさまる力強さがあった。撮影された人物は全員、〝時〟という風呂あがりの匂いがする爽やかさが表情にあった。たとえドロンコの野球少年にも、面をかぶった農婦にも、縁にだされた雛人形のオモテにも、風景にも……。植田は〝汚れた現代〟などというものは一片も撮っていない。

後年、堀内は、ブルータス誌で、植田正治と三宅島へ行き、男性ファッション写真の傑作「晴天の伊達男　地球に立つ」をつくりだす。植田正治、七十二歳の時だった。

フォトグラファーをスターにしよう

第12号（一九七〇年九月五日号）。

表紙。撮影、立木三朗。モデル、立川ユリ、立木義浩。衣裳、金子功。義浩がユリの額にキスをしようとしているところ。

この号で、フォトグラファーをスターにしようというアンアンの方針がはっきりしめされた。

カラー5頁「ユリと4人のカメラマン」。撮影、立木三朗。

モデルとして登場したのは立木義浩、吉田大朋、大倉舜二、篠山紀信。ユリの衣裳についての記載はないが、金子功がプライベート用としてデザインしたものだ。写真家は、全員自前。

各写真にそえられたユリのコメントが面白い。

立木義浩。義浩は小型カメラを右手に持ち、ユリと一緒にジャンプしながらの写真。モデルをジャンプさせながら撮ることで有名だった写真家、フィリップ・ハルスマンを連想させる。この義浩とのセッションの一枚が表紙に使われた。ユリのコメント。「16歳の時にタッちゃんと仕事をした。はじめて飛行機に乗って撮影にいった。飛行中に、とてもこわくなって、降りるわ、といったら、タッちゃん、ユリの手を握って、飛行機というのは空を飛んでいる時は降りられないんだよって」

吉田大朋。シックなスーツにピンクのシャツとネクタイで登場。ユリは大朋の右膝に腰をかけている。ユリのひと言。「古めかしくて、女らしくて、ちょっとくずれた感じの洋服を撮影する時は、かならず大朋さんがあらわれます。大朋さんは写真をとりながら、フランス語でユリにささやきます。ビアン、トレジョリ……と」

大倉舜二。大倉はスエードのジャケット、昆虫採集道具をベルトに装着し、右手に網とタバコを持っている。ユリのことば。「いつ見ても少年みたいな魅力を持ったカメラマンです。昆虫採集が大好きです。ユリは大倉さんに会うと、なぜか赤くなります」

篠山紀信。ここのみ見開き2頁。写真は横位置。篠山は、インドを旅するようなヒッピー・ファッション。篠山の髪には、ムラサキ色のちいさな花が三十個以上もデコレートされ、ユリのヘアにも同じ花がかざられている。ふたりは床に横になり、顔の位置が逆になっている。この写真が、四人のな

「ユリと４人のカメラマン」撮影＝立木三朗　第12号（1970年9月5日号）より

かのベスト。篠山らしくなく撮られた、ただ一枚の写真。ユリのコメント。「篠山さんは、ユリのことを世界中でいちばんたくさんきれいだといってくれたひとです。篠山さんは、どんな女のひとでも、自分が世界一の美人だと思わせてしまう魔術師です」

この写真家を写した四枚の写真で、一番すばらしいのは、ユリのベルトだと椎根は思っている。昆虫採集が趣味の大倉の時は、金属製の大きな蝶のバックル。大朋の時は、黒地に金色の飾りがついたシックなバックルのベルトをしていた。

ただ、この頁のレイアウトとロゴが異常に淡泊だ。堀内が不在で、新谷雅弘がレイアウトしたのかも知れない。

カラー４頁「マリのホンコン」。撮影、斉藤亢。モデル、立川マリ。

第５号で香港へいった時に撮られたもの。ページの関係で、この号に入れられたのか。写真もなにか散漫な感じ。そえられた文章も、「マリは歌手になりました。モデルの仕事は、なにかこうシラジラしくて好きになれなかったのです。昔の昔から歌手になりたかったのです。大大先輩の美空ひばりさんも、歌はハートよとおっしゃっていました。マリはハートでぶつかるのです」と、なんといっていいかわからない迷路的コメント。姉ユリの大活躍ぶりに比較してワタシは……という妹の心情が、そのまま写真にでてしまったようなファッション写真になっている。モデルの人生を感じすぎると、いい写真は撮れなくなる。

カラー5頁「アンアン　ユリ・リサ撮影隊　スペイン／モロッコ第一報！」の予告頁。堀内とともに、立木三朗、吉田大朋がカメラマンとして同行。大朋の撮ったポルトガルのナザレの浜辺を鳥の視線から撮った写真が、ちょっとピンボケだけど、すばらしい。

目次わきのインタビューは、横尾忠則の「ぼくはなぜ写真を撮るか?」。

「今、ぼくはイラストを描くのを止めている。いつまた描き始めるかは自分でもわからない。(略)このためにぼくはいつも描くという行為そのものが、ぼくを不自由にさせてきた。(略)写真家だから写真を撮る、このことは決して自由ではなく不自由なことだ。私は今度写真を始めたが、決して写真家ではない。(略)私はここしばらく写真を撮ることに決めた。(略)ぼくのようなフィルムの出し入れのできない写真家でも写真が撮れるということは、いったいどういうことですか」

第7号の篠山紀信との「西脇オデッセイ」の撮影のあと、椎根は横尾忠則と写真について話し合った。この時、椎根はジミ・ヘンドリックスのLP『エレクトリック・レディ・ランド』のジャケットのことが頭からはなれなかった。それは約十人ほどのモデルがヌードになり、蛇の巣のようにからみあっている写真だった。当時の日本のヌード写真は、ひとりか、多くて三、四人が脱ぎ、それを撮るというものばかりだった。「ぼくが完全にヌードになってくれるシロウトの女の子を三十人以上あつめますから、それを撮ってほしい」と横尾にいってしまった。

「ユリと4人のカメラマン」撮影＝立木三朗　第12号（1970年9月5日号）より

ところが冷静に考えてみると、とてもアンアン誌には載せられない。平凡パンチ誌なら無条件で載せてくれるし、莫大な経費も支払ってくれるだろうと思い、石川次郎にその企画を話すと、石川は、おもしろい、すぐやってくれ、といった。

三十人以上のシロウトの女の子は、近田春夫が簡単にあつめてくれた。近田は、まだ高校生で、編集部でブラブラしていなさい、と命じていた。

横尾は撮影機材を持っていないので、篠山紀信に、カメラとストロボなどの機材を貸してくれるようたのんだ。さらに、横尾はフィルム交換もできないから、アシスタントの十文字美信も貸してくれ、といった。篠山は上機嫌で、すべてOKしてくれた。

約束の土曜日、アンアン編集部に、ぞくぞくと女の子があつまり、四十名を超えた。十文字も機材を持ってやってきた。大型貸切りバスもきた。ところが肝心の横尾忠則がいくら待ってもやってこない。椎根が成城の横尾宅へ電話をすると、「風邪気味で、今日はいけない」という。四十人以上もあつまって、バスもきてしまったんですよ、といっても、今日はダメだ、という。結局、延期ということになった。椎根はキャンセルになった費用を考えないことにした。

次の土曜日、あつまった女の子は二十数名に減っていた。横尾は、まだ風邪気味だといっていたが、ゴム長靴姿であらわれた。

バスが高速道路に入ると、横尾は急に「このなかで撮影するから全員、ハダカになって」といった。そして走行中のバスのなかで横尾は二十数人の女の子のヌード写真を撮りはじめた。椎根がふと気がつくと、バスの両脇、後方に大型トラックが並走していた。トラック運転手の目は、裸の女の子で満載のバス車内に釘づけになっていた。

途中にあった無人の別荘の庭、山中湖畔、森の樹木の上、などでも撮影をした。近田春夫は撮影のたびに衣裳をひとりでかかえこんで、新種の樹木のようにたたずんでいた。

全員で山中湖畔にある平凡出版社の寮に宿泊した。夕食を食べようとすると、横尾は、「さあ、みんな脱いでハダカで食べて下さい」と注文をだした。女の子たちは、別にイヤがるでもなく裸の夕食会になった。この夜は、寮の押入れ、廊下、浴室で、全員睡眠をとらない徹夜撮影となった。椎根はフェリーニの映画『サテリコン』の饗宴の撮影現場に飛びこんだような気分になった。

椎根は、この大撮影旅行の模様を横尾のカメラだけではもったいないと思い、社員カメラマンの馬場佑介をつれてきていた。

横尾の〝群衆ヌード写真〟は、無事、平凡パンチにカラーで掲載され、すごい傑作といわれた。横尾には〝諦観の新人写真家〟という称号が贈られた。

椎根は、馬場に撮らせた写真を使って私家版写真集『横尾忠則と20人のガールズ』を十部製作し、

私家版写真集『横尾忠則と20人のガールズ』撮影＝馬場佑介（1970年）

横尾、篠山、石川次郎、そして三島由紀夫に贈呈した。思い返せば三島は、自衛隊乱入計画で多忙であったが、すぐにお礼の電話をくれ、この本のなかの一枚がいい、といった。

どの写真が？ と椎根が尋ねると、「早朝、庭にでてくる裸の女のコたちの姿……。そこには、たぐいまれな厳粛なものを感じた」とこたえた。

このアンアン第12号では、横尾忠則の第二作目の写真が掲載された。

カラー5頁「新人写真家、横尾忠則、月例第一部（人物）浅丘ルリ子」。衣裳、西村ヨシコ、ヘア・メイク、芝山サチコ。

「月例第一部（人物）」というのは当時人気のあったカメラ毎日誌やアサヒカメラ誌が、アマチュア写真家の、いわば投稿写真を発表する時の用語で、シャレっ気をだした椎根がつけたもの。

群衆ヌードを撮りおえた横尾をせっついて、次は当然、浅丘ルリ子を撮ってもらいます、と

「光化学モード発生！」撮影＝加納典明　第12号（1970年9月5日号）より

椎根が頼んだ。

横尾は、自分のアイドル、ルリ子の撮影ということで、彼女の自宅で七時間以上も撮影した。椎根は、アシスタント役に加納典明の弟を連れていったが、弟はフィルム交換に失敗し、三分の一ほどのフィルムが、現像所からまっ黒になって返ってきた。

横尾は、ルリ子とわからないようなファッション・ポートレート写真の傑作を撮った。

一番の傑作は、子供用のスベリ台のある縁側で念入りに化粧し、凝ったワンピースとビーズの帽子姿で横たわり、十個以上の指輪をつけた手を顔の前で組み合せて、顔の部分だけが異世界に迷いこんだようなルリ子。そのむこうには、普遍の日常を顕示するタタミ、チャブ台、ザブトンがあり、その一番手前に撮影用のコードが白い毒蛇のようにのたうっていた。

モノクロ4頁「カナダのどこかで――加藤和彦クン永遠の愛を誓う」。写真、宮川一郎。これは持ちこみ写真。ファミリーヌードの時に婚約中だった加藤が、晴れて結婚式をカナダ・トロントで挙げた。

ジョン・レノン、ヨーコ・オノの結婚式にあこがれて、和彦は白いスーツに白いスニーカーで式にのぞんだ。ミカもクラシックな白いウェディングドレスに白いブーツ姿。この時代の基調音、ピース、ラブ、ミュージックを具現した写真だった。

第13号（一九七〇年九月二十日号）。

表紙。撮影、斎藤亢。モデル、秋川リサ。衣裳、北原明子。斎藤の文字が、斉から斎になっている。どちらが正しいのかわからない。この号から定価百八十円となる。

目次わきの欄に、原田治二十三歳とあり、原田自身のすばらしい詩がのっている。「青いインクで／僕は日曜日を書いている／朝のシーツは朝色だ　すると／ブラインドの光が笑って（略）僕は翼のある潜水夫だ／新しい泡沫だ」

モノクロ2頁「昆虫人間の小さな時間　原田治」。撮影、有田泰而。

イラストレーターとしても人気上昇中、おまけにアンアン編集部の女性陣からも、その美男ぶりをたたえる声が大きくなり、原田が人物紹介写真として登場。三朗と同系の日本型美男子で、写真モデルとしても、すでに一流の飄逸な風格を感じさせた。海辺にハダシで、棒にブーツをくくりつけているショットなどは、有田のあたたかい人柄と、原田の江戸前の心意気が融合しあって、信じられないほどの善意の写真となっている。

カラー16頁「ユリとリサのスペイン」。撮影、吉田大朋、立木三朗。モデル、立川ユリ、秋川リサ。衣裳、金子功、北原明子、伊藤公。

今回は、海外取材にヘアの松村真佐子をつれていった。もちろんＡＤ堀内誠一もリーダーとして撮影隊をひきいた。

数万本のヒマワリにかこまれたユリとリサ。チェックのスカートとパンタロンのふたりは手に二本ずつ、ヒマワリをもっている。この地平線まで続くヒマワリ畑の写真が圧巻！　すこしピンの甘い写真だが、堀内の、読者の驚くような写真を、という願い通りのものになった。コルドバからグラナダにむかう途中で、ヒマワリ畑に気づいた堀内の指示によって急遽撮影されたそうだ。すべてが慌ただしく撮影されると、余分な感情が入るスキがなくなって、いい写真が撮れることがある。これはその見本。大朋の写真。

もう一枚の傑作写真は、トレドの民家の屋根の上のユリとリサ。大朋が、住人にことわりもなしで見知らぬ家に入り、撮影した。

屋上でポーズをとっていたユリの目と、隣家の窓から顔をだしたおばあさんの目があってしまい、おばあさんは腰を抜かしたとキャプションにある。テレビの白いアンテナがすこしも気にならない。無断撮影にもかかわらずユリは天空を支配する女神のようにおちつき払っている。

白壁が目立つ集落で、ひとりのおばあさんが陽だまりに椅子を持ちだし、刺繡をしていた。白い壁には、素焼きの壺や銅製の鍋、古びたアイロン、絵皿まで壁にかけられている。ユリがそのまま、おばあさんと入れかわって刺繡している様子を撮った写真もいい。背景の完璧さによって、絵画のようになる危険性があったが、ユリはちらりと、私はフィクションですという表情をして、写真の世界につれもどしている。

カラー5頁「リサ、ひとりでも歩けるわヨ」。ユリとリサのスペイン第二部。撮影、立木三朗。モデル、秋川リサ。衣裳、伊藤公。ヘア、松村真佐子。

みどりしたたるマラガの観光馬車に乗るリサ。アルハンブラ宮殿でもリサを撮っている。文章で光

「ユリとリサのスペイン」撮影＝吉田大朋　第13号（1970年9月20日号）より

と影の美しさをたたえているけれど、写真では伝わってこない。リサの睡眠不足は伝わってくるが。

カラー15頁「エル誌　パリ・コレクション70−71」。解説、長沢節。

ロンドン・ポップファッションの影響をうけて星がモチーフになった衣裳が多い。急にエル誌の写真が、イキイキした色彩になったので、カメラマン名をみると、あれほどエルの写真の悪口をいって帰ったピーター・ナップがメインで撮っていた。ナップは、アンアンの写真のほうがはるかに進んでいる、とエル編集長を説得し、またエル誌にカムバックしていた。

のちに、堀内誠一がナップに会った時にも、熱っぽくアンアンの写真や、堀内のアートディレクションを絶讃した、という。

堀内のレイアウトも、ナップを祝福するように豪華で完璧。紹介されたデザイナーは、クレージュ、カルダン、サンローラン、ルイ・フェロー、ウンガロ、ニナ・リッチ。

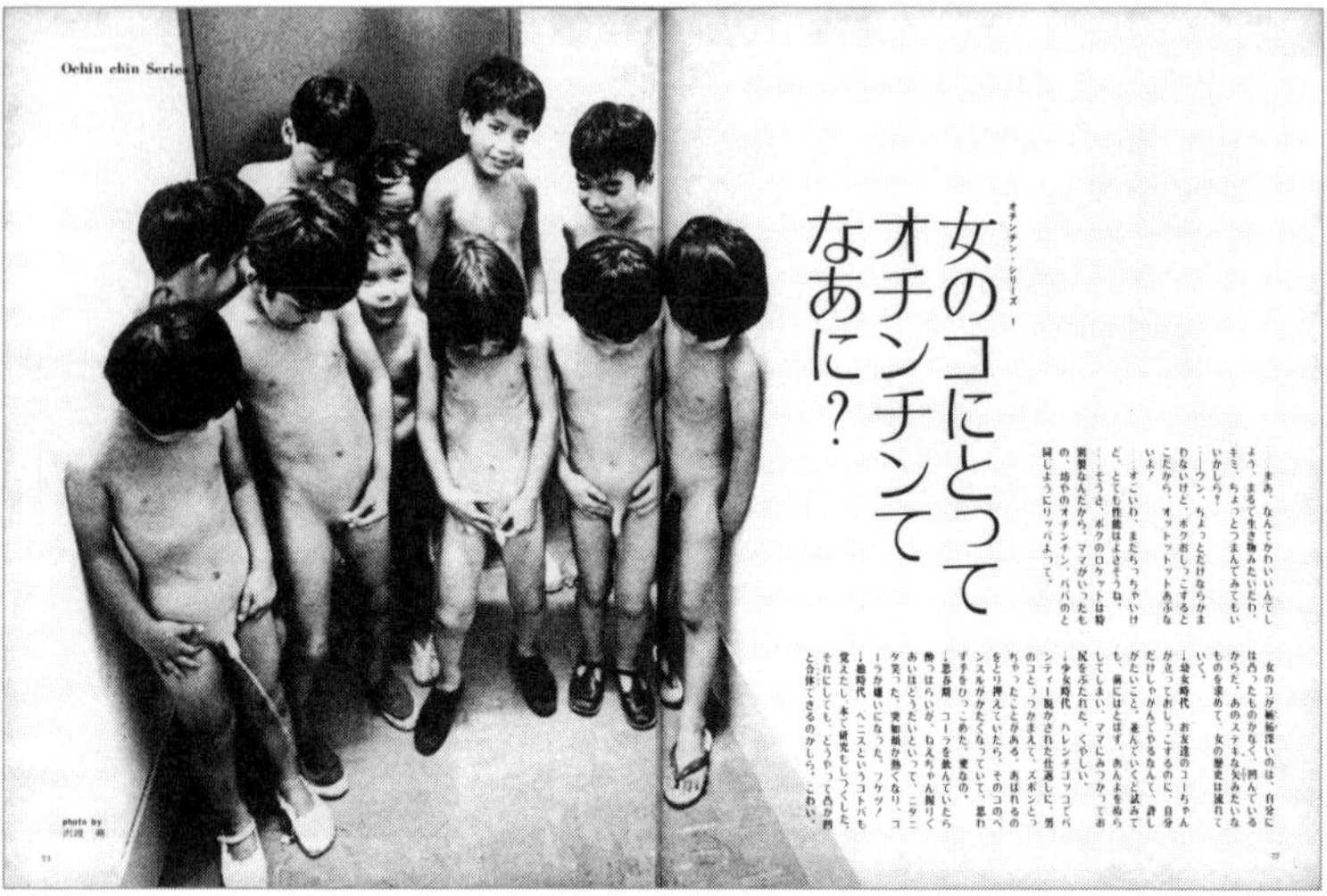

「女のコにとってオチンチンて　なあに？」カメラ＝沢渡朔　第13号（1970年9月20日号）より

モノクロ7頁「赤い靴」。撮影、沢渡朔。モデル、青木エミ。少年、小倉一郎。外国人、ウィリアム・ロス。演出、桂宏平、ヘア、宮崎定夫、ドレス、本間たえこ。

エミだけが、裸足で撮られている。横浜埠頭のコンテナの陰から貨物船をみるエミの写真が、甘くなく、外国映画のワンシーンのようだ。写真を黒ベタでかこみ、そのまわりを細い白枠でかこんだ堀内の繊細なレイアウト。

モノクロ6頁「女のコにとってオチンチンてなあに？」。撮影、沢渡朔。

このページの担当は岡田満。なにが好きなのか、想像もできなかった岡田が最初にヤル気を出した大企画！

十四名の男のコが全裸で登場し、そのうちの一人は放尿中、というショッキングな写真。みんな五、六歳の男のコ。そのグループが裸で横浜港や機関車の上でたわむれている。新宿駅西口のワンマンバスでは、十四名の裸の男のコが運転席を占領している。どういう交渉をしてこんな都バスを借りられたのか、写真よりもそっちのほうが気になった。

沢渡は、この新宿駅西口バス運転席を占領した裸の男のコの写真を、ずっとあとになって、あるレコードジャケットに使用した。沢渡にとっても記憶に残る撮影だったのだろう。恐しいことに、タイトルのそばに「オチンチンシリーズ①」と入っていた。

横尾忠則、ファッション・ディレクターになる

第14号（一九七〇年十月五日号）。

表紙。撮影、立木三朗。モデル、秋川リサ。衣裳、北原明子。

カラー15頁「こんにちはモロッコ」。前号に続いての〝アンアン　ユリ・リサ撮影隊〟。撮影、吉田大朋、立木三朗。ヘア、松村真佐子。ファッション・ディレクター、金子功。

ユリが裸足で名もなき道路の赤い壁の前に立っている。ジャスミンの白い花と葉がユリの上半身を隠すようにしている。ユリはブルーのシースルーの、足首までのワンピース。名所がいっぱいあるところをさけて、なんでもない場所で撮影すると、時々、印象的な写真が撮れることがある。この撮影は、吉田大朋。ユリが暑さに堪える表情もよかった。

三朗は、今回の撮影旅行で、はじめて外国での三朗らしい写真をものにした。赤いショールをかぶったリサがおみやげ屋のブロンズの雑貨の前で、長い脚をのばして汚れた鉄の椅子に座り、生意気そうに路上のほうに視線を投げている。写真の右側では安っぽい民族楽器とモロッコ革のバッグがなら

べられた前で、トルコ帽をかぶった店員が険しい目つきでリサをにらんでいる。店員は、写真に入っているると気がついていない。この店員が二、三人だと、つまらない写真になるが、ひとりだから妙な緊張感が写真をひきしめている。〝らしさ〟を追求しない三朗だから撮れた一枚。衣裳、北原明子。

最後の4頁は「アンダルシアって水玉がカワイイの…」というタイトル。撮影、吉田大朋。モデル、立川ユリ。衣裳、金子功。ヘア、松村真佐子。

これは吉田大朋らしい写真。家の中を大きなブドウの樹が天井をつたわって中庭までのびている。そこに鈍い色の水玉のブラウスにスカートのユリ。ユリの横顔は、このパティオのついた荘重な館の女主人のような威厳にあふれている。とっさにこんな表情をつくれるモデルがいると写真家は楽だ。アンダルシアの暑さに弱りきったセピア色の空気感を大朋は大切に撮った。闘牛場での写真は、ユリと大朋のとまどいを感じさせていたけれど。

カラー2頁「メタモル・クイズ——このヒト だーれだ」。有名タレントを、完璧にイメージチェンジさせ、コーディネイトをさせ、その名前をあてるというもの。第一回は、都はるみをドレッシーなヒッピー風にした。撮影、須田豊。衣裳、BOW&NOKO。ヘア・メイク、梅田達夫、丸山高平。

モノクロ5頁「ぼくのオチンチン未体験なのだ」。オチンチンシリーズ②。撮影、沢渡朔。モデル、井出情児。大橋歩が、2頁分のイラスト、それもスニーカーをはいた裸の男の子を描いている。沢渡はどう撮っていいのかわからない感じ。

このシリーズは立木三朗、ムトー清次ものちに撮影している。

モノクロ4頁「撮影中はパンツもみせます　立木三朗」。撮影、芝崎俊雄。カメラマンスター化作戦のあわれな犠牲者になってしまった三朗の私生活風写真。好きな食べものは？　などといったつまらない質問に、ラーメンとギョウザ、などとそっけない返事。しかし、三朗のいかにも日本型美男子

「アンダルシアって水玉がカワイイの…」撮影＝吉田大朋　第14号（1970年10月5日号）より

ぶりを、芝崎はよくとらえている。

モノクロ3頁「ギブ・ピース・ア・チャンス——平和を我らに！　アメリカ映画『いちご白書』で爆発したスチューデント・パワー」。

新作映画紹介。十九歳の学生が書いた原作を二十代のスチュアート・ハグマンが監督した。この年のカンヌ映画祭で特別審査員賞受賞。それよりも、映画のなかで使われたクロスビー・スティルス・ナッシュ&ヤングの曲が、自然に涙があふれでるほど、よかった。

第15号（一九七〇年十月二十日号）。

表紙。撮影、大倉舜二。モデル、和服の秋川リサ。ドレッサー、紀の国や美容室。ヘア、丹羽辰代。

カラー13頁「横尾忠則のロンドン・ポップファッション」。撮影、与田弘志。ファッション・ディレクター、横尾忠則。

平凡パンチ誌のために〝群衆ヌード〟、アンアンのために〝浅丘ルリ子〟を撮影してもらい、次はなにを撮りましょうか、と横尾に相談した。この頃はビートルズ解散か、という噂が東京でもささやかれていたが、LP『アビイ・ロード』も大ヒット。ビートルズは進化し続けるアヴァンギャルドなアーティストのような存在になりつつあった。

ロンドンで、ビートルズを撮るというアイデアは浮かんだが、取材できる確証はない。それでは、横尾がアートディレクターになって、パリのオートクチュール界を追いつめつつあるロンドン・ポップファッションを撮ろう。与田弘志というカメラマンもロンドンにいる、と横尾にいうと、とりあえずロンドンへいこう、ということになった。

当時、横尾も椎根も、ロンドンから輸入されるタイダイTシャツやベッチンのパンツを愛用していた。横尾は東京一のダンディぶりだった。Tシャツが大人の外出着になったのはこの頃からだった。芝崎編集長に、横尾と椎根のふたりだけでロンドンへいって、ファッション頁をつくってくる。日本で衣裳をつくって、モデルとカメラマン、ヘアをつれていくよりも割安でページがつくれますよ、とのひと言がキメ手になり、OKをもらった。

あわてて与田弘志に国際電話をした。与田はスタイリストも、モデル、ヘアも、現在、ロンドンで最高のメンバーを用意します、との返事。ただし、モデル、ヘア、スタイリスト、撮影料金は、現金で用意してください、といった。

ロンドンの税関を出る時、ヒッピー風の椎根は係員に執拗に質問された。帰りのチケットは持っているのか、金は持っているのか。不法滞在を警戒していたのだ。椎根が黙って、三百五十万円分のトラベラーズ・チェックをみせると、なにもいわずに、軽蔑したような顔でアッチへいけと出口のほうを指さした。

与田弘志のスタジオへ着くと、すでに、スタイリストのジリー・マーフィーがあつめた衣裳が四十点以上もフックにさげてあり、その下には衣裳にあわせた小物と靴までそろえてあった。約束の三倍以上の数だった。

早速、与田と撮影の打ち合わせに入る。横尾にとって初のファッション・ディレクターの仕事だ。横尾はいつもの自信なさげな様子だったが、背景に日本人観光客の姿を入れたい、とはっきりいった。与田は、とまどっていたが、その線でいくことに決まった。

スタイリスト、ジリーは完璧だった。英国版ヴォーグ誌のスタイリストもやっていた彼女があつめた衣裳は、スウィンギング・ロンドンを代表するショップが、もれなく入っていた。ミスター・フリーダム、パッチワークのFoale and Tuffin、オージィー・クラークのマキシ・ドレス、Jean Muirのガウチョパンツ。フェルトのフレヤー・スカートとチョッキはブラウンズ。ザンドラ・ローズのブルーシフォンのチュニックとスカートもあった。

モデルはアメリカ出身の怪鳥のようなジェーン・ワード。彼女はアメリカ版、英国版のヴォーグ誌に毎号のように顔をだしていた。

アンアンにこのロンドンの写真は、十三点掲載された。ヴォーグ調の写真が七点。日本人観光客とジェーンが一緒のものが六点。

レイアウトもロゴも横尾忠則が指定した。トップ写真は場末のゴミの山と廃車になった自動車の前に立つシックなブラウスとスカートのジェーン。パッチワークのベルトが特に目をひく。ものも言わせぬ傑作写真。

横尾に想像もしなかったことをいわれたため与田にはある種の混乱が生じていたが、それが写真にファッショナブルな厳密さを与えていた。怪鳥のようなジェーンの目は、なにも主張しない、背景のゴミの山と同じ廃墟のようなものを感じさせた。

オージィー・クラークのシフォンのマキシ・ドレスを着て、サビついた廃車の前に座るジェーンの写真もよかった。そのまわりに力づよく生えた雑草、車のサビ色とグリーンのドレス、緑色のヘアの調和ぶりが、すばらしい効果を生みだしている傑作写真となった。椎根は、渡英前に、与田カメラマンなら、ヴォーグ以上の写真が撮れる、と思っていたが、実際にそれ以上の写真をモノにした与田弘志に敬意を表したい気持ちになった。

これは偶然の一致だが、この号の表四の広告は、ROPÉ。その華麗な写真を撮ったのも与田弘志だった。

この時代、ロンドンはフォトグラファーの虎の穴状態だった。スウィンギング・ロンドンの申し子デイビッド・ベイリー。写真集『バード・オブ・ブリテン』のジョン・D・グリーン。希代のファッションフォトグラファーのノーマン・パーキンソン。ヘルムート・ニュートンもロンドンにいた。セシル・ビートンもまだ生きていた。

日本人観光客をからませるというアイデアは、当時の横尾の芸術行為上の主張、自分の内部の前近代を外部にほうりだすことによって、それを乗りこえるという狙いがあったのだが、不思議なことに、日本人が登場すると、写真にある種の安定感がそなわった。

このロンドン市内撮影には、ロケバスが使われた。椎根はロケバスというものをはじめて知った。この商売は東京で絶対流行すると思い、帰国後、会う人ごとにロケバス屋をやれば、といって歩いていた。

ヘアは、ジョンといういかにも下町育ちらしい、トボけた若い男だった。彼のクレジットには、名前のあとにAT LEONARDと入った。

撮影が終わるとジョンは、明日、レオナード美容院に来い、横尾と椎根のヘアをやってやる、とい

「横尾忠則のロンドン・ポップファッション」撮影＝与田弘志　第15号（1970年10月20日号）より

った。ふたりでその美容院を訪ねると、支配人がでてきて、「当店がおむかえするはじめての東洋人です」といわれた。レオナード美容院は、ロンドンで一番歴史のある店だった。スタンリー・キューブリック監督の『二〇〇一年宇宙の旅』『バリー・リンドン』にはヘア・デザイン、レオナードと記してあった。レオナードで横尾と椎根は、アフロヘアにされた。

後年、ダイアナ王妃ブームになった頃、日本でTVをみていた椎根は、ダイアナ・カットはボクがデザインしました、とジョンがでてきて驚かされた。ブルー・シフォンのチュニックとスカートを貸してくれたザンドラ・ローズはダイアナのウェディングドレスをつくっていた。ただしザンドラが制作したのは、オフィシャル写真用のドレスだった。

モデルのジェーン・ワードは、一九九七年の夏、ロンドンで自伝出版の記者会見を開いた。その本の売りは、チャールズ皇太子との浮気体験談だった。この記者会見の一週間後、ダイアナ妃が事故死してしまい、その本がどうなったか、さだかではない。

ファッション撮影の次にビートルズ取材に移った。といっても、なにも手がかりがないので、横尾と椎根は、ビートルズが経営していたアップル・レコード（一九七六年にスティーブ・ジョブズも同じ名前、アップル社を設立した。初代マッキントッシュが完成した時、ジョブズは、なぜかジョンの息子のショーンに一台プレゼントした）にタクシーでいくと、降りてすぐに白いメルセデスが停まり、長髪・長髭のジョージ・ハリソンがあらわれた。椎根は横尾に、「早く撮って、撮って」といい、椎根も横尾とジョージの後ろ姿を撮った。

横尾は、このジョージの写真にそえて、「この情景はまるでフェリーニの描く『世にも怪奇な物語』の地獄の光景とあまりにも酷似しているような気がして、私は背筋に氷のような冷たいものが走るのを感じた。それは絶対見てはならないものを見てしまったという一種の恐怖のようなものだった。車の中から現われた白馬の騎士は、私の中に7年間も血が滴《したた》るようにして生き続けてきた怨念の姿であった。こうしてついに地獄を見てしまった私は、二度ともと来た道に引き返すことのできない彷徨の人となろうとしている」と書いた。

横尾と椎根は、ビートルズの故郷リバプールへいくことにした。ポール、ジョンが在学した高等学校へもいった。ライブハウス、キャバンは閉店していた。ロンドンではアビイロードへいき、あの横断歩道に、横尾ひとりを立たせ、椎根が撮った。

これがカラー6頁「横尾忠則　ビートルズを撮る！」となった。

このロンドン取材中、横尾は足の痛みをうったえて、いつも道路にすわりこんでいた。スケジュールが大事だと考えていた椎根は、「そんな仮病を使っていると、置いていきますよ」と無理に立たせ

「横尾忠則のロンドン・ポップファッション」撮影＝与田弘志　第15号（1970年10月20日号）より

て歩かせた。帰国後、横尾はすぐ入院した。

ビートルズが来日したのは一九六六年。日本中が来日の是非でヒステリー状態になった。ファンも政治家も評論家もマスコミも勝手なことをいいだし、警察もそのマスヒステリアにあおられ、皇太子ご成婚パレード以上の警官を配置した。とにかくあの騒動は、空前絶後のスケールだった。

雑誌界では、ビートルズ・クラスの超大物が来日すると、何十の出版社が取材したいと殺到する。こういう場合は雑誌協会が主催者側と話しあって、会場で撮影できるカメラマンは何名と制限される。これを代表撮影取材という。取材を希望する社は雑誌協会にあつまり、どこの社が代表取材カメラマンを派遣するかをアミダクジで決めていた。

ビートルズ初公演の取材には、三十数社が申しこんだ。主催者側の回答は、全雑誌社に対してカメラマン一名という厳しいものだったので、ビートルズ公演取材は話し合いで代表撮影カメラマンを決めることになった。そして絶対失敗したことがない講談社の濱田益水《ますみ》写真部員に決定した。

ビートルズ公演撮影取材は、カメラマンひとりだけで、フィルム交換をするアシスタントも認められなかったため、濱田カメラマンはニコンFを五台、6×6のローライコード、ゼンザ・ブロニカ、パノラマカメラまで持ちこんで、自分でフィルムを交換しながら撮影をした。撮影時間もビートルズがステージにあらわれ、そっけなく去るまでの約三十五分間ぐらいだった。濱田は、その間、シャッターを押し続けた。撮影したフィルム数は五十七本。千二百枚以上のカットを撮影した。これはカメラマンにとって殺人的な枚数で、ひとりのカメラマンの能力・体力の限界を超えていたが、絶対失敗しないカメラマン濱田益水は、一枚のムダもなく撮り続けた。椎根は観客席から濱田の背中を注視し続けたのをおぼえている。

現在でも雑誌に掲載される来日時のビートルズのステージ写真は、――浅井愼平が、中部日本新聞社のために撮った写真をのぞけば――濱田益水の激闘の所産である。

堀内はアンアン誌全体のバランスを考えて、この号にカラー5頁「ここは東京の浅草です」を入れた。〝十日町つむぎ〟〝古代つむぎ〟〝黄八丈〟の着物をユリに着てもらった。撮影、立木義浩。ファッション・ディレクト、金子功。ヘア、松村真佐子。着付け、紀の国や美容室。エッセイ、大橋歩。義浩の写真は、ロンドンのヴォーグ誌風写真に見劣りしない〝ニッポンの粋〟をパーフェクトに表現していた。浅草のどじょう屋で、黄色い籐《とう》のゴザ、どじょう鍋の山盛りのネギの色、ユリの黄八丈の着物と、ひと続きのものに見せるテクニック。ユリのヘアも下町のしっかりもののオカミさんぽくていい。この写真で、ロンドン・ポップとニッポン和風のバランスがとれた。

「リサにいえないポルトガル」撮影＝吉田大朋　第15号（1970年10月20日号）より

今野雄二は、まだ髭に熱中していた。エリオット・グールドの新作映画『……YOU……』を紹介しながら、大型毛虫のようなグールドの髭を七枚もの写真で展示。

カラー5頁「リサにいえないポルトガル」。アンアン撮影隊第三便。リサにいえないとは、スケジュールの関係でリサが一足早く帰国したことをさしている。ユリひとりを、大朋、三朗が撮影。衣裳、北原明子。ヘア、松村真佐子。

大朋の撮影した、ナザレの全景を背景に丘の上の石に座るユリの写真が絶品。ユリの芥子《からし》色のスーツと、ナザレの民家の屋根の色が同調している。〝空とぶ絨緞〟で世界をめぐる、という堀内の願いを具現化したアンアンのファッション写真の、ひとつの到達点といってもいい写真。

玉三郎と篠山の長いつきあいがはじまった

第16号（一九七〇年十一月五日号）。

表紙。撮影、立木三朗。モデル、立川ユリ。衣裳、金子功。

この号から編集長が芝崎文から清水達夫に代わった。清水は副社長のまま編集長になった。理由は発表されなかった。

カラー7頁「森のオヨメサン」。撮影、沢渡朔。モデル、立川ユリ。衣裳、金子功。帽子デザイン、中村隆男、刺繡、山口ひろ子。おはなし、岸田衿子が詩のようなものを書いた。

金子は白地に赤い糸で刺繡をほどこし、数点のウェディングドレスをデザイン。沢渡はいつものエキセントリックな感覚を隠して、清楚にまとめた。堀内は同じ衣裳が続くため見開きごとに、地と枠の色をかえている。

カラー6頁「チビで、デブで、しあわせです。」。撮影、長浜治。モデル、田坂都。コスチューム、北原明子。

編集部が、ユリ、リサについで売りだそうとした三人目のモデル、田坂都。十八歳、百五十三センチ、四十一キロ、バスト八十、ウエスト五十八、ヒップ八十五。長浜の写真は「なんで俺が……」という感じにもみえるが、無難にまとめた。

椎根がロンドンに取材にいっているあいだに、ファミリーヌードが中止になり、「読者のお見合い写真でーす」になってしまっていた。撮影は、そのまま立木義浩。義浩はつまらなそうに、テクニックだけで撮影している。

この号の目玉写真は、カラー5頁「坂東玉三郎」。撮影、篠山紀信。この時から、玉三郎と篠山の長いつきあいがはじまった。

担当は、新人スタッフの滝谷典子。トップ写真は、玉三郎の化粧した顔の大アップ。篠山は肌のツブツブまで、物体を撮るようにリアルに撮った。玉三郎の黒目をかこむ部分は、辰砂《しんしゃ》色とわかる。

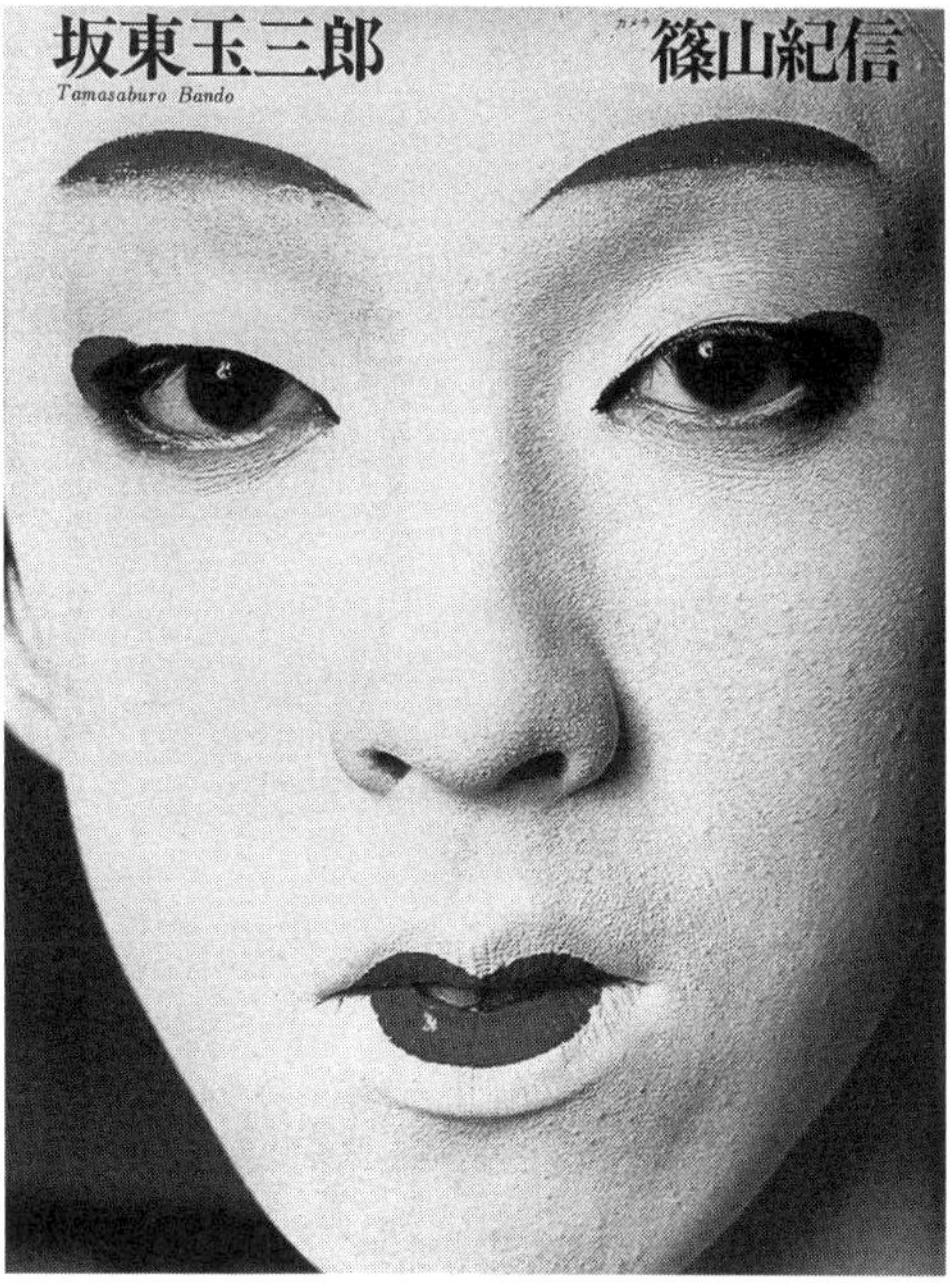

「坂東玉三郎」撮影＝篠山紀信　第16号（1970年11月5日号）より

堀内は、これ以上トリミングできないという限界まで切りつめて、この写真をトップにもってきた。必然の具体化のような完璧なレイアウト。驚きとともに玉三郎の玄妙な素質までをも感じさせる。二枚目の写真は、三島由紀夫がここに再録された文章で解説しているように、ただただ、象牙細工の美にいのちを与えたような美貌ぶり。

この篠山の写真にそえられた三島の文章が、玉三郎の生みの親だとすれば、産湯からあがったばかりのその玉三郎を、世間という大衆に知らしめたのは篠山のこの写真だった。

玉三郎についての文章を誰に頼もうかまよっていた滝谷に、椎根は、三島しかいない、とアドバイスした。滝谷はすぐ電話をしたのだが、三島に「この忙しい時に、そんなことやっている時間はない」といわれ滝谷は泣き顔になった。あとで考えると三島は三か月後の自衛隊総監室乱入の計画の最終段階にさしかかっていた。三島はその計画を誰にも知らせずに練っていたので、滝谷は知るすべもなかった。

椎根は、玉三郎のお披露目文のようになった去年の三島の文章（一九六九年の「第三回国立劇場青年歌舞伎祭」のパンフレット）の存在を滝谷に教え、それを流用させてもらえるよう再度電話をしなさいといい、それを三島は了承した。

篠山にとって歌舞伎座取材ははじめてのことだった。目次わきの欄で篠山は、下足番、楽屋番、おつきの人と、楽屋口から玉三郎にたどりつくまで〝オジギ〟ばかりしていて、「オジギがとってもうまくなりました」と自虐的に苦労を語った。

歌舞伎座を訪ねる時には、編集者が祝儀袋をいくつも用意し、コワそうなおじさんがいたら、黙って差しだすのが礼儀だった。新人、滝谷はそんなしきたりを知らないので、篠山に、きまりの悪い思いをさせてしまった。

カラー5頁「リサにいえないポルトガル第2集」。撮影、立木三朗。モデル、立川ユリ。衣裳、伊藤公。ヘア、松村真佐子。

スナップ風写真になったため、堀内がポルトガルのイラスト地図を描き、それを大きく入れて写真をおぎなった。地図にはリサが怒っている絵が入っている。

モノクロ7頁「おばあちゃんとリサ」。撮影、芝崎俊雄。

十八歳のリサの半生の物語で、文章がメイン。リサのおばあちゃんは、朝日新聞の女性記者だった。朝日で一番ステキな男と再婚。リサの祖父になった。リサはアメリカ人と告白した。芝崎の写真は名写真館で撮ったような格式と親密さがある。リサははじめてパパはいつもと違って世の中には恐いものもあるのだ、というような普通の魅力的な女性の表情だ。その原因は、おばあちゃんと一緒に撮られることにあった。芝崎は、三朗の写真ではだせないリサのもうひとつのチャーミングな顔をひきだした。

カラー11頁「エル・スタイル'71発表！　これが〝エル調〟だド！」。アンアンの読者よりも十歳以上も高い女性向きのファッション。カムバックしたピーター・ナップの写真はよいが、衣裳が……。堀内がナップの写真にだけ編目調のバックを敷き、変化をつけた。パリコレの退潮が如実にでていた。

第17号（一九七〇年十一月二十日号）。

表紙。撮影、沢渡朔。モデル、秋川リサ、ディダ・メヒル。衣裳、松田光弘。

沢渡は、目次わきの欄に、写真入りで自分の信条を語っている。「女の人はすっごく好きです」。最後に「このあいだ僕の大好きなジャニス・ジョプリンが死んでしまった。愛。平和」とも。この文章には、ローライ・フレックスのカメラだけをまとった全裸姿の沢渡の写真が掲載された。

この沢渡のヌード写真は、ジャンルー・シーフが撮ったイヴ・サンローランの全裸写真よりも、はるかに品があった。イヴの全裸ポスターは、これよりすこしあとのことだけど。

トップカラー7頁「Be-in Power」。撮影、坂田栄一郎。モデル、山佳泰子、藤本正樹。スタイリスト、宇野美恵子。テキスタルデザイナー、皆川魔鬼子。

坂田のデビュー作。以前、篠山が指示したので椎根が担当した。

担当者は、撮影した写真がどのページに入るかわからないまま堀内にポジを渡し、堀内は写真をみて、雑誌のどの辺に置くかを決める。堀内に坂田の写真を渡した時に、デザイナーも新人、写真家も新人なので、ずっとうしろの頁になるだろうと椎根は思っていたが、堀内は、いきなりトップに持ってきた。

椎根は、ある日たまたま池袋西武百貨店のヤング向けアバンギャルド的ファッションコーナーを通りかかり、そこにあった衣裳に衝撃をうけた。

その商品は無名のテキスタルデザイナー皆川魔鬼子が、友禅染めを現代風に、つまりロンドン・ポップ調にアレンジしたもので、その布地を使って、若手デザイナーの内藤泰敏、ＢＯＷ&ＮＯＫＯ、ガービー・テラダ、ダリがファンシーなドレスをつくっていた。

椎根はすぐに皆川に連絡をとり、アンアンにのせたいと申しこみ、同時に、これは坂田栄一郎のデビューにもふさわしいと考えた。

秋の軽井沢での日帰り撮影だった。モデルの山佳泰子は、髪の毛を坊主刈にした直後で、その坊主頭に皆川の絢爛たるテキスタルがよく似合った。山佳は、普段から修道尼が着用するような鉄ブチのメガネをしていたが、椎根は、今日はそのままでといった。男のモデルは素人が欲しかったので、つてを頼って藤本正樹クンを紹介してもらった。話をきくとモデルだった入江美樹（その時は小澤征爾と結婚していた）の親戚の男のコだった。

スタイリストは、宇野亜喜良夫人の美恵子にした。どこかのヘンな店へアクセサリーを借りにゆかなくとも、現代的な京都感覚（皆川は京都出身）の衣裳だから、と美恵子に説明するだけで、彼女が持っている膨大なアクセサリーのなかからピッタリのものを持ってきてくれるだろう、という計算があった。藤本クンには、ロンドンで買ってきた椎根の私物を着てもらった。

「Be-in Power」撮影＝坂田栄一郎　第17号（1970年11月20日号）より

椎根をのぞいて全員が初対面という状況だったので、ファッション関係者独得のなれあいという悪い面がでる余地はなかった。写真も、自然な軽やかさ、日本的な軽井沢の木漏れ日に浸りながらも、どこかインターナショナルな風情の写真ができあがった。

この写真をひきしめたのは、山佳の坊主ヘアと、理知の風をもたらした鉄ブチメガネだった。新人写真家、坂田栄一郎は、こうして幸運なスタートを切った。

皆川魔鬼子は、この写真が掲載された直後に三宅一生にスカウトされ、五十年たった今でも三宅一生オフィスにいて、一生とのコンビで数々の傑作作品をつくった。

皆川の布地を使った五名の若手デザイナーのうち、NOKOは、現在はノコ・オーノの名で、都心にショップを持っている。彼女はセツ・モードセミナー出身。

カラー6頁「不思議の国のアリス」。撮影、沢渡朔。美術、宇野亜喜良。ヘア、伊藤五郎。

衣裳、西村ヨシコ。キャスト、アリス＝宇野美恵子、笑い猫＝木村茂、バニイ＝中村タヌコ、帽子屋＝加部正義。スタイリスト、宇野美恵子。構成、桂宏平。

アリスの幻想的な物語を、東京で実写フィルム映画風に写真で再現するというコワくなるような企画。こういう大企画だとふつう担当編集者はオレだという顔をするので、すぐわかるのだが、これはアンアン在籍中は担当がわからなかった。小ミュージカルなら一本できそうな制作費をおそれて、自分だといいだせなかったのだろう。

笑い猫、スペードの王様、帽子屋、芋虫、涙の池の鼠などの衣装・仮装、張りぼて人形などを、全部、その人間にあわせて制作している。

木村とタヌコは当時の二大ゲイ・スターで、木村はのちにスタイリストとして大活躍した。帽子屋の加部正義は、もとゴールデン・カップス。芋虫は上月潤（フラワー・トラベリン・バンド）。ハートの王様、竹永敬一（劇団・天井桟敷）。宇野亜喜良夫人である美少女、宇野美恵子が扮する神秘的な幼女は絵本以上の可愛いらしさで光り輝いている。

こういう企画は、〝なれあい〟のスタッフじゃないとできない。いつもはドッシリとエロスを追求する沢渡も、微妙なスタンスで撮影している。

ずいぶんたってから、あの「アリス」の担当編集者は誰だったのですか？　と宇野亜喜良に尋ねた。「今野雄二クンだったんじゃないかなあ」。この答えに椎根は驚いた。楽な音楽と映画担当だけにしか興味を示さなかったようにみえた今野が、こんな手間暇のかかる大ロケーション企画にコッソリ手をだしていたとは。そしてその大作業ぶりを編集部ではいっさいみせなかったというダンディズム。今野雄二は、やっぱり不思議なヒトだった。

こんな大金のかかる企画を許す放漫な遊びゴコロがアンアン編集部にあった。だが、ひょっとした

「不思議の国のアリス」撮影＝沢渡朔　第17号（1970年11月20日号）より

ら、この企画を通したために芝崎編集長退任ということになったかもしれないが……。

モノクロ7頁「ジュリー!」。撮影、篠山紀信。グループサウンズの沢田研二が、内田裕也とフラワー・トラベリン・バンドとともに、京都・円山公園の野外ステージで歌ったことをうけ、つまりグループサウンズからロックへの転身をはかりたい沢田の心情を写真にした。

堀内の〝Julie! Julie! Julie!〟の見事な手描きのロゴ。メインの写真は、アンアン編集部のあるビルの一階、廃墟のような空室に、椎根が自分用の鉄パイプのベッドを持ちこみ、白いシーツをまきつけ、まよっている精神状態の沢田研二を撮った。篠山は、普通のスターを、ひと皮むけた新しいアイドルに見せる写真術の名人だった。

カラー6頁「びろうどものがたり」。撮影、斉藤亢。詩、岸田衿子。モデル、立川ユリ、立川マリ。衣裳、金子功。ヘア、井上浩。シャポー、中村隆男。女のコの一番弱いところを刺激しようという視覚を追求しつづけた斉藤が、珍しく清純なポエムのような写真を撮った。いつも姉、ユリにくらべて地味な印象しかなかった妹、マリがはじめて存在感をみせている。

「ジャーナル」欄では、パリ支局員、山中啓子がパリジェンヌたちにアンアン誌の印象をインタビューしている。

エル誌にくらべて、アンアンは陽気で活気があって楽しい／システマチックじゃないけど、アンアンのほうが好き／どのページにも思いがけない驚きがある／ファミリーヌードのアイデアはオリジナルがあり、センセーショナル！／われわれ（エル誌）のほうが進んでないともいえる。

前にも書いたが、この〝思いがけない驚きがある〟という発言こそ、アートディレクター堀内のめざしたものだった。ちゃんとそれがパリジェンヌにも伝わっていることに、この頁を読んだ堀内は〝フンフンフン〟といったことだろう。

カラー1頁「読者のお見合い写真でーす」。前号は立木義浩が撮っていたが、今号は沢渡朔写真館となっていた。義浩は、この企画に、すっかり愛想をつかしたのだろう。

ヘルムート・ニュートン日本初登場

第18号（一九七〇年十二月五日号）。

表紙。エル誌から送られてきた子ども用ファッション写真。写真、パトリック・デマルシュリエ。

トップカラー15頁「ＳＫＩ　ＳＫＩ　’70――エル調スキー大特集」。堀内のロゴが、シンプルで粋。

写真はピーター・ナップ。ナップはメリハリのきいたスキーウエアをさらに斬新にみせている。

カラー7頁「こんにちは…ベル・エポック」。撮影、吉田大朋。モデル、立川ユリ、アデール・ラッツ、長沼純。衣裳、金子功。毛皮、中村毛皮店。帽子、中村隆男。ヘア、井上浩。

退廃的な耽美写真が好きな大朋と、ものうい退廃が命の金子が組み、テーマがベル・エポックとなれば、こうなるという雰囲気。大朋が文章も書いている。「毛皮のあのぜいたくさをさりげなく着る女たち、サンジェルマン・デ・プレのレストラン『リップ』に多い、午後のカフェのひととき。何気なく細い指でマルボロウを喫いながら、自分だけの時間を過ごしている。女の過去の深さと、豊饒な感情を見る思いがする」

カラー5頁「センチメンタル・ジーンズ」。撮影、川人忠幸。デザイン、松山猛。刺繍、アート・シシュウ。モデル、原美智子、中山庸子、水野和子、吉村文乃。

三宅島の大きな波の前での撮影。ジーンズに刺繍することが流行していたが、いいデザインがなかったので、松山猛にデザインしてもらった。川人カメラマンは、編集部に売りこみにきた新人で、デビュー作としてはノビノビと自分流に撮った。

カラー4頁「アップリケだもーん　靴下」。撮影、長浜治。モデル、デグチ・モニック。デザイン、大野薫。

刺繍とアップリケ、似たようなものが同じ号に入ってしまった。長浜は仔猫をからませて、モニックの若い肢体と茶目っ気をバランスよく撮影した。モニックというモデルは正統派モデルのピカイチの魅力があった。

モノクロ5頁「エル誌・シャネル特集」。解説、長沢節。写真、STUPAKOFF。シャネルスーツ四点、コート一点。「いつも流行に超然としながら流行からは決して外れないエスプリの深さ、冷たい合理主義と理想主義とを結びつける高度な技術にはつくづく感心してしまいます。パリの無形文化財かも」「シャネルの服はシャネルでしか作れないから、ヒコーキでパリに行って何度も仮縫する間高級ホテルに滞在しなければならない。そんなことよほどの金持でないと出来ないから、日本人ではまだ当分見ることが出来ないと思う」と長沢は書いている。

カラー4頁「悲しみのカケラ」。撮影、立木三朗。モデル、ロンダ・ロビンソン、マリー・アンゲイジュ。スタイリスト、宇野美恵子。ヘア、松崎文子（シバヤマ）。

なにか奇妙な雰囲気。いつもの明るい三朗のタッチがでていない。むしろイヤイヤ撮っている。その上、洋服には値段が入っている。

最後の頁に、「ここに、ご紹介した洋服は髙島屋オリジナルの中から、アンアン編集部が選んだ推薦商品です。この商品は東京・日本橋・髙島屋4階の《アンアン・クラブ》で発売中です」とあった。広告タイアップ頁とも編集頁とも、どちらともつかないものになった。どちらにしても「悲しみのカケラ」というタイトルは、ひどい。

モノクロ5頁「今朝、男たちを葬ったのです。——宇野美恵子ものがたり」。東京のファッションピープルの女主人公、ウォーホルのスーパースター、美女イーディの日本版ともいわれた宇野美恵子の、宇野亜喜良との別れの話。「わたくしは、宇野亜喜良につくられた女」「生き甲斐といえば、すてきなアクセサリーを見つけること、そして新しい洋服を着るとき。それだけが好きという、なんとわたくしは単純な女！」「7日まえ、離婚届を出しました」「12か月まえに、結婚届を出した日は……もう忘れてしまいました」「宇野亜喜良との別れ、それは死だと思いました。そのわたくしが、なぜか生きているのです」「睡眠薬をのんでお風呂にはいって動脈を切ることはやめました」「わたくしは毎日眠って、眠って、とうとう男たちのお弔《とむ》らいは終わりました」

各ページに一枚ずつ、盛装した貴婦人というムードの美恵子の写真がそえられている。贅沢な衣裳、贅沢な美貌、贅沢な愛……が映っているその写真を撮った人物の名は記されていない。たぶん名のある、しかし、無言の愛だけを守った写真家の悔恨がにじみでている。

モノクロ5頁「わたくし、結城アンナです。」。撮影、立木三朗。ヘア、石田ヒロ。協力、ミルク。ユリ、リサ、ミヤコに次いで四番目のアンアン・モデルになった結城アンナの紹介頁。アメリカン・スクールの九年生で、ママの国スウェーデンから来日したばかりとある。

Mieko Uno
宇野美恵子ものがたり
今朝《けさ》、男たちを葬《ほおむ》ったのです。

「今朝、男たちを葬ったのです。——宇野美恵子ものがたり」
撮影＝不明　第18号（1970年12月5日号）より

三朗は努力をして撮っているが、アンナは徳之島ロケで、うつぼに咬まれて、右足はホータイでグルグル巻き。あまり動けないアンナの、そのホータイをアップに撮った三朗の苦肉の写真が一番よい。

第19号（一九七〇年十二月二十日号）。

表紙。撮影、細江英公。衣裳、金子功。ヘア、松村真佐子。ユリとふたりの子どもがクリスマス調の衣装を着ている。

カラー7頁「天使のかくれん

ぼ」。撮影、立木三朗。モデル、立川ユリ、ジャン・グローブ、ピーター・エヴァーハード。衣裳、金子功。ヘア、松村真佐子。おはなし、岸田衿子。

フランス風小公女的ファッション。古い洋館を背景にユリは手にあまるほどの百合をかかえて、クリスマスムードを高めている。三朗はアンアン調ファッション写真を手堅くまとめているが、ユリの表情とポーズが特に冴えている。

ユリの魅力について、夫の金子功が、目次わきの欄で語っている。

「ユリは心で着るモデル。(略)ぼくが作る服でも、ユリに似合わないのだってあります。それでもユリは他のだれよりも必死で着てくれる。(略)太らないでほしい。もっともっとやせてほしい。太ったら、かわいいだろうな。でも、太ったら飯を食わせない。後悔するかもしれないけど、いまは飯よりなにより仕事が大切なのです」

妻である前に、モデルとして生きるために犯罪的なほど過酷な要求をする金子。この時代の欧米のスーパーモデルたちは、この過酷さにたえきれず、ドラッグと酒と男に助けを求めたが、ユリは愛する金子と幸福な結婚生活を送り、素直な男の子を得た。

カラー5頁「リサ・リエ・アンナのX'マス」。撮影、芝崎俊雄。モデル、秋川リサ、結城アンナ、そして子どもの石川理恵。衣裳、しまも茜。

アンナの右脚にはまだ包帯があるために、三人そろって右脚をスカートで隠す苦しげなポーズをしている。第16号の「リサとおばあちゃん」の写真がよかったので芝崎俊雄が抜擢されて撮影したが、今回はその〝おばあちゃん〟が不在なので、バラバラの三人のさびしげなクリスマス写真になってしまった。レイアウトも苦労して、にぎやかにしようと努力するも……。衣裳も、ただ写真を地味にするだけだった。

カラー4頁「ダンダン・ヘア」。撮影、川人忠幸。モデル、原はるみ、原美智子、細谷展子。協力、コワフュール芝山。

椎根がロンドン取材で気になった新しいヘアスタイルを日本でも流行させようと、芝山さちこと相談してつくりあげた頁。英語ではレイヤードヘアといわれていた。この写真が掲載されたあと、〃オオカミヘア〃という名前で大流行した。

カラー4頁「光る《リユミエール》 メーキャップ」。撮影、吉田大朋。モデル、立川ユリ。ヘア、松村真佐子。協力、クリスチャン・ディオール。

ヘアの次にメーキャップ。しかし、その例として、一番目は〃娼婦〃、二番目は〃鹿の子〃、三番目は〃紫〃と、編集部でヘンなネーミングにしたために、わけのわからない写真となった。大朋も、力を発揮できなかった。

モノクロ5頁「2人だけのクリスマス」。撮影、有田泰而。モデル、早川武二、広瀬茉里子。担当、滝谷典子。

ふつうのクリスマスにあきた若いカップルが、自分たち流に聖夜を楽しみたい、という企画。有田がアンアンではじめてノビノビと彼の個性をだした。熱海の岩風呂でふたりが入浴しながらニセのシャンパンを飲む写真は、アンアン誌のなかで異様なムードを発していた。

モノクロ4頁「キャンドルパーティ——わんぱく小僧がやって来た!!」。撮影、金沢靖。モデル、野沢リリ。衣裳、コシノジュンコ、ヘア、伊藤五郎。

オチンチンシリーズの裸の男のコたちが総出演。篠山紀信の写真集『ザ・ヌード』で話題になったモデル、野沢リリが、ジュンコの花魁調ドレス、ジプシー調ドレスをまとい、十二人の裸の男のコとたわむれている。新人、金沢靖のどう撮っていいか五里霧中の写真。

モノクロ5頁「草刈正雄18歳」。撮影、川人忠幸。

資生堂の新しいポスターに抜擢され人気急上昇中だった、青山高等学校二年生の草刈正雄クン。女子高校生のアイドル第一号だった。川人が、アンアンで撮ったなかで一番よかった写真。スーツを着た草刈は、高二なのにNYのビジネスマンのようにもみえた。

カラー13頁「エルのクリスマス」。ポップ調クリスマス用ドレスの大特集。

そのなかの「エルのすすめるパーティ衣装でーす」とアンアン調タイトルをつけられた写真を撮ったのがヘルムート・ニュートン。大流行の蝶のプリントドレスなど、全体にジプシームードが漂っているが、女同士でダンスを踊っているショットなど、他の写真とは違うなにかがあった。ニュートンのファッション写真が日本の雑誌にはじめて掲載されたものだと思うが、ニュートン独得のあの狂気はまったく感じられない。エル誌の規制がきびしかったのか。

ニュートンは、戦前に故郷ドイツを離れて、オーストラリアに移住。五〇年代はヴォーグ誌オーストラリア版で写真を撮っていたが、五七年にフランスへ移り、ヴォーグ誌フランス版の仕事をはじめる。その頃、ヴォーグ誌より若い読者を狙ったファッション誌が次々と創刊された。イギリスのノヴァ誌、19誌。ドイツのトゥベン誌が、その代表。イタリアではレイ誌が、一九七六年に創刊される。

ニュートンは、主にノヴァ誌で新感覚のファッション写真を発表しはじめたと思われる。すくなくとも椎根がニュートンの写真に注目したのはノヴァ誌上でだった。女流サラ・ムーンもハリー・ペチノッティもノヴァ誌で大活躍していた。トゥベン誌では、ハンス・フォイラーのファッション写真がとりわけ目立っていた頃だ。

ヴォーグ誌のダイアナ・ヴリーランドの次に編集長になったグレース・ミラベラは、ヘルムート・ニュートンの写真についてこう語っている。「わたしは彼の作品にときに不快感をもよおした。だが

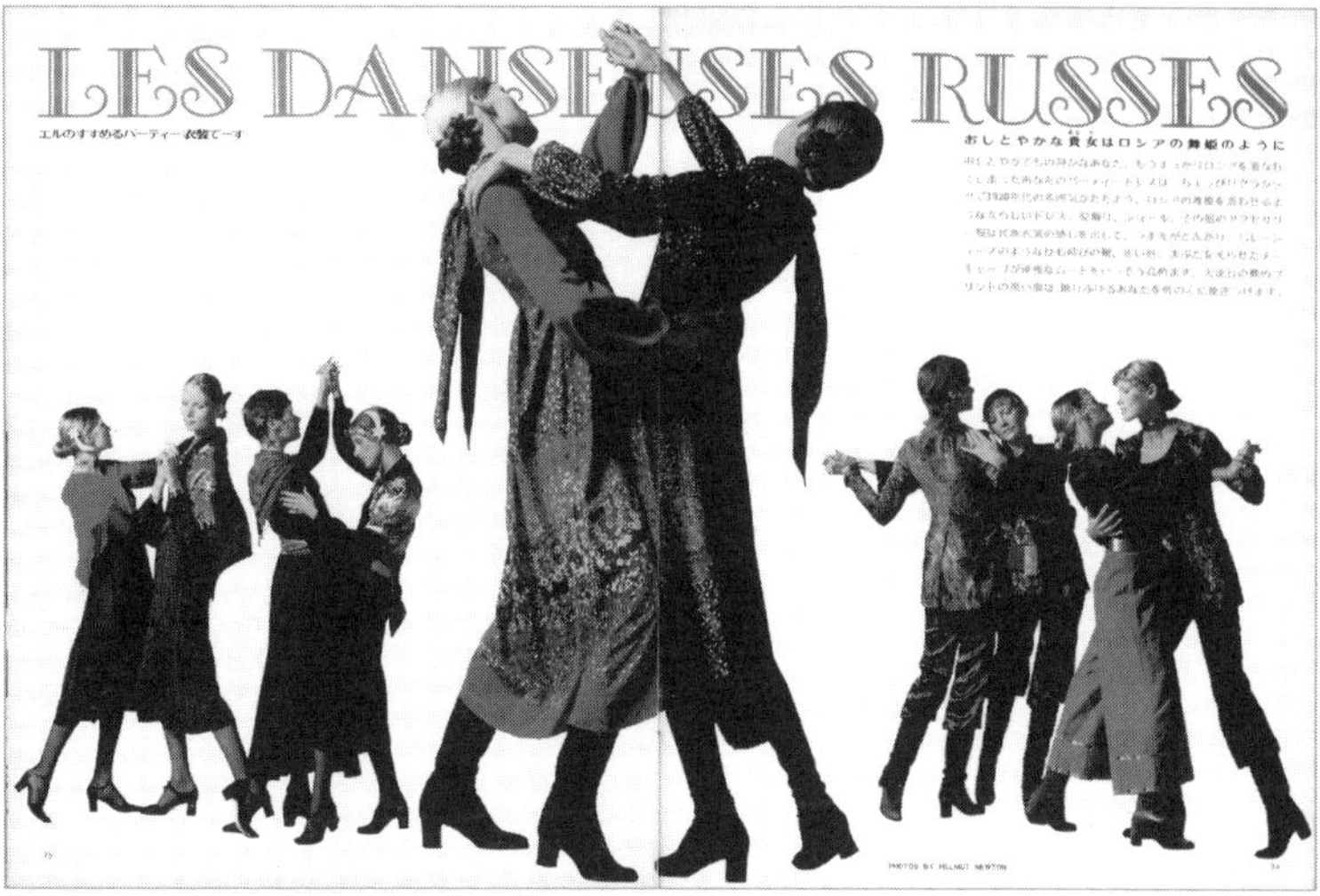

「エルのクリスマス」写真＝ヘルムート・ニュートン　第19号（1970年12月20日号）より

技術レベルが非常に高く、作品に見られるユーモアと洗練の感覚が非常に乾いて繊細だったので、彼よりも腕の劣るフォトグラファーならばソフト・ポルノになりかねない演出が、ぎりぎりのところで救われていると感じた。一九七〇年代をとおして、ヘルムートはポルノと芸術との間の微妙な綱渡りをしていた」（グレース・ミラベラ『ヴォーグで見たヴォーグ』実川元子訳、文春文庫）

カラー4頁「初公開シマース!!　パンダちゃんデス」。撮影、椎根和。モデル、チチ（ロンドン動物園所属）。第15号のロンドン・ファッション取材の合い間に椎根が撮影したもの。信じられないことにそれまで日本には、パンダをカラー撮影した写真がなかった。チチがあまり動かないのでイライラしたが、三時間ねばって、ようやく一回転し、自慢の太鼓腹をみせてくれた。そのカットを見開き2頁でドーンとみせた。

「ガイド&ショッピング」のLP紹介では、ピンク・フロイド『アトム・ハート・マザー』（原子心母)』と、ボブ・ディラン『新しい夜明け』の二大傑作をいち早く紹介している。

ポスター紹介では、いまアメリカで人気最高の黒人チビッコ・グループとして「ジャクソン・ファイブ」が登場。この記事で〝真ん中の坊や〟と記されたのがマイケル・ジャクソン。おそらくマイケルの日本初登場の写真となった。

スチリストになりましょう!

第20号(一九七一年一月五日号)。

表紙。撮影、細江英公。お正月号らしく晴れ着のユリ。ヘア、松村真佐子。ドレッサー、紀の国や美容室。特別定価二百円。

カラー7頁「あけました　おめでとう——キモノの布で服をつくったの」。撮影、立木三朗。モデル、立川ユリ、田中明子。衣裳、金子功。エッセイ、大橋歩。ヘア、松村真佐子。布地、竺仙。ユリと田中が、ひなびた日本のお正月風景のなかで、三朗は、ヴォーグ誌にもノヴァ誌にもないファッション写真を撮っている。やはりこれはアンアン調ファッション写真のひとつ。古い木造の民家の玄関口と、二階でタコあげをするユリと田中の写真がいい。障子戸に書かれた〝丁字屋〟の筆文字、軒につりさげられたウグイスの竹ヒゴかご、このひなびた背景によく似合う金子のワンピース、宗匠姿の老夫婦もいい。

カラー5頁「これもリサでゴザイマス」。撮影、沢渡朔。モデル、にしきのあきら、秋川リサ。衣裳、松田光弘、エドワーズ（にしきの）。ヘア、伊藤五郎。

リサがヴァンプ（情婦）風に人気歌手にしきのにせまるという半芸能界的なファッション写真。中谷規子が、にしきのの大ファンなので、できた企画と編集部内ではいわれていた。リサの困った表情が、おかしい。

カラー7頁「エレガンスなお正月」。撮影、新正卓。モデル、立川ユリ。おはなし、長沢節。衣裳、金子功。花、栗崎昇。協力、西の木。

新正卓が、吉田大朋の写真と見間違えるような退廃写真を撮った。金子功が、崇拝するシャネルにオマージュをささげるような六点のスーツをつくった。ユリは、もちろん、金子のためにけだるい退廃ムードをだしている。ユリは右側の顔を撮られると、中国女のようにみえるキビシイ表情になる。

おはなしの長沢は、「何ものをも恐れず、何ものにも拘束されない強靭な自由のエスプリは、あるいはパリのエスプリなのかもしれない。だからパリモードは時々シャネルに還るのである。（略）コピーにうるさいパリのモード界で、昔からコピーをどうぞといっているのが彼女なのだ」と、シャネルのカンボン通りのコレクションにいつも通っていた彼らしい文章を添えた。

新正の写真をエレガンスにしたのは、栗崎昇の〝花たち〟であった。栗崎は、衣裳と同じ数の花を活けた。撮影場は栗崎が経営していたクラブ「西の木」で、そこは本物のロートレックのポスター、ガレのシャンデリアで飾られていた。クラブ西の木は、アンアン編集部の隣りのビルの地下にあった。

カラー4頁「築地市場」。イラストレーター原田治は、築地生まれ。勝手知ったる築地魚河岸を、明るく楽しくイラストガイドしている。雑誌が暮れになると築地特集をするようになったのはこの特集がはじまりかもしれない。

カラー9頁「エル撮影隊　スコットランドの高原にて」。写真、ハリー・ペチノッティ。毛皮コート特集。

エル編集部は、アンアン誌に影響されて、新しいカメラマンを起用しはじめ、パリを離れて遠くへロケにでるようになった。

英国人ペチノッティは、ノヴァ誌で一番数多くの写真を撮っていたカメラマン。ニュートン、ハンス・フォイラー、ペチノッティの写真が同時にノヴァ誌に掲載されると、三人の写真は、同じようにみえた。三人ともそれまでのファッション写真にはなかった〝狂気〟という隠し味をひそかにしのばせていた。

モノクロ3頁「ロング・コート」。撮影、立木三朗。モデル、ハイジ・グルーベン、塔あさみ。ヘア、井上浩。ロングコート、森英恵。セーター、ニッカボッカー、ブチックひよしや。

森英恵の初登場だが、衣裳に値段が入っているためタイアップ広告のようにみえる。三朗もいつものアンアン調でなく、暗く重い写真。モデルのハイジは、アンアン創刊の頃に貨物船で来日したドイツ娘だったが、新婚早々の椎根のアパートで暮らすようになり、いつのまにかいなくなった。

モノクロ4頁「スチリストになりましょう！」。撮影、川人忠幸。モデル、加納典明、山本みさお。

女性のための新職業発掘企画シリーズ。椎根は、平凡パンチ時代に、イラストレーターになろう、カメラマンになろう、というキャンペーンのようなことをやって、それなりの手ごたえを感じていたので、アンアンでは、職業として存在しはじめていたスチリスト（アド・センターで中尾高子、立木義浩と結婚した三智子、荒牧政美と結婚した加代子がやっていた仕事）にスポットをあてて、女性の人気職種にしようと考えた。仏語雑誌ではスチリスト、英語雑誌ではスタイリストと記していた。日本では本人が好きなほうを使っていた。

アンアン第19号までのファッション頁には、モデル、ヘアというクレジットは入っているが、スチ

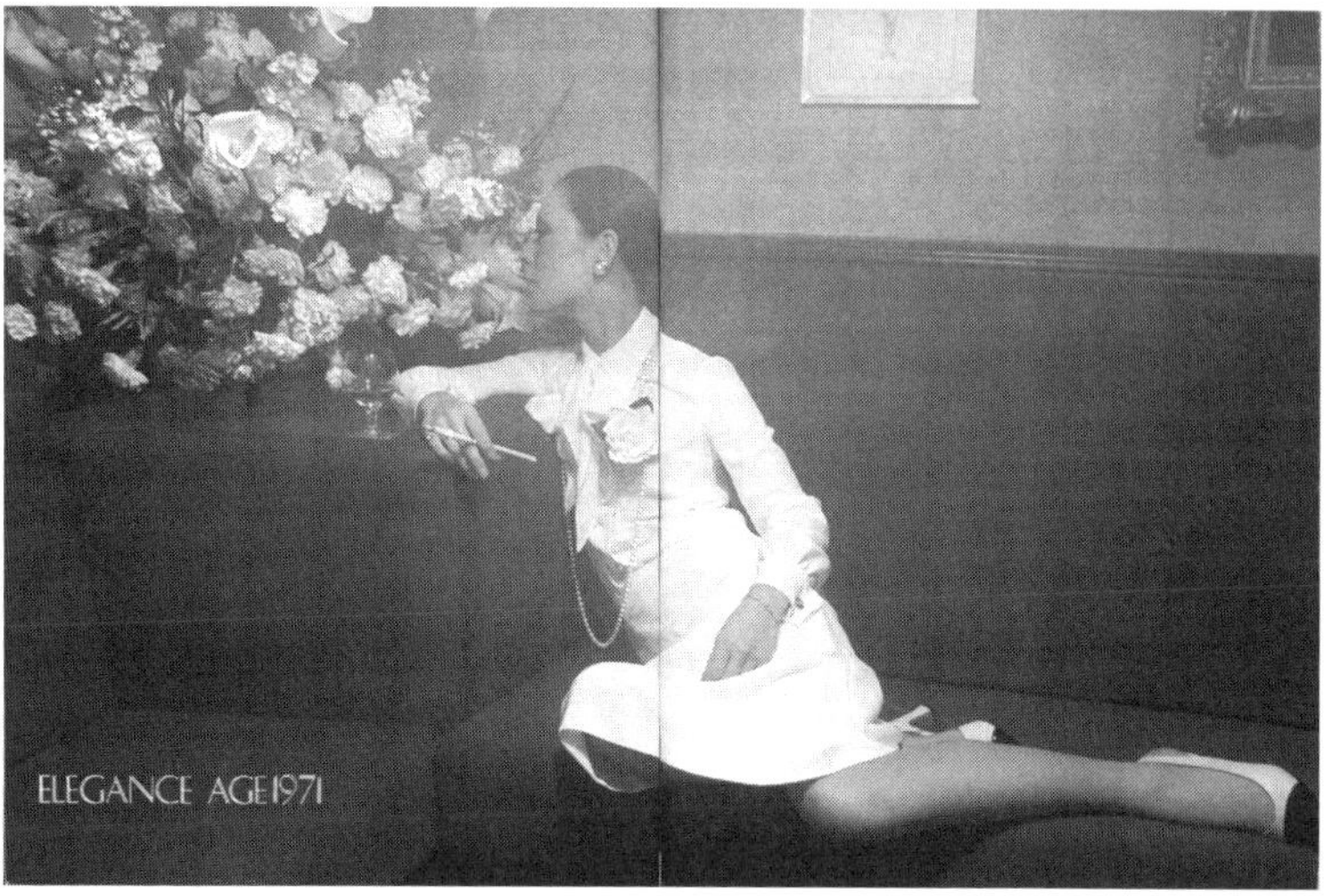

「エレガンスなお正月」撮影＝新正卓　第20号（1971年1月5日号）より

リストという職種は、ほとんど記されていない。デザイナー、編集者がスチリストのかわりに、その仕事をこなしていた。

この記事では、加納典明に写真家の役を演じてもらった。登場したのは、本物のスチリスト、山本みさお。椎根は「今、スチリストって呼ぶ事のできる人、それもフリーのスチリストは日本にはたった8人ぐらいしかいない」と書き、その条件として、①レスラーみたいな力持ち。②とにかく、ナンデモ、よく知っていること。③〝ノセ屋〟になること。モデルに〝ヤル気〟を起こさせるため。④写真のことについて、よく知らなくてはならない、と記した。

この数年後、六本木の街を闊歩する格好のいい女のコたちに、なりたい職業は？　と聞くと、だいたいの女性が、スチリストと答えるようになるほどの社会現象になった。

この号の最後のモノクロ2頁「三島由紀夫追悼」。これは堀内誠一みずからがつくった。澁澤龍彦の「死と真実」。もうひとつは、岸

stylistе
スチリストになりましょう！
スチリストとはスタイリストと同じイミでーす。

「スチリストになりましょう！」撮影＝川人忠幸　第20号（1971年1月5日号）より

田衿子の「双児の一人」という文章が掲載された。

衿子は、その昔、三島と軽井沢で川遊びなどをした経験があった。「その頃、妹や劇団の人たちに、『ほんとは三島さん双児の一人なんでしょう。ここにいる三島さんは変なことばかりいってふざけていて、もう一人青白い顔して書斎で小説書いてる三島さんがいるんでしょう』と、からかわれていました。私はその頃——十五年以上前——の双児の一人しか知りません。（略）」と、カラッとミシマの本質（仮想現実的存在）を追悼した。

カラー5頁「星占いによる30年間の運勢——エル・アストラダムス」。創刊以来、日本ではじめての〝星占い〟として大人気だったアストラダムスによる星座別三十年間の運勢特集。カットのイラストは鈴木康司。

このエル・アストラダムスによって占われた世界情勢が正確にあたっていた。一九八九年のところの〝各地で暴動・革命が起こる〟とはべルリンの壁、ソ連の崩壊のこと。九一年のところの「経済不安、パニックが起こる」は、日本のバブル崩壊、二〇〇一年のところには「アンアンで育った人たちが地球を支配する」とあった。たしかにその頃の日本のファッション、写真界はアンアン出身者がリードしていた。

篠山紀信による三島由紀夫追悼

第21号（一九七一年一月二十日号）。

表紙。撮影、細江英公。スキー・ファッションの秋川リサ、長谷川恵。ヘア、松村真佐子。コスチューム、ミナミスポーツ。この号から定価百九十円になる。

カラー1頁「あんあん・とーい2」。昔なつかしい着せかえ人形」。デザイン、大橋歩。

このページのうしろが「アンアン・ヒット・メロディー」。楽譜つきでヒット中のトワ・エ・モアの「誰もいない海」がのっている。清水新編集長の案か。

モノクロ6頁「ことしはレズビアンを体験してみることに決めました」。

新しい稽古事を習う感覚でレズビアンを推奨する頁。堀内は、このテーマにぴったりの、レイモンド・ベルトランのレズビアン中の絵を、1頁大で入れた。

カラー7頁「お正月です。リサの訪問ですよ。」。サブタイトルに、「リサと北島三郎、渡哲也、石坂浩二、小川宏」。衣裳、北原明子（リサ着用のものだけ）。ヘア、コワフュール芝山。撮影は社員カメラマンの辻道宣。

日本刀を持って殺陣《たて》をしている北島とリサ、渡と銀座のバー街でデイトのリサ。渡哲也のほうが緊張していて、握り拳に力が入りすぎている。リサはどちらもあからさまにイヤな顔をしている。このイヤな顔をもっと強調すればよいのにと椎根は思ったが、辻はそのまま撮ってしまった。モデルにとってもカメラマンにとっても、やや不幸な写真。

カラー5頁「すみれの想い出」。撮影、沢渡朔。衣裳、金子功。モデル、立川ユリ。ヘア、松村真佐子。

この号の「ジャーナル」欄で、金子はこう語っている。「いま好きなものはクラシックなもの。いつの時代のものでも、とにかく現代からずれていればいい。（略）クレープとか、デシンとか。それ以外の布地って考えられない」。沢渡は、そんな金子 - ユリの世界を柔らかい退廃調で撮った。

カラー7頁「美しい絵本の特集」。堀内誠一の企画。

堀内は「美しいものにかこまれて成長するっていうことほど、素晴らしいことはありません。（略）だからあなたの心のなかの〝子ども〟に絵本を沢山見せてあげて！」とリード文を書いている。

クライドルフ、カイ・ニールセン、ブーテ・ド・モンヴェル、ヤーノシエ、センダック、トーベ・ヤンソンなどなど、古今東西の美しい絵本の大紹介。堀内は後年、傑作『絵本の世界　110人のイラストレーター①、②』を福音館書店から上梓した。数多の才能を持っていた堀内は、さまざまな分野で画期的な仕事を残したが、堀内自身が〝自分の仕事〟といっていたのは絵本のことであった。

モノクロ7頁「自写像――篠山紀信」。エッセイ、高橋睦郎。

篠山のモノクロ写真のベストの一枚。前年の十一月に自死した三島由紀夫は、死の直前まで、「男の死」というテーマで、篠山の写真モデルをつとめていた。それも二十種類以上ものバリエーションでの「死」だった。じつは三島は文字の人ではなく、映像の人として死んでいったのだ（このお蔵入

「すみれの想い出」撮影＝沢渡朔　第21号（1971年1月20日号）より

りとなっていた写真集『男の死』は、三島の死後五十年を経て、二〇二〇年の初冬、米国の出版社から発売された）。

椎根は、三島のただひとりの剣道の弟子として二年間稽古をつけてもらっていた。

事件後、椎根は篠山のオフィスにいくたびに、なにかやりましょう、と何度もせかした。その何回かの話し合いののちに篠山は、冬の秋田の浜辺の荒涼たる風景のなかで三島をいっさいださないで撮ろう、といった。

羽田飛行場で椎根が待っていると、篠山は最初の奥さん、当時日本最高のモデルといわれていたジューン・アダムスを連れてきた。ジューンは喪服を用意していた。

日本海にそそぐ河口に、一艘の和舟がもやっている。舟の内部には雪が、強い風のせいで美しく一定のリズムをもってはりついていた。舟首に篠山がボーゼンとたたずみ、船尾にジューンが喪服で悲しみをたたえている。ふたりのあいだには櫂《かい》と雪だけがある。画面の三分の二を占める川面を、絶えることのない無言の波がたっていた。

精神までもが凍結しそうな寒さと、風景をも吹き飛ばしてしまう烈風のせいで〝超低温の哀しみ〟と呼びたいような記憶に残る写真となった。


この撮影の一か月後、篠山は、彼にとりついた〝寒い三島の死〟を振り払うようにアシスタントの十文字美信だけをつれて真夏のブラジル、リオ・デ・ジャネイロへ飛び、カーニバルの熱気のなかに身をおく。これはプレイボーイ特別編集『オレレ・オララ――カーニバル　灼熱の人間辞典』（集英社）という写真集になり、五月に発売された。ADは鶴本正三。

セピア調のザラザラした質感の紙、小型サイズの厚みのある写真集。数百人の男女の踊り子たちの体温、体臭、汗、唾液、涙、血、乳房、筋肉、叫び、騒音、ヴードゥーの色彩とリズム……。人間の発するあらゆるものが、そこにあった。それも、遠く離れてのものではなくグッと超接近したものばかり。

頁をめくるごとに、飛沫が飛んでくるような錯覚と興奮を与える。カーニバルは人間が精霊に憑依する祭りで、精神がどこかにいってしまい、死んでいるのに踊り続けているような女たちの天国のどんちゃん騒ぎと、食肉処理工場が合同で行った灼熱の絵図。

リオのカーニバルを、単なる人間賛歌風にではなく、こんなに美しくもなく、人間の汚ない分泌物だけを撮った写真はなかった。三十一歳の篠山の写真術と体力がピークをむかえた時に、生みだされた傑作となった。


モノクロ5頁「沢渡朔」。撮影、有田泰而。構成、桂宏平。

沢渡の無二の親友、泰而が沢渡を撮るのだから、悪いワケはない。本来、友人同士という関係は、撮りにくいものだが、有田は照れずに撮った。

沢渡が母と一緒のショットがいい。リサが祖母と一緒の写真がよかったように、これには魅力的な笑みを浮かべる慈母がいたからだ。沢渡の撮る写真は、すべてこの母のために撮っている、と思わせるような息子と母の関係がみえる。

この号で沢渡朔は、カラー3頁「羽子板」（山田徳兵衛氏所蔵）を撮っている。難しい羽子板撮影を沢渡は正攻法で撮り、押絵細工の役者の目の中に、生物のあかしである細く赤い血脈があると錯覚しそうな迫真的な写真ができた。

カラー15頁「エル誌・ファッション――自由なモード」。金持ちおばさま用ファッション大会。ちっとも自由でないモードだった。写真、MARC HISPARD。


第22号（一九七一年二月五日号）。

表紙。撮影、立木三朗。モデル、立川ユリ。衣裳、金子功。

カラー15頁「アフガニスタンてどこだ!?――エルの撮影隊禁断秘密の国めぐり」。

エル編集部が、アンアン誌が次々と海外でファッション撮影をし、〝オドロキ〟のある写真を掲載している姿勢に影響されたのか、ついに当時の欧米のヒッピーたちの憧れの地、アフガニスタンに大ファッション撮影隊を送りこんだ。もちろん隊長は、AD兼カメラマンのピーター・ナップ。ナップは編集部の期待を裏切らない迫力満点のファッション写真をものにした。

エル誌は、アフガニスタンは人間の故郷だと説明している。この頃のアフガニスタンは、現在のように泥沼化した戦乱の地でなく、ただただ、放牧地的な風景がひろがる国だった。ファッション写真ばかりでなく、住民たちの生活の写真も入っている。

撮影隊はバーミヤン渓谷にまで足をのばし、あの有名な顔のない巨大仏像のある土地までいっているが、あえて仏像をモデルの上半身で隠している。いい写真は引き算からはじまる。仏像の全身を入れないところに、なぜか特殊な時間が写真に顕れる。

最後の見開きは、青い青い湖を背景に、金糸銀糸の刺繡がついたモスリンのお祭りドレス。この衣裳とベルト、指輪、腕輪はすべてインドで買ったものだが、この写真は圧巻というしかない。亜麻色のアフガンの土地と青い湖を背景に立つ金髪のモデルも傑作写真ができるという確信にみちた笑顔をしている。

ところで、ナップがここで撮影した五年後、アンアンのスターカメラマンだった立木三朗がアンアン誌が編集方針変更でカタログ写真風ばかりになった頃、ひとり悄然とこのバーミヤンの谷を訪れ、傑作風景写真を残し、それがカメラ毎日誌一九七六年の九月号に掲載された。

三朗は撮影記を書いている。「昔の写真で、崖っぷちで三脚を立て、暗箱を覗いている人のいる風景写真を見る。とっても良いのが写りそうで、前から憧れていた。（略）なによりも僕は、バーミヤンの仏像を見たかった。（略）僕の場合はあたふたとカメラを持ち出して（略）やっと落ちついた。じっくり撮ろうと思って行った所だけど、高い所では足が震えるし風で蛇腹はバタバタ騒ぐし、手はかじかんでシャッターを押せないし（略）またしてもがさつな旅行で終わってしまった」

〝がさつ〟な旅、と三朗は記したが、そのがさつさで、三朗は世界記憶遺産に申請したいような傑作写真を撮った。ナップは、顔を破壊されてはいたが、まだ本体が残っていた仏像を撮っていない。三朗は、その仏像を中心に壮大な写真をものにしたのだ。

三朗が撮影したこの三年後、ソ連軍がアフガニスタンに侵攻し入国不可能になり、さらにタリバン

「アフガニスタンてどこだ!?」写真＝ピーター・ナップ　第22号（1971年2月5日号）より

が二〇〇一年に五十三メートルの西大仏像を爆発物で完全に破壊した。だから、おそらく三朗がバーミヤンの巨大仏像を撮った最後のプロ写真家であろう。ましてや、雪のあるバーミヤン渓谷の写真は貴重である。

カラー7頁「マッカな友だちってワケ」。撮影、立木三朗。モデル、立川ユリ、ベルナール（義浩のアシスタントをつとめていたフランス人）。衣裳、金子功。帽子、中村隆男。

タイトルの〝マッカな〟というのは、衣裳がすべて赤色だったから。服の点数もすくなく、堀内のレイアウトのチカラでなんとかみられるようにしている。

着色カラー6頁「創生記」。構成、宇野亜喜良。撮影、林宏樹。衣裳、西村ヨシコ。ヘア、伊藤五郎。コピー、岩崎トヨコ。キャスト、加部正義、集三枝子、コシノジュンコ。

第17号の「不思議の国のアリス」のリメイク版のような企画もの。カメラは林にかわったが、あくまで宇野亜喜良の世界。一番かわった点は、アリスの主役は美恵子だったが、この創世記では、宇野の新しい恋人、女優の集三枝子が、アキラのマジックによって意味ありげな美少女に化けていることだろう。ルネ・マグリット風な写真に仕上がっているが、なにかが不足している。宇野亜喜良によるとこの企画も担当は今野雄二だった。

モノクロ5頁「ホモを救えるのは女性《あなた》だけです」。パーティー』の紹介。今野雄二が「アメリカの若者たちの間では最近、こんなふうにホモに対する生理的な嫌悪感が、どんどん姿を消していくようです」と書いた。

『真夜中のパーティー』の出演者九人のポートレートをアーヴィング・ペンが撮っている。さすがにペンのカメラだけあって、それぞれの個性がキチンと表現されていて、日本の芸能誌のような〝誰にも責任ありません〟という写真ではない。写真は正直だ。ちゃんと撮れば五十年くらいは記憶に残る。

モノクロ4頁「チビデブとパパ」。撮影、芝崎俊雄。

秋川リサの妹役モデルとして結城アンナが以前紹介されたが、今度は、同じ役どころで、田坂都が登場。家族写真ということでリサの祖母を撮った芝崎俊雄が撮影した。田坂の父親が登場しているが、写真にパワーを与えていない。写真にパワーを与えられるのは、女性だけなのだ。

モノクロ5頁「アーサー・アッシュ　世界一の華麗な足」。撮影、有田泰而。

テニス界のプリンス、世界で一番強いサーブを誇る米国のアーサー・アッシュをスタジオに呼んでの撮影。アンアンが撮影した世界の大スターの第一号。のちに全米オープンのNY会場の女子専用コートに、アーサー・アッシュ・メモリアムと名前がつけられるほどの超大物スター選手だった。

椎根は千駄谷の試合会場にかけつけ、アーサーのマネジャーをさがしだし、三十分でいいからスタジオで撮影したいと交渉した。二日後に離日するから時間はないという返事だったが、椎根がねばると、「二十分だけなら……羽田へ行く前に……」といった。アーサーはプロだから、当然報酬が発生

「バーミアンの谷」撮影＝立木三朗　「カメラ毎日」(1976年9月号）より

する。椎根がおそるおそるギャラは？とマネジャーに聞くと「六万円」と即答した。「それもキャッシュで」と。椎根の当時の月給の五割増だった。

スタジオでのアーサーは紳士的でフレンドリーだった。有田の写真もよかった。超有名人のアーサーに対して有田はすこしもこびずに、親友でも撮るように撮影した。だから品があってモデルも写真家も平等という、一番肝心なところがよくでた写真になった。

椎根が不思議だったのは、スタジオからそのまま羽田にむかったはずのアッシュが、次号、第23号の表紙にユリと一緒にでていたことだった。マネジャーはなにもいわなかったし、余計な時間もなかったはずだが……。

「ジャーナル」欄では、ジョン・レノンと小野洋子が、真摯に率直すぎるほどの態度でインタビューに直筆で答え

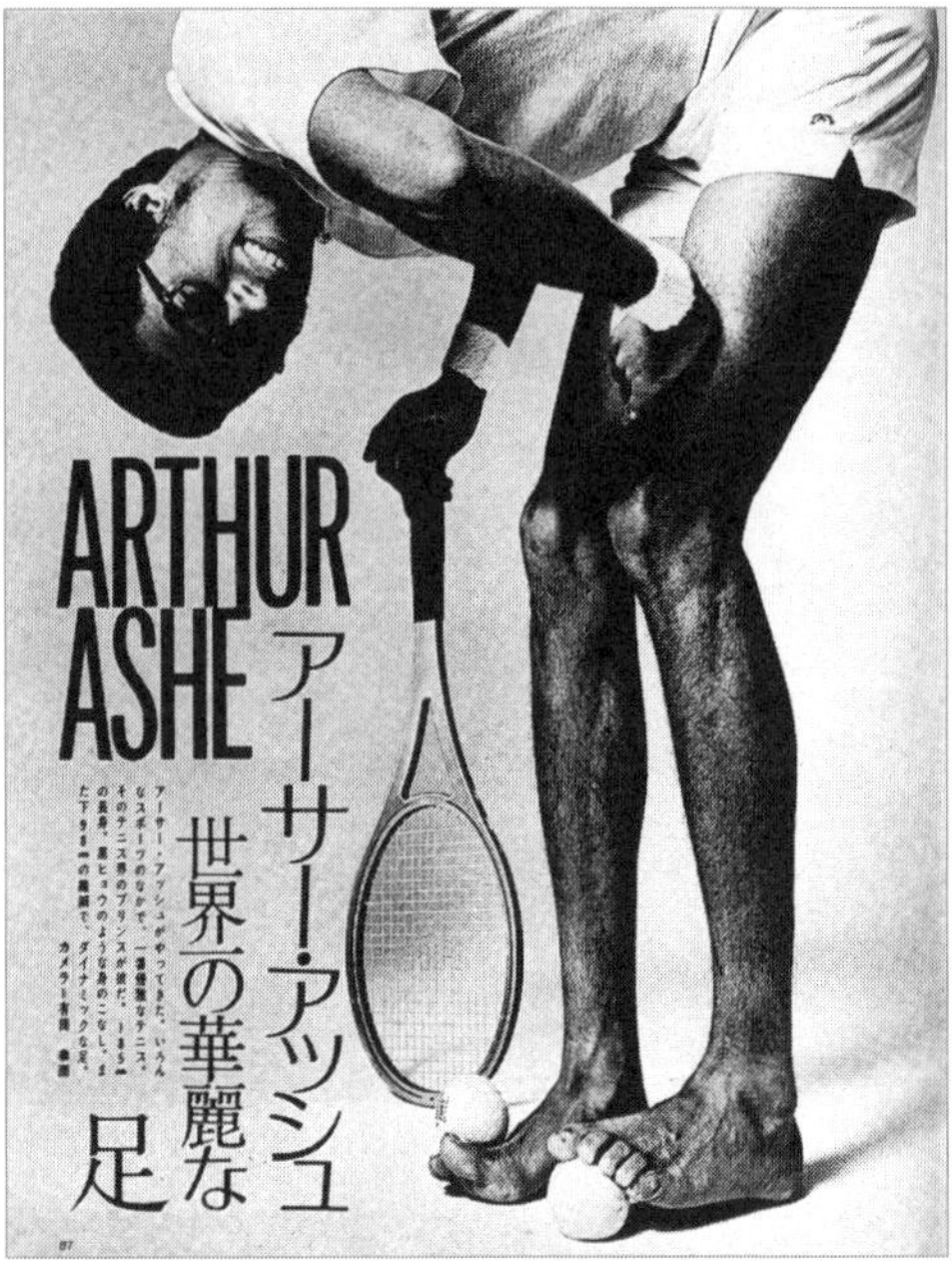

「アーサー・アッシュ　世界一の華麗な足」撮影＝有田泰而
第22号（1971年2月5日号）より

ている。そえられた写真は、おそらく〝ベッドイン〟というパフォーマンスをした時のもの。白いバカでかいベッドの上で、ふたりとも白いガウンを着ている。

質問　小野洋子とジョン・レノンの性生活について？　答　（洋子）みどりの空、みどりの平地、鏡の中の緑の世界。質問　ヨーコのからだで、もっとも魅力的なところは？　答　（ジョン）性器と乳房とこころ。質問　草間彌生について、何を連想するか？　答　（洋子）よくやっていらっしゃると思う。

同じNYで同時期に活躍していた前衛芸術家、小野洋子と草間彌生。ふたりはライバル視されていた。洋子がめずらしく彌生を語った。ジョンが洋子の性器が魅力的だと答えたのはほんとうに正直すぎる感想だと思う。洋子のモチ肌と名器にひかれて、ふたりの仲は続いた。ジョンの死まで。

この特ダネは、ユニフォト通信社の売りこみ。写真には、ジョン自筆の日本文字（漢字）で、〝三角灯籠 from John ono lennon〟とのサインが入っていた。三角灯籠の意味は、わからない。

第23号（一九七一年二月二十日号）。

表紙。撮影、立木三朗。立川ユリがアーサー・アッシュの長い脚の間にすわっている。衣裳、金子功。帽子、中村隆男。

カラー4頁「アーサーってやさしいひと！」。撮影、立木三朗。コスチューム、金子功。

表紙ばかりでなく、ユリとアーサーは、ファッション写真も撮っていた。ユリは三種のスポーツウエアを着ているから、以前から用意してあったのか。特製帽子を中村隆男がデザインしている。ユリは、「今日は、アッシュと撮影がある日です。前の日から、ドキドキして、ちっともねむれませんでした。前から大ファンだったの」とのコメント。大スター、しかも大特急の撮影でも、三朗の写真はカタくならず、ホノボノ調子で、合格！

カラー9頁「わたしのなかのちいさい島」。撮影、吉田大朋。モデル、デンマークの娘、ディダ・メヒルとある。文、岸田衿子。

9頁もあるのに衣裳のクレジットなし。ということは、モデルの私服だけで撮影したのか。ひと言でいうと〝大朋の、大朋による、大朋のための写真〟なのかもしれない。

カラー7頁「ユリと5人のファッション・デザイナー」。撮影、立木三朗。ヘア、松村真佐子。文、大橋歩。

五人のデザイナーとは、センスのいいセレブの洋服をつくっていた紳士服デザイナーの佐々木康雄、ニコルの松田光弘、オヒゲで有名だった菊池武夫、マドモアゼルノンノンのデザイナー荒牧政美、金子功のこと。

金子功とユリの写真が一番いいが、ユリと佐々木康雄の、フィリップ・ハルスマン調にジャンプするふたりの写真もいい。三朗は、佐々木の右つま先だけが地についている瞬間をよくとらえた。もちろんユリの表情が写真をビシッと決めた。

カラー6頁「青い目をしたお人形は…」。撮影、沢渡朔。構成、四谷シモン。人形所蔵、山田徳兵衛、四谷シモン。協力、ノンノン、大野薫。

野口雨情の名童謡をタイトルにした、アンアンにしかできなかった豪華抒情写真。四谷シモンの構成はいつも独得の味と余韻を残す。沢渡も、いつまでもあの唄のメロディを口ずさみながらみていたいという気にさせる傑作写真を撮った。窓のガラスに手をつき外をみている西洋人形のあぶなっかしいうしろ姿が、いつまでも印象に残る。

モノクロ7頁「サンローラン・リヴゴーシュの服」。撮影、新正卓。モデル、立川ユリ。ヘア、石田ヒロ。協力、サンローラン・リヴゴーシュ。

ユリがいつもの笑みをみせずに、豪華な衣裳、豪華な沈黙で、写真をひき立てている。ユリは、やはりこの時代の第一等のモデルということを証明した写真。モデルがよければ、写真もよくなる、という見本。

カラー2頁「2月14日は聖バレンタインデーです」。日本雑誌史上、初の聖バレンタインデー特集。チョコレートのつつみ箱をページを切り抜いてつくる企画だった。

カラー3頁「プチ シャ 子猫ちゃん」。撮影、西川治。草原でリスと遊んでいる子猫など。

「青い目をしたお人形は…」撮影＝沢渡朔　第23号（1971年2月20日号）より

今も猫写真ブームだが、日本写真史上、最高の猫写真は、田本研造が撮った「カラフトのネコ」だと椎根は考えている。田本は幕末、函館の写真館主だった。

北海道大学付属図書館に埋蔵されていた田本の「カラフトのネコ」は一九六八年に発見された。森山大道はこの写真に影響され、彷徨する犬を撮ったと椎根は考えている。

耳先の毛に特徴のあるカラフト猫が降りつもった雪上を歩いている。両手両足には吹雪のなごりの雪片がついている。背景にはいかにも北海道開拓時代様式の建物が映っている。

写真師、田本研造は紀州に生まれ、函館に移り住み、ロシア人から写真術を習った。田本は当時の主流となっていたコロジオン（湿板写真）方式で撮影した。これはガラス板に薬品を用いて薄い膜をつくり、感光性を付着させるものので、それが乾く前に撮影し、すぐガラス板に鉄液をかけ現像し、薬品液で定着、最後に鶏卵紙（和紙に卵の白身をといて塗ったもの）とガラス板とを密着させて、太陽光にさらして焼きだす。この時代の写真師は、自分でフィルムを製造しながら撮影もするという離れ技を毎回やっていた。化学実験をしながら撮影し、さらに太陽光熱を利用して、卵焼きという調理にも似たことをしているようなものだった。

当時の写真師の裏庭には多数のニワトリが飼育されていて、モデルはニワトリのうるさい鳴き声をガマンしなければならなかったという。晴天の戸外、光のまわる雪上なら二、三秒ジーッと同じ姿勢を保った。前述の島隆もこのコロジオン方式で写真を撮っていた。

ちなみに田本は、もう一枚、有名傑作写真を残している。オールバック髪、ブーツをはいた洋服姿の新選組副長、土方歳三を函館で撮影したものだ。まだ新政府軍と交戦中だった。この写真ほど長いあいだ日本人の視線にふれたものはないだろう。

第24号（一九七一年三月五日号）。

表紙。撮影、立木三朗。モデル、ホープ・スチーブンス。衣裳、金子功。

カラー7頁「ミロ、都の紐育《にゅうよおく》」。川村都と堀切ミロがニューヨーク見物中の写真。カメラマンの名が入っていないが、鋤田正義か。

堀内が制作したロゴがなんともすばらしい。人名である都と紐育という漢字が同じ書体で横にならび、その上の〝ミロ〟と〝紐育〟はショッキングピンク、〝都〟は、オレンジ色だった。

ハーパーズ・バザー誌がNYで創刊されたのが一八六七年。バザー誌は百五十六年の歴史を持つ。その歴史のなかで忘れてはならない人物がERTÉ（エルテ）というファッションイラストレーターだ。エルテはロシアのペテルブルクに生まれ、長じてパリにでて、二十一歳の時、当時の最高のファッシヨンデザイナー、ポール・ポワレにみとめられ、彼のアトリエの専属デザイナーになる。一九一五年から、ハーパーズ・バザー誌の表紙と記事のイラストを描きはじめ、一九三七年までの二十二年間、この仕事を続けた。

エルテは、幻想的なタッチでファッションとモデルを一体化させた絵が得意で、アールデコ時代の花形絵師だった。彼は多才な男で、コスチュームデザインはもとより、舞台装飾、ハリウッドの映画衣裳まで手がけ、一九九〇年まで仕事をした。

「ミロ、都の紐育」撮影＝不明　第24号（1971年3月5日号）より

彼の特徴がよくでた絵に、一羽のクジャクの羽根を十羽分にもデフォルメして極彩色で覆い、よくみるとその中心に細い白い女性がいるというものがある。

一九六七年にエルテは、「ザ・アルファベット・シリーズ」を発表。裸の女体を形象化し、夢幻的なアルファベットを創造した。たとえばFという文字だと、裸身の女が左手を大きく前にのばして、その手に極彩色の羽を持つ鳥がとまっている。右手は、わずかに前にだし、そこにちいさな羽を持つ鳥がとまっていて、それでFの字のレタリングとした。エルテの絵も人気があったが、このアルファベット文字も大いに人気を博した。

椎根はどうしてもエルテと堀内を比較したくなる。ふたりは、ロゴも天才的にうまかったが、絵も、それぞれに誰のものでもない独創的な絵を残しているからだ。

ロラン・バルトは、エルテのロゴ＝文字についてこう記している。

「『モード』は、現代の精神と、その造形的、官能的、夢幻的体験とを読み取ることができると思われる最良の場の一つだからである。ところで、エルテは、半世紀もの間、『モード』の（そして、それにしばしば霊感を与え、あるいは、それに従属する『芝居』の）領域で絶えず働いていたのである。（略）エルテは、プラトンが神になぞらえた『言語建設者《ロゴテート》』に匹敵する記号建設者、言語活動創造者として崇められるべきである」（『美術論集』沢崎浩平訳、みすず書房）。

しかしエルテは、一種類のアルファベットしか創造しなかった。堀内は、日本語でも、英文字、フランス語でも傑作ロゴを残した。つまり堀内がエルテ以上の「言語建設者」といえるのではないだろうか。

その上、堀内は、芸術的かつ実用的な地図製作者でもあった。あのアンアン6号の「ベロちゃんが案内してくれたパリ」に挿入された見事なパリ全図。エルテは、地図を描かなかった。

カラー7頁「せーのー!!　アッハッハッ——ニューヨークで集めてきた服」。撮影、鋤田正義。モデル、麻生れい子、山佳泰子、石川理恵。ファッションディレクト、川村都。ヘア、石田ヒロ。

衣裳があまりよくない。ヒッピー大流行時代のNYだから、それも理解できるが、鋤田も困っているような感じだ。編集者がついてないと、こうなるという見本。堀内は、なんとかしようと、レインボーカラー、星マークを地にしいたが……。

カラー7頁「海はみずいろ　春はもうすぐ――」。撮影、斎藤亢。モデル、立川ユリ、マーク・シュウストン。衣裳、金子功。帽子、中村隆男。

斎藤はいつもの哀しみの写真ではなく、ニュートラルなファッション写真を撮った。淡い海光が全写真をカバーしている。これまで斉だったのが斎にかえて表記されている。斎藤は、いつも永遠にオトナになりきれない写真少年が、永遠にオンナになってほしくない少女に、オマージュをささげ続けているような写真ばかりを撮った。

現実の斎藤亢本人は、立木義浩、三朗以上の現代的ダンディだった。アントニオーニ監督の『欲望』の主演のデイヴィッド・ヘミングスという役者より格好がよかった。斎藤は、コシノジュンコと結婚していたが、この撮影時には別れて、アンアンによく登場した斎藤英生というモデルと結婚していた。

モノクロ2頁「新しいスーパー・スター　エルトン・ジョンの肖像」。米国の二大週刊誌、タイム誌とニューズウィーク誌に特集紹介記事を書かれた新人、それが二十三歳のエルトンだった。

この号は、ミロと都の、ハチャメチャなNYファッション特報記事に、ひっかきまわされた誌面だった。それが原因なのか、写真家、モデルの名前の記載モレが多かった。

ココ・シャネルの死

第25号創刊一周年記念号（一九七一年三月二十日号）。

表紙は「パリ・コレクション」の写真を使用。

カラー15頁「エル誌　パリ・コレクション'71」。解説は長沢節と、パリ特派員の山中啓子。

ここで長沢はクレージュを褒めているが、「今年のパリ・モードは不思議な静けさを秘めている」とオートクチュール界の衰退の予兆を感じたようなコメント。ウンガロが、クレージュ的類型を完全に脱皮し、新しいモダニズムの境地をみせた、と書いている。山中も、がっかりしたのはイヴ・サンローラン、良かったのはウンガロ、彼は新鮮で若いモード感をみせていた、と記した。

ふたりに賞讃されたウンガロは、ベルサイユ宮殿のパターン、庭園と樹木と通路の関係のような模様を新作プリント地に多用した。

このウンガロを、ヘルムート・ニュートンが三点撮影している。ニュートンはウンガロの作品だけを本気で撮ったという感じ。それにしてもニュートンは目にチカラのあるモデルを選ぶのがうまい。彼の撮るファッション写真は、いつもモデルの目がニュートンの意識を代弁している。

カラー5頁「三月　ひなの月」。撮影、立木三朗。モデル、立川ユリ。ディレクター、金子功。茶道、栗崎昇。きもの、浅野美津子。ヘア、松村真佐子。着付け、紀の国や美容室。

茶室のまわりの庭、そして茶席でのユリ、書院づくりの窓の前で人形と茶菓子をめでるユリ。この

「三月　ひなの月」撮影＝立木三朗　第25号（1971年3月20日号）より

ショットのユリの瑠璃色の小袖と朱色の帯、そして緋毛氈《ひもうせん》。畳の黒々とした縁《へり》。完璧な日本的色彩の洪水！　三朗はこの難しいシチュエーションをひとつの乱れなく撮っている。ヘアの松村も理想的な髪を結い、どうしても重くなりがちな日本の茶室をユリが適切な量の笑みで華やかに軽やかにした。

いつものことだが、栗崎が撮影に一枚くわわると、どんなカメラマンも一段上の写真を撮る。これはアンアン着物シリーズのなかの傑作のひとつで、トップの「パリ・コレ」の15頁をはるかに上まわる日本の伝統的美意識の存在感を如実にしめした一枚の写真となった。

この号の「ジャーナル」欄がココ・シャネルの死を伝えている。一九七一年一月十日、ココは自分の部屋のように使っていたパリのリッツホテルで死去した。その葬儀を写真で掲載。参列した女性はみんなシャネルの衣裳を身にまとっている。マドレーヌ寺院でおこなわれた葬儀にはサルバドール・ダリが、いつもの奇抜な格好でなく、普通のコート、スーツにネクタイ姿で参列した。この年のシャネルのコレクションは、ココの死の二週間後の一月二十六日に発表。最後の作品は、ツイードの英国調格子縞シャネルスーツに黒いネクタイだった。

　金子功が追悼の言葉をのせている。「ファッション界で一番大事な人がなくなったという感じ。シャネルが活躍した時代に勉強ができて幸せだったと思います」

「パリ・コレ'71」の写真に元気がなかったのは、ココ・シャネルの死が大きく影響したのかもしれない。

「issey miyake　ニューヨーク・コレクション」撮影＝加納典明
第25号（1971年3月20日号）より

　カラー6頁「issey miyake　ニューヨーク・コレクション」。撮影、加納典明。モデル、マリー・ヘルビン、山佳泰子。ヘア、伊藤五郎。

　堀内は第2号の三宅一生の人物紹介の時に使ったロゴを再び使用した。つまり現在も使っているブランド・ロゴを。衣裳はすべて、一生がNYでのコレクションで使った、布を貼りあわせたイブニングドレス。一生はこのシリーズを「ハンカチーフの展開」と名づけていた。

加納の、はじめての本格的ファッション撮影。担当の椎根もハラハラしながらのフォト・セッションだった。

一生の作品をまとめた写真集『East Meets West　三宅一生の発想と展開』（平凡社、一九七八年）では、この時にアンアンで撮られた加納の写真を見開きで使っている。加納の写真は、モデルの表情、特にくるぶしの緊張感、全体の動き、布のヒダ、背景（バック）の質感など、すべての点でバランスがとれている。

写真集『East Meets West』をみると、アンアンに掲載された加納と十文字美信の写真が計8頁使われていた。他のカメラマン、横須賀功光、操上和美、篠山紀信が一生の衣裳を撮った写真にくらべると、加納、十文字の写真は、元気で自由で、すこしも硬直したところのない、その時代の風を感じる。

カラー5頁「スポーツウェアだよ!!」。撮影、馬場佑介。モデル、難波マリ、小鳩くるみ、石川理恵。協力、美津濃スポーツ・ウェア。

アンアン女性スタッフの子ども時代の三大アイドル（松島トモコ、鰐淵晴子、小鳩くるみ）のひとり、小鳩くるみを、はじめてファッション頁に登用した。社員カメラマンの馬場佑介は、精いっぱい努力はすれど、写真のスミズミまでに神経がゆきとどいていない。難波のまっ赤なマニキュアを、落とさせればよかったのに。

馬場は、パンチ誌の編集者だったが、カメラマンとして働けるのなら、アンアンへいってもいいとの強気の発言で、創刊一年後の編集部へやってきていた。


第26号（一九七一年四月五日号）。

表紙。写真、ピーター・ナップ。コスチューム・デザイナー、高田賢三。特別定価二百円。

エル誌が撮ったケンゾーの衣裳を表紙に使っている。パリに店を開いてまだ一年もたってない高田賢三の衣裳が、エル誌に取りあげられるのは異例のことだった。大出世といういい方はおかしいかもしれないが、アジアの果ての国からやってきて、エル誌のファッション頁にチョイスされたことは、〝大事件!〟だった。

カラー15頁「古い古いインド、美しい美しい国」。撮影、吉田大朋。モデル、立川ユリ。コスチューム、金子功。詩、岸田衿子。

岸田衿子もインドに同行した。もちろんADの堀内誠一もインドにいった。おまけのようにスタッフのひとり、スタイリスト島本美知子も同行したが、はじめての海外旅行で、ヒト、ヒト、ヒトのインドに驚いてパニックになり、なんの記憶も残っていないという。トップの写真は、ピンクシティと呼ばれるジャイプールのユリ。

この特集のなかに、化粧した象に乗ったユリの写真がある。その象はタクシーだとキャプションにあった。象とファッション写真といえば、前にも記したリチャード・アヴェドンの代表的傑作がある。もちろん堀内も、アヴェドンのその写真を知っていたので、「ゾウの上のユリ」というショットを吉田大朋に撮らせたのだと思うが、インドの象はユリよりもはるかに豪華に化粧し、背にかけた部厚い毛布もファッショナブルだったため、アヴェドンのように傑作写真をものにすることができなかった。また金子の衣裳がよすぎて、それがインドの派手な毛布となじみすぎた。

大朋はここで一枚だけ凄い写真を撮った。あの有名なベナレスの川辺の沐浴台にすっくと立つユリ。そのユリをガンジス川に浮かぶボートから撮ったものだ。女性たちは全身を布で覆い壺を洗っている。男たちは紐のようなフンドシ姿で真剣に聖なる水をカラダにかけている。衣はガンジス川の汚れを吸

「古い古いインド、美しい美しい国」撮影＝吉田大朋　第26号（1971年4月5日号）より

い取って歴史の色になる。誰もユリに注目していない。だから、地味なパッチワークでつくられたツーピースを着たユリが銅像のようにみえる。大朋は、冥界に入りかけたような珍しいファッション写真をものにした。

当時のインドでファッション撮影をすることほど大変な仕事はない。カメラをとりだしただけで数百人の野次馬があつまり、モデルやカメラマンの衣類の端や、腕にさわってくる。

大朋は、ワンカット、今日的ファッション写真も撮っている。スタッフはジャイプールからアグラまで普通の汽車で移動したのだが、ある駅で停車中、ユリは汽車のタラップから降りて、右手に視線をやると、その上の窓には子どもがふたりのぞいていた。ユリのそばには、車体と同じ色のスカーフを頭から被った女性。別の乗降口から、顔と足だけが白衣からでている男。貧しげな民衆……。この一枚の写真が、さりげなくて、現代的。美しい風景がバックでなかったから、大朋は写真に集中できた。

インドにつづいて、カラー7頁「ネパール——白い神々の座の下へ」。撮影、吉田大朋。スタッフはインドと同じ。

トップの写真は、赤い服の上下に黒い帽子のユリがカトマンズの雑踏の中でリキサー（人力車）の運転手になったという設定。ここに登場する衣裳は、金子功とユリが現地で買いこんだもの。すべてヒツジやヤクの毛で荒々しく織られた衣類だけで構成した。ブーツは左右とも同じ型という素朴さ。

ダマンの高台の写真は、ヒマラヤ山脈が一望のもとに見渡せる絶景の撮影スポットのものだったが、ピーター・ナップがエル誌のために撮ったバーミヤン谷風景と同じ雰囲気があった。

絶景、美しすぎる風景は、カメラマンにとって毒のようなもので、全部を入れようとすると必ず失敗する。バーミヤンの谷で仏像を隠して撮ったピーター・ナップはそれを知っていた。

インド、ネパールのどの写真をみても、ユリの元気だけがきわだっている。あの細いユリのどこにそんなエネルギーが、ひそんでいたのか。

それにくらべると大朋の写真は、インド、ネパールの人々、風景のエネルギーに圧倒されっぱなしにみえる。

カラー見開き「あなたが今度、ここに旅行されるときのために……」。堀内のインド・ネパールのロケーション・メモ（マップ＆イラスト）。堀内の「ネパールの人たちは、日本人と同じ顔。春日八郎や加納典明みたいな顔が多い」などの説明文が楽しい。

デスマスク・モデル、ジェーン・フォース

第27号（一九七一年四月二十日号）。

表紙。撮影、立木三朗。モデル、秋川リサ。衣裳、サンローラン・リヴゴーシュ。

編集長がまたかわった。清水達夫から木滑良久になった。一年と一か月の間に三人の編集長が誕生したことになる。やはり副社長と編集長の兼務は両立しなかったのだろう。清水は発行人に戻った。

カラー7頁「卒業――秋川リサと田坂都の場合」。撮影、辻幣（社員）、辻道宣（社員）。

リサが文化学院の英語科を卒業し、高校三年間をすごした駿河台の丘の上を去る日がきた。田坂も日本橋女学館を十八歳で卒業。ふたりの卒業式前後を、社員カメラマンがドキュメンタリー風に別々に撮った。ふたりが一緒の写真はない。リサは三朗の撮影じゃないと、あまり可愛くない。田坂は、雨の日のセーラー服、革カバン姿がやるせなく、しんみりとさせる写真となった。経費節減をはかろうとの新編集長、木滑の判断で社員カメラマンの登用となったのか。

カラー6頁「水の上」。撮影、新正卓。モデル、立川ユリ、ラインハート・カワローウ。衣裳、金子功。ヘア、石田ヒロ。

豪華客船上の、ジゴロと情婦という設定。金子得意の柔らかい布を使った衣裳がいい。新正の写真は、これまでもアンアン誌に掲載されていたのに、この6頁だけは他のファッション誌の写真みたいにみえる。いつもなら大朋が撮るテーマだったのが、なぜか新正になっているからか。大朋なら、も

っとアブラっぽく撮ったろうが、新正にはそれが感じられない。貸スタジオ化していた豪華客船での撮影なら、そこになにかひとつアクセントになるものをプラスしなければならなかった。栗崎の花とか、もうひとりの外国人男のモデルとか……。当時、新編集長木滑良久にモーレツな売り込み攻勢をかけていたのが新正卓だった。

カラー5頁「高田賢三ファッション　プリーツ」。クレジットが、撮影、斎藤允となっている。あきらかな誤字。本人は訂正を申し入れなかったのか。ゲラは斎藤もチェックしているはずなのに。プリント・デザイン、安斎敦子。モデル、田上ジーナ。ヘア、石田ヒロ。ポップ調にあきあきしていた賢三が、安斎の〝人の心の美しさ〟がでるプリントを気に入って、チュニック、ワンピース、短いスカートをデザインした。

この斎藤亢の写真の背景の選択に微妙なものを感じる。アンアンの場合、堀内が直接担当しない時は、写真家、編集者の主張が優先されたのだが、この写真は古びた教会がメインで、ほかは、マリリン・モンローの大きな写真のある場所だった。読者は二種類の企画と思ったのではないか。

カラー4頁「ロマネスク・メイク・アップ」。撮影、川人忠幸。モデル、松尾ジーナ。メーキャップ、芝山サチコ。ジーナの顔に、モザイク調、ステンドグラス調、紋章調のメイクをほどこした、美しいとか、美しくないとか、それ以前の写真となった。

モノクロ2頁「ジョンとヨーコの世界」。アルバム『ジョンの魂』発売を記念して、ふたりが窓辺でそのアルバムを手にしている写真が掲載された。カメラマン名はなし。「GOD」と「LOVE」「MOTHER」の曲の訳詞をのせた。

カラー11頁「エル誌ファッション――クレタ島の春」。写真、ロジャー・ゲイン。モデルの衣裳よりも、クレタ島の老人たちの黒い服が目立つ。クレタの風土、ロバたちとそこに住

「ジョンとヨーコの世界」撮影＝不明　第27号（1971年4月20日号）より

む女性たちの年輪が、パリ・ファッションより新しく感じられた。

カラー5頁「色いっぱいのサンダルです」。撮影、立木三朗。モデル、斎藤英生、ハニー・レイヌ。絵と文、大橋歩。シューズデザイン、高田喜佐。ヘア、石田ヒロ。協力、原宿ノンノン、ミルク。

靴デザイナー高田喜佐のアンアンデビュー。サンダル調の靴だけではもたないと思ったのか大橋歩の大きなイラストがバックに使用された。三朗も、撮りにくそうにしている。

木滑編集長になって、原宿マドモアゼルノンノンの商品が誌面に露出することが多くなってゆく。

第28号（一九七一年五月五日号）。

表紙。撮影、タッド若松。モデル、鰐淵晴子。コスチューム、金子功。鰐淵がユリのポーズをまねしているが、目がかしこすぎて、金子の衣裳までこわしている。

目次わきの欄で、晴子のパートナーでもあるタッドが「ただ美しいだけの人形ではなくなった晴子」といっている。本人のキャリアもついていて、タッドは多摩美写真科を中退して一九六二年に渡米。リチャード・アヴェドン、バート・スターン、HIROのアシスタントを務めた、とある。

カラー9頁「あの頃」。撮影、立木義浩。モデル、立川ユリ、ヨセフ・ラブ。コスチューム、金子功。花、栗崎昇。ヘア、松村真佐子。詩、矢川澄子。

映画『地獄に堕ちた勇者ども』に触発されたか……。陰湿なイメージになりかねないところを義浩の端正な写真が救った。義浩はユリに軽妙な振り・ポーズをさせている。たとえば大きなソファに横たわっているユリの左足が袖もたれに、右足は床につき、そして右腕で頬杖とか。ユリの頭上には黒い制服の男がいる。ユリのかぼそい脚の所在なさげさが、この写真を完成させた。

テーマは男と女が出会って、すぐ別れるということ。「ぶつかって　こわれた　ただ　それだけ」。詩人・作家の矢川のこの詩が最高にいい。それで充分、この写真をいいつくしている。

しかしこの写真が、他の類似の写真から際立っているのは、栗崎昇の花の力だ。すべての思想、世界観をゼロにしてしまう力強い花たち。トップ写真の口紅をさすユリの背後に活けられた四、五本の黄藤《きふじ》の、解毒力を持っているかのような萌黄色《もえぎいろ》。また四尺四方、絢爛豪華な投入花《なげいればな》の山。悪も色欲も昇天させてしまう栗崎の花の力！　アンアン耽美写真の傑作であり、義浩の無思想性だけが撮りうる秀作だ。その耽美の世界をささえた金子の衣裳も目立たなくてよかった。ユリは的確な表情で写真をささえた。

カラー4頁「プーくまとホットパンツ」。撮影、立木三朗。モデル、山佳泰子。コスチューム、西村ヨシコ。ヘア、伊藤五郎。帽子製作、野谷久仁子。文、工藤直子。

当時ハヤりにハヤっていたホットパンツ。ファッション的には、現在でも店頭で売られていてもおかしくないものだ。三朗は西村の感性にあおられて、とっちらかった写真を撮ってしまったが。

黒ジャケット、共布のパンツ、白水玉のブラウスのショットでは、モデルの開いた脚のあいだに、ブリキの機関車、左手にはヴァイオリン、右手には絃、ソファの袖の下にはバラと燭台があり、そのバラを写したいのか写したくないのか、三朗はそのまま放りだしている。シャッターを押す前には、そういう細部の整理が大事なのだが。これは編集者の責任か。

カラー5頁「カラータイツ」。撮影、八十島健夫。モデル、キャロル・アウタベリー。協力、スワン渋谷店。ベルト、西武カプセル。

欧米のファッション誌には、気のきいたシンプルな写真が時々でてくる。そういうイメージを求めて担当の椎根が八十島と話しあい、企画したもの。八十島は、スタッフ募集に応募してきた五千人のなかから、椎根が京都大学理学部地球物理学科中退というキャリアにひかれて、神戸から上京してもらったカメラマン。

写真は狙い通りなものになった。アーヴィング・ペンの名作「花」のようにという椎根の希望通りに八十島は撮りあげた。彼は化学実験をす

「あの頃」撮影＝立木義浩　第28号（1971年5月5日号）より

るようにカラー・フィルムをためし、ライティング、現像所への注文も、キッチリと自分の考え通りに、フィニッシュまでもっていくタイプの写真家だった。レイアウトも堀内がシンプルにまとめ、米国風の洒落た頁になった。

カラー2頁「おしゃれさんのジョリ・メイク」。撮影、斎藤亢。モデル、立川ユリ。ヘア、石田ヒロ。協力、マリークワント。

大人気だったマリークワントの化粧品を使ってのメイク集。いつも可愛いユリの顔がすこし気味が悪い。斎藤が、〝カワイイ〟〝哀しみ〟を放棄して撮った。髪の毛の乱れ具合が理想的。

カラー11頁「エル誌　フリーな心で着こなす服」。写真、ピーター・ナップ。ほとんどロンドン・ポップ調の衣裳。

カラー2頁「これがファッション写真だ！展――アンアンと15人の一流カメラマンたち」。

アンアン誌に掲載されたファッション写真のなかから、堀内誠一が選んだ傑作写真を大型サイズに引き伸ばした写真展の告知。日本橋髙島屋で開催された。会場構成も堀内が手がけている。その十五名のカメラマン名は以下の通り。新正卓、細江英公、加納典明、長浜治、大倉舜二、斎藤亢、坂田栄一郎、沢渡朔、篠山紀信、鋤田正義、立木三朗、立木義浩、タッド若松、与田弘志、吉田大朋。（五十音順）

第29号（一九七一年五月二十日号）。

表紙。エル誌の写真。写真、アンドレ・カララ。モデルの名なし。

カラー6頁「デスマスク・モデル　幽玄を着る――ジェーン・フォース」。撮影、加納典明。ファッション・デザイン、菊池武夫。テキスタル・デザイン、アントニオ・ロペス。ヘア&メイク、芝山サチコ。

アンディ・ウォーホルが生みだしたスーパースターたち、ウルトラ・ヴァイオレット、イーディ、ヴィヴァ、インターナショナル・ヴェルヴェット。そして当時最新のスーパースターが、ジェーン・フォースだった。

ジェーンがモデルとして来日するというニュースを耳にした椎根は、すぐに撮影プランをたてた。三宅一生の衣裳を撮った写真がよかったので、撮影は加納典明にした。

ジェーンはホテルに泊らず、ファッションジャーナリストの大石尚の南青山のマンションに滞在していた。ジェーンは来日すると、〝能面マスク〟と名付けられたが、椎根は〝デスマスク・モデル〟と表現し直した。

加納の四ショットは、どれもパーフェクト。シューティング中に椎根は、つい「マーベラス」「ファンタスティック」「ファビュラス」と、ロンドンでおぼえた欧米カメラマンがモデルをふるいたたせる賛美用語を連発した。

衣裳はあまり関係なかった。ジェーンの顔だけが写真を支配した。衣裳が消えてしまったかのようにみえるということはファッション写真にとって理想的といってもいい。

椎根はキャプションに、「密林みたいなニューヨークのそのなかでも、とりわけ大蛇やトカゲみたいにキラキラ輝いた皮膚を持った爬虫類、アンディ・ウォーホル、アントニオ・ロペスといったバケモノがいっぱい生息してる地帯にしか生まれない人間」と書いた。ロペスはプエルトリカンでこの写真の衣裳のテキスタル・デザイナーでありエル誌のモデルもしていた。

堀内誠一は、レイアウトに余分なものをいっさい入れなかった。四カットとも裁ち落とし。

これは堀内が写真に満足した時の典型的なレイアウトで、トップページの下の部分に、加納典明、ジェーン・フォースと、同じ大きさで入れ、上部にNYタッチの英文ロゴでジェーン・フォースと入れた。篠山が玉三郎を撮った時のページ構成とまったく同じレイアウトだった。

ジェーンはアンアンの撮影後も数週間滞在した。しばらくすると大石さんから椎根に、「ジェーンが、ご機嫌ななめなので、ちょっと来てほしい」と電話があった。あわてて大石宅を訪ね、ジェーンと二、三時間お茶を飲みながら、カタコトの会話をポツリポツリとかわした。二度目にいった時には「椎根さんが来てくれるとジェーンが機嫌がよくなるの」と大石さんにいわれた。帰国する前夜も呼ばれ、ジェーンに、NYに来たらここへ電話して、とちいさな紙片を渡された。

数か月後、取材でNYへいった椎根は、貰った電話番号のダイヤルをまわした。アドレスを教えられ、ユニオン・スクエアへいくと、そこはアンディ・ウォーホルの大鉄鋼会社みたいな荘重な事務所で、ジェーンはそこで働いていた。ジェーンの腹は西瓜《すいか》を入れたように大きくふくらんでいた。

東京滞在中のジェーンの不機嫌はツワリだったのだ。もちろんシングル・マザーなのだが、その相手は、男性スーパースターのひとりだと噂できいた。

カラー7頁「Tシャツ　リパブリック賛歌!」。撮影、立木三朗。モデル、立川ユリ、ジャン・ピエール、その他九人の日本の若者。コスチューム、松田光弘。

ユリと十人の若者たちのTシャツ姿に三朗もお手上げ状態。芸能写真的に十人の若者をジャンプさせたりするしかなかった。三朗のウデが悪いというのじゃない。このまとまりと緊張感のなさは、新編集長木滑良久が、頼まれるとイヤといえない性格が原因だったと思う。

胸に十二星座マークをプリントしただけのTシャツをつくって、それを木滑とユリに押しつけた衣裳の松田も悪いが、木滑の、その寛容すぎる抱擁力と安易な妥協を、八方美人ではなく〝十六方美人〟だと、椎根は批判し続けることになる。

「デスマスク・モデル　幽玄を着る――ジェーン・フォース」撮影＝加納典明　第29号（1971年5月20日号）より

カラー8頁「コージズキンの世界――メルヘンのイラストレーター鈴木康司」。

堀内が若手のなかで一番高く評価していたイラストレーターの鈴木康司。鈴木について、美術評論家の日向あき子は「夢と幻覚の響きを山や湖や森や原始の遠くからよびよせる」、宇野亜喜良は「日常性を超えた純粋な幻想の世界のなかに漂う妖気の、なんと美しく蠱惑的なことでしょう」と記している。カメラマンの立木義浩、沢渡朔、大倉舜二も〝コージズキンの世界〟の大ファンだともあった。

モノクロ4頁「母の日」。急に婦人雑誌になったかのような企画。鳥居ユキと母、佐良直美と母、コシノジュンコと母、堀切ミロと母、岩崎トヨコと母。

このなかに平良多叡子《たえこ》と娘、陽右子（十八歳）とあって、椎根はビックリした。

当時の六本木には、サッと飲めてすぐに帰れるバーがすくなかった。そんな理由で椎根がよくいっていたのが、ゴトウ花店のそばのビルの二階にあった「ナイト&デイ」。店内は禁酒法時代のシカゴのクラブのような雰囲気だったが、接待する女の子はいなかった。

椎根はいつもひとりでいっていたが、他も全員ひとり客で、得体のしれない外国人ばかり。この時代の六本木は、NYマフィアの東京駐在員、CIAの諜報員、近くのソ連大使館のスパイが自由に活動していたというが、客同士の会話はいっさいなく、いつピストルが火を噴いて、鮮血が流れてもおかしくないような雰囲気だった。マダムだけが鵜飼の鵜をあやつるように、ひとりひとりと会話をしていた。

マダムはいつも竜宮城の乙姫さまのようなヘアスタイルに、羽衣のようなジョーゼットのロングドレスを着ていた。客もそうだが、マダムもまさに正体不明が歩いているようだった。

そのマダムがアンアン誌に娘と写真入りで登場したのだ。しかもここに載っていた話が想像を絶していた。マダムは、外国人客には〝ママ・ギンバシャ〟と呼ばれ、娘の陽右子は聖心女子大学に通っていて、月のお小遣いが九十万円。マダムは離婚十三回を誇る沖縄のキャバレー女王。沖縄だけで十の店を持っている。近く赤坂に〝竜宮殿〟を開店するのだけど、その店は、陽右子にまかせる。陽右子は、貯金が五億円あるから大丈夫、と五十円玉を貰ったみたいな子どものような顔で語っていた。この記事をみた椎根は、二度とナイト&デイの階段を昇ることはなかった。

当時の六本木で待ち合せといえば、クローバー、エリーゼ、ジャーマンベーカリーという喫茶店だった。アマンドは編集者たちに人気がなかった。食事は交叉点角の、みのち庵、香妃園、ステーキスギヤマ、京のおばんざい料理の山麓。金を持ってないヒトは六本木食堂。飯倉方向へいくと左側には、フランス料理ロジエ、ステーキハウス竜があったが、高すぎて誰もいけなかった。椎根が好きだったのは、ロジエの前をすぎてすぐにあったラ・ストラーダという大型喫茶店。ここは十分に一回、なぜか大雷鳴がとどろきわたった。

モノクロ4頁「あぐの双眼鏡」。撮影、斎藤亢。モデル、結城アンナ、ロイ・グレース。詩、酒井チエ。ヘア、石田ヒロ。

衣裳デザイナーの名前はない。斎藤の心象風景写真とでもいうのだろうか、ファッション写真ではない。浜辺で失恋したような顔のアンナが古くて白い洋風ネグリジェで佇んでいる。しゃがみこんでいるシーンもある。いつも双眼鏡で遠くをみている男のコがいる。どうもその男のコが〝あぐ〟というらしい。アンナは怪奇映画のおびえる若い娘の表情をしている。アンナのかたわらには、必要ないのに半枯れの花がおかれている。哀しみを無理に表現しようとすると、いい写真が生まれにくい。斎藤には、枯れた花のかわりに狂気を置く勇気がなかった。

カラー11頁「エル誌ファッション　見つめさせちゃう」。写真、ベン・サイモン。エマニュエル・カーンの横縞ニットの服。ハリー・ペチノッティが2頁でアクセサリーを撮影。

「ジャーナル」欄で、高田賢三がパリで大人気、エル誌がケンゾーのことを〝コットンの詩人〟と呼んでいるとある。彼の店ジャップを「気違い沙汰。狂っていて詩的でイカしてる」とフランス・インテリ風に評した。もうひとつ、山本寛斎がロンドン、キングスロードでのショウのために、大多忙の日々との紹介。音のでる服も用意した、とある。

一流写真家が一流女優の全裸を撮る

第30号（一九七一年六月五日号）。

表紙。撮影、立木義浩。大型バイクを運転する男性の前にワンピース姿でまたがる立川ユリ。衣裳、金子功。ライダー役、ピーター・フィールド。

カラー7頁「やまもと寛斎イン・ロンドン」。撮影、篠山紀信。モデル、キャンディ、シーフーン・ベレントソン、長谷川カヨ。コスチューム、山本寛斎。ヘア&メイク、芝山サチコ。スタイリスト、北島のりこ、高橋靖子。靴、斎藤淳。現在もスタイリストとして活躍する高橋靖子がアンアン初登場。

担当の椎根はこう記した。「コスチュームのすみずみまではめこまれた蛮勇といってよいほどの荒々しさ。そこには、日本人が無理に忘れさってきた〝ニッポン〟が生きかえったのです」

第29号でエル誌に紹介された高田賢三評に「ケンゾーのデザインが東洋的じゃないことを〝フシギ、フシギ〟」とあったが、寛斎は、歌舞伎衣裳を超ポップにアレンジした。歌舞伎の大作を二、三本みたようなコーフンと疲れを感じさせる大撮影大会となり、誌面にも迫力とスペクタクル性があふれた。

篠山が急に8×10（エイト・バイ・テン）という大きなフィルムで撮りたいといいだし、スタジオ常備のバルカー（照明装置）だけでは光量がたりなくなり、椎根は他のスタジオに頼んでかきあつめ、約十台のバルカーを同時にたいて撮影した。8×10のフィルムは一枚八百円だったと記憶している。

結局、篠山の写真は、エディトリアル写真ではなく、大ポスター用の写真を四枚撮ったようなものとなった。

撮影は、麻布スタジオ。当時の東京には、まだスタジオがすくなく、アンアン編集部が使っていたのは、おもに赤坂スタジオ、六本木スタジオだった。

カラー5頁「インカファッション」。撮影、八十島健夫。モデル、秋川リサ、ドミニック・ルコール。衣裳、ユーヤ・ナガハタ。

担当の椎根は、アーヴィング・ペンの傑作「インカの末裔の子どもたち」の写真をみせながら、インカ・ファッションをやろう、と八十島にいった。背景の布地は、椎根があつめていた南米調のジュータン、布を使った。ナガハタには、南米の市場のドキュメント写真をみせ、デザインの参考にしてもらった。

八十島は、驚くべきことにA・ペンの色調におそろしく近づいた写真を撮った。リサはペルーの農婦が使っている指がでる手袋や足指のでる靴下をイヤがり抵抗したが、そのフクレッ面が、インカの子どもたちの霜ぶくれしたような顔にそっくりになり、効果的だった。

堀内は新人の八十島の写真に納得したのか、誌面の端全体に細いワクをつくり、そこを十種類以上の色の手描きで飾り、カラフルなペルーの市場のような雰囲気で盛りあげてくれた。

カラー7頁「ラブリィ・ライダー」、地獄行きの天使」。撮影、立木義浩。モデル、立川ユリ、ピーター・フィールド。衣裳、金子功。ヘア、松村真佐子。詩、白石かずこ。

ユリが、いままでみせたことのないハードな表情で写真をひきしめている。義浩も、大型バイク、トライアンフの上のユリを優雅なヘルスエンジェルス風に撮った。ユリのふとももをみせたライダーぶりは不思議と下品にならず、彼女のモデルとしての演技力をあらためて認識させた。

米国ではヘルスエンジェルスが話題となっていて、長浜治がNYのヘルスエンジェルスの恐怖の写真を撮っていたが、堀内は、それをアンアン風にアレンジした。

カラー7頁「19歳　リサの誕生日」。四人のデザイナーがリサの誕生日を祝って衣裳をつくり、それを四人のカメラマンが撮影した。

菊池武夫→沢渡朔。雨のビルの屋上、コカコーラの赤いベンチにすわるリサ。隣りには黒ネコがいる。沢渡が〝ビルの屋上のアリス〟という雰囲気をうまくだしている。衣裳も雨によくあっていた。

中谷武則→立木三朗。船長風の白いジャケットに白いホットパンツのリサが、左側からジャンプして右へ移動する七枚の連続写真。白バック地で撮影したので、衣裳もリサもボンヤリしてしまった。

松田光弘→斎藤亢。ポルシェのリアによりかかる白いマリン調スーツのリサ。完全にポルシェの広告みたいにみえた。ということはこの写真はよかったというべきなのかもしれない。

山本寛斎→長浜治。歌舞伎調忍者ファッションのリサがイキイキしている。四人の写真のなかでは、ベストといいたいほどの躍動感をリサから引きだした。長浜はNYでのヘルスエンジェルス撮影の興奮をそのまま残していた。

モノクロ3頁「タイハイTシャツ」。撮影、八十島健夫。モデル、ドミニック・ルコール、ドナ・ペインター。衣裳、ユーヤ・ナガハタ。

いつもヘンなことばかりをやっていた八十島、ナガハタ、椎根のトリオが、世界中のロック・フェスへいっても誰も着ていないものをつくろうというコンセプトでTシャツを制作した。アンアン編集部の近くにあったパブ・カーディナルの、ロンドンから持ってきたという重厚な黒革のソファが、チープなTシャツによく似合った。モデルのドナも、少女から脱皮する寸前の、いやらしい視線を発光していて、写真に重さと得体のしれなさを与えている。Tシャツのパターンは浮世絵風の波頭、華々

「19歳　リサの誕生日」撮影＝長浜治　第30号（1971年6月5日号）より

しい戦国時代の陣幕から借用した。

「ジャーナル」欄で、立木義浩が自分のプライベイトライフについて話している。「食事は一日一回。お米をみるとさ、すぐ眠くなってくる。だってあの一粒一粒かたちのあるのを食べるかと思うと、胃がかわいそうで……」

義浩が、第一線のカメラマンとして長期間活躍できたのは、こうして日常的に狂気を飼育しているからだろう。


第31号（一九七一年六月二十日号）。

表紙。撮影、立木義浩。モデル、立川ユリ。衣裳、金子功。フラワーデザイナー、山上るい。帽子デザイナー、中村隆男。特別定価二百円。山上のドライフラワーばかりが目立つ写真だった。でも、いい写真。

カラー7頁「PRIVATE——まりこの私生活」、モノクロ7頁「PRIVATE」。撮影、立木義浩。モデル、加賀まりこ。

一流の女優が、一流写真家によって全裸を含めた私生活を撮ったはじめての企画。この撮影は、毎日新聞社から写真集として発売され、池袋西武百貨店では写真展が催行された。どちらも「PRIVATE／私生活」というタイトルだった。

フランスの農家の庭先で、金色のパイプのベッドの上で、別荘の窓辺で、全裸のまりこの、どこかギコチない写真。

後年、篠山紀信が宮沢りえを米国に連れていって『サンタフェ』（朝日出版社）という写真集をつくり、大ヒットしたが、それは篠山が彼女のヘアまで表現する冒険を試みたためだった。「PRIVATE――まりこの私生活」には、冒険心がなかった。

義浩は記している。「12カ月にわたる撮影中、何回いや何十回もやめようと思った。彼女の喜怒哀楽にほんろうされ、ぼくにあるのはただ〝忍〟の一字。ポーズをたのんだことは一度もない」

加賀まりこ、いわく。「タッチャンの写真て、すごく無機的で、淡白に美しいでしょう？　モデルに選ばれたからって、きれいに撮ってほしいとは思わなかった」

この写真の問題点は、生まれながらの天才写真家、義浩に十二か月という時間を与えたことだ。この写真集のアートディレクター役はカメラ毎日誌の山岸章二。義浩の最高傑作「舌出し天使」も山岸の独断的アイデアでできたものだったが、撮影期間は二週間ほどだった。

十二か月もかかると制作費のことを考えただけで、楽天家の義浩も気がめいってしまったことだろう。「私生活」というタイトルも、ルイ・マル監督、ブリジット・バルドー主演の映画題名をそっくり借りている。「舌出し天使」の時は、寺山修司、和田誠、草森紳一などの気鋭の異才たちがフォローしていた。

モノクロ写真に、パリのアーティストの部屋で撮られたスナップ風写真がある。まりこはフランスの若者の肩に顔をのせている。そのうしろに、リチャード・アヴェドンがルック誌のために撮ったビ

「PRIVATE ――まりこの私生活」撮影＝立木義浩　第31号（1971年6月20日号）より

ートルズのポスターが二枚貼ってある。

サイケデリックな色彩の洪水のなかで目をまわしているジョン。彼のメガネには印刷技術の処理がほどこされ、クルクルまわる色彩がはめこまれている。もう一枚は、モノクロで四人の顔が横位置に、ヒマラヤの八千メートル級の巨峰のつらなりのようにならんだもの。

ちなみに、このアヴェドンの写真の撮影はロンドンのスタジオでおこなわれた。アシスタントをつとめたのは、アンアン第15号ロンドン特集のカメラマンの与田弘志。撮影は二日間、ビートルズは、一人ひとりバラバラにスタジオにあらわれた、と与田は証言している。

そんな歴史的な傑作写真を自分の写真のなかにさりげなく取りこんでしまう義浩の勇気は認めるので、まりこにも彼女の最大の美質、蛮勇をだしてもらって、たとえばパリの有名レストランで、他の客がいるにもかかわらず、まりこひとりが全裸で食事をしているショットとかがほしかった。

カラー7頁「海の忘れもの」。撮影、斎藤亢。モデル、立川ユリ、マリ。詩、岸田衿子。衣裳、金子功。ヘア、松村真佐子。帽子、中村隆男。

海辺で絵を描くエプロン姿の姉妹のトップの写真に、堀内は岸田衿子の名前と同じ大きさで斎藤の名前を並べている。篠山、玉三郎の時より、すこしちいさめだが、堀内が写真に満足した時の証拠。

見開き2頁の写真では、ふたりが海にむかって立ち、そこまでの足跡も海にむかっている。これを海からこちらにむかって歩いた足跡にして、ふたりが海を眺めている写真にすれば新しいファッション写真になったかもしれない。

カラー5頁「ちびっこ神さま」。撮影、立木三朗。モデル、斎藤英生、デビット・アイルランド。文、ソネ真理。衣裳、荒牧政美。ヘア、石田ヒロ。

このマドモアゼルノンノンの宣伝写真のような苦しい撮影のなかで、三朗は一枚だけいい写真を残している。それは無機質な壁の前でのスケボー少年と英生の無関係の面白さ。

モノクロ7頁「ジス・ガイ バート・バカラック」。撮影、千葉允（社員）。大ヒット曲を連発した米国のソングライターの来日公演を追いかけたもの。今野雄二が構成を担当。

モノクロ4頁「ちいさな宝物たち」。撮影、有田泰而。モデル、立川ユリ。ヘア、松村真佐子。協力、ニコル、マドモアゼルノンノン、ミルク。

これも広告みたいなものか。有田もこの苦しげな状況のなかで力を感じさせる写真を残した。ユリの、どんなミニアクセサリーをつけられても全力をだしきり、小物をひきたてようとする姿勢もモデルの鑑というしかない。

モノクロ5頁「遠くの知らない海では小雨」。撮影、有田泰而。モデル、日野とも子、ドミニック。ヘア、石田ヒロ。協力、マドモアゼルノンノン、サンローラン・リブゴーシュ、ミルク、ひよしや。

エッセイ、大橋歩。

雨の海岸、そしてモノクロ、というファッション撮影に最悪な状況でも、有田は努力している。たとえば、海辺にベンチを持ちだし、トランプ遊びをするトレンチコートのモデルのシーン。有田の執念は、その雨空にゴム飛行機を飛ばして写真になにかをもたらそうとしたところにあらわれている。

この号では、このようにマドモアゼルノンノンの1頁ですみそうな衣裳、アクセサリーが三本の企画として登場した。新編集長、木滑のやさしすぎる性格がそうさせた、と善意に解釈するしかない。

カラー3頁「6月のうみ」。撮影、沢渡朔。衣裳、西村ヨシコ。ヘア、伊藤五郎。モデル、ナンシー村井。帽子、野谷久仁子。

沢渡は、夏直前の晴れ間に、フランスのバカンス調の写真を楽々と撮った。

カラー4頁「エル誌インテリア　海辺のちっちゃな家」、カラー6頁「エル誌ファッション　カプリの太陽」。写真、新人のパトリック・デマルシェリエ。

この写真はそれほどでもないが、パトリックは一九九〇年代、ハーパーズ・バザー誌の新しいアートディレクターになったファビアン・バロンのもとで、数々の名作を残している。

日本の写真家から学ばなかったカメラマン

第32号（一九七一年七月五日号）。

表紙。撮影、立木義浩。衣裳、金子功。ジェーン・バーキンとセルジュ・ゲンズブールが表紙に登場。

なぜかセルジュはトレードマークの無精髭をそり、義浩のカメラの前に立ったが、火のついたタバコは手放さなかった。バーキンは、金子デザインの矢絣と鹿の子模様プリントのワンピースを着ている。ちいさな赤と白の日本的パターンがバーキンによく似合っている。バーキンは、有名なふとももの美しさを、あらわにみせている。義浩はそういう事情をまったく知らずに、本能的にバーキンの魅力の源泉を撮ったのだろう。

カラー7頁「あの処女地の方へ」。撮影、斉藤亢。モデル、立川ユリ。衣裳、金子功。ヘア、松村真佐子。先号までは斎になっていたが、斉に戻っている。北海道の海ぞいの原野での撮影。トップの写真。ユリが衣裳の汚れを気にせず、砂地にくるぶしまで埋めて、いい表情をしている。いつもの花束ではなく、バッグに麦藁をあふれでるほど入れたショットもよい。花もでてくるが野生の福寿草なので、写真がすくわれている。ユリはどのショットでも意志的表情にこだわり、斎藤得意の〝哀しみムード〟を拒否した。

カラー5頁「おんなシルビー——シルビー・バルタン」。撮影、沢渡朔。文、桂宏平。桂は撮影時にまっ赤なバラを五十本持っていった。それがシルビーのブロンドの髪、ブルーの衣裳とよく似合う。沢渡は、いつもの少女趣味をださないで、威風堂堂と撮った。シルビーは交通事故の一年後であったが、端正な美貌の輝きをみせていた。このぐらいの美を目の前におかれたら沢渡でなくても、正統的に写真を撮るしかない。しかし沢渡は裁ち落し見開きで、金髪の乱舞のなかのシルビーの顔に残る事故の傷跡を、リアルに撮った。

カラー5頁「鏡の時間」。撮影、立木三朗。モデル、立川ユリ。ヘア、松村真佐子。きれいな下着を身につけて自分の部屋でひとり夜の時間をすごすユリ。他にいるのは、黒猫だけ。アンアン最高のエロティックなファッション写真。ファンデーションとして、ブルジェ、イメック、

「あの處女地の方へ」撮影＝斉藤亢　第32号（1971年7月5日号）より

ルウ、メイドンホームとある。

カラー5頁「カノジョとカレのシャツスタイル」。撮影、立木三朗。モデル、アラン・メリル（男）。立川ユリ、マリ。秋川リサ、ジェン・ガレキ、ジリアン・キルナー。衣裳、金子功。ヘア、石田ヒロ。帽子、中村隆男。

金子は、カジュアルなものが得意ではないことがわかる。しかもモデルが六人もいて、三朗も困っている状態。レイアウトも苦労している。

モノクロ4頁「夏の夜のボイルの服」。撮影、斎藤亢。モデル、斎藤英生。ヘア、渡辺一雄（シバヤマ）。衣裳、原宿ミルク。

同じ号で、同一人物の名の表記が違っている。ふたりの担当編集者がいて、それぞれの思い込みのせいで相違したか。

ゴージャスな場所（パブ・カーディナル）に、豪華な衣裳、それに遠慮がちに百合の花。斎藤亢は、すでにアンアンに登場した場所で撮るクセがあった。テーブルにシャンパンを置けばいい、というものではない。

カラー9頁「エル撮影隊　ブリジットのアフリカ行き」。写真、ピエール・ベルドイ。モデル、ブリジット。文、工藤直子。

エル誌がアフリカ、セネガルのダカールの浜辺で撮影したもの。ファッション頁なのか、ブリジットというモデルのファッション・ポートレート写真なのか、リゾート地案内なのか、さっぱりわからない。堀内誠一ひきいるアンアン撮影隊の写真のほうが、企画力、実行力、写真ともに数段、まさっていることを、この写真は、証明してくれたと椎根は思う。

モノクロ2頁「ニール・ヤングの叫び——それは男の悲しみ」。LP『4ウェイ・ストリート』の発売を前にした記事。クロスビー、スティルス、ナッシュの三人組に合流したニール・ヤングの魅力を、今野雄二は「こんな悲しい声があっただろうか?」と書いた。開拓時代の衣裳を着こんだ四人組ともうひとり、アフリカ系カウボーイが映った、渋味のあるジャケット写真。残念ながら、この写真を撮った写真家の名は記されていない。もうひとつのLP紹介は、ローリング・ストーンズの『スティッキー・フィンガーズ』。カバーデザインがアンディ・ウォーホル。ゾクゾクしてジッパーをおろしたら、ちゃんとブリーフをはいていた、とある。

カラー4頁ガイド&ショッピング「函館」。イラストと文、原田治。原田は堂々と、イラスト・ルポの王道を歩いている。古い味のある洋館をたっぷり紹介。この担当はずっと野田敬子。

第33号（一九七一年七月二十日号）。

表紙。撮影、立木義浩。モデル、高田賢三、立川ユリ。コスチューム、高田賢三。この号から定価二百円となる。

カラー7頁「PARISの新しいプリンス——高田賢三コレクション」。撮影、立木義浩。モデル、高田賢三、立川ユリ。衣裳、高田賢三。義浩が無難に、パリで撮った。「装苑」誌編集長、今井田勲が賢三について書いた文がそえられた。文化服装学院は、それまで女性だけに入学を認めていたが、昭和三十二年から、男子の入学を認めた。賢三は、その男子学生入学の第二期生。同期にはコシノジュンコがいた。そしてデザイナーの登龍門、第八回装苑賞を獲得した。義浩が撮った衣裳は、フォークロア調十数点。ユリが羽根飾りをつけてポーズをしている。

賢三はモデルもつとめてくれた。それは親友、金子功の妻、ユリがモデルとして渡仏したからだった。賢三は、NYでもショウを開き、パリとNYにブティックを持った。金子功は「世界に通用するデザイナーなんていわれる日本人はほかにもいるけど、ほんとうの意味で通用するのはケンちゃんが最初の人だよ」と書いている。

カラー9頁「GREEN」。撮影、与田弘志。モデル、ブリット・マグヌソン。スタイリスト、ジリー・マーフィー。ヘア、ジョン・アット・レオナード。

第15号のロンドン特集の制作チームが再び顔をあわせた。山本寛斎のショウのアテンドで、ロンドンへいけと椎根は木滑編集長に命令され、それならついでに去年のメンバーでファッション頁をつくってくるからと、椎根はたったひとりで、ロンドンへいった。

与田弘志は、日本人受けするスウェーデン出身のモデル、ブリット・マグヌソンを確保して待っていた。スタイリストのジリーが、人気沸騰中のミスター・フリーダム、ビバ、ローラ・アシュレー、ボストンなどのショップから衣裳をあつめた。

五月のロンドン近郊の、目のさめるような緑のなかで撮影となった。

与田弘志は、去年とちがって、ソフトタッチのファッション写真を撮った。〝グリーン〟というのが、この時代の与田のテーマだった。与田は、この写真で、一九七二年の講談社出版文化賞（写真部門）を受賞。モデルのブリットはその後、与田弘志と結婚する。

カラー5頁「for SALE COTTAGE」。ロンドンから一時間ほどのテムズ河が流れるヘンリー・オン・テムズという町で、かわいい住宅＝コッテイジが、信じられないほどの安い値段で売りにでていた。ファッション誌だって住宅情報を入れてもおかしくはない、という椎根の独断で、二十軒の物件を写真に撮り、値段つきで掲載。これは椎根が自分のニコンFで撮った。一番安かったのは、白雪姫の物語にでてきそうな畑つきの一軒屋で、土地・畑つきで三百六十万円だった。このアンアンの物件紹介で、実際にコッテイジを買った日本人がひとりいたらしい。関西方面のひとだった。

カラー7頁「スラップスティック'71」。撮影、与田弘志。モデル、ブリット・マグヌソン、S・D・リブトン。スタイリスト、ジリー・マーフィー。ヘア、ジョン・アット・レオナード。

与田は〝グリーン〟とうってかわって五〇年代アメリカ風衣裳をコミカルに写真にまとめた。衣裳は、ミスター・フリーダム、ボストン151、クロエ、マリー・クワント、アルカスラ、アネロ＆デイビッド（靴）から借りた。

与田弘志は、十八歳でロンドンに移住し、ギルフォード・スクール・オブ・アート、ロンドン・カレッジ・オブ・プリンティング・アンド・グラフィック・アーツで写真を学んだ。一九六六年に、ロンドンに自分のスタジオを設立。ヴォーグ誌英国版、ハーパーズアンドクィーン誌に写真を発表。日本の写真学校、日本人の写真家からは学ばなかった。

一九七二年に東京に戻り、人気絶頂のオリーブ誌のファッション撮影、ポパイ誌でも写真を撮った。一九八六年、最初の写真集『TEA FOR TWO』（Pika Pika）を出版する。

これは瞠目すべき写真集で、椎根には言葉では説明できない……。レタスの葉の上にのった豹柄のハイヒールに乱暴に新聞紙がつめこまれている。陶枕の童児の白いお尻と足にしがみつく緑色の尺取

「GREEN」撮影＝与田弘志　第33号（1971年7月20日号）より

虫のようなイキモノ。とにかく思いがけぬものが、思いがけない状況に置かれ、不思議な色彩とフォルム、誰も想像したことのない世界を現出させた。三島由紀夫の「モノが芸術に入ってきたのだ」という大きな戸惑いのセリフへの回答のようにもみえる。

この写真集も、凄かったが、一九九四年に用美社からでた『OBSESSION』は、さらに根源的な衝激を与える写真集だった。果物や野菜やモノが腐りゆく過程・時間を、美しいカビとして、腐食として与田は撮った。その瞑目するカビの美しいこと。

無機質でもない。有機質でもない。感情は極端に排除され、甘いヒューマニティなどというものも自然と消滅し、そして気持ちがいい。

この写真集こそ、ベルクソンがいう写真の定義〝ものの不安定をうつしとった安定した眺めである〟を奇跡的に写真化した、ただ一冊の本だと椎根は考えている。ともに日本の写真界に厳然と存在する比類のない二冊の写真集である。

ファッションエディター、ダイアナ・ヴリーランドは「ファッションとは、この世界の陳腐さからの最もうっとりするような解放でなくてはならないわ」（ハーパーズ・バザー誌、二〇一五年十一月号）といったが、与田は、その陳腐なものだけをあつめて〃うっとりする〃ものをつくってしまった。

この『オブセッション』の序文で、武満徹が「与田さんの眼に触れたこれら名も無い物体たちは、かれらは未だに、新たに発見されることを待ち望んでいるかに見える」と書いているが、与田の写真に登場する物体たちは、発見されることなど、すこしも望んでいないように椎根にはみえる。それほど、なんともいいようのない非生物の神様の抜け殻のような写真だった。

椎根にはまるでラファエル前派のアーティストが、ポップアートに引導をわたしたような感じすらした。この写真集の一分のスキもない構成・デザインは、上條喬久。

カラー5頁「寛斎イン・ロンドン——ロンドンのオシャレお化けたち」。撮影、丹野利治。

スウィンギング・ロンドンの中心地、キングスロードのザ・グレイト・トレーディングカンパニー・ホールで開かれた山本寛斎ショウ。そこにあつまったロンドンの〃オシャレお化けたち〃のファッションは各人テンデバラバラの百花斉放状態。ショウのスタイリストは高橋靖子。

日本人デザイナーのショウが英国ではじめて開かれた。ショウの前夜のリハーサル中、あの元気主義の寛斎がナイーヴになりはじめた。椎根は、あわてて「もうジタバタしても、どうしようもない。あとはなるようになる。命までは取られないでしょう」と強く説得し、寛斎はやっといつもの元気をとりもどした。

ショウは大成功。寛斎は一夜にしてロンドンの大スターになった。次の日には、デビッド・ボウイから、ショウに使ったジャンプスーツを貸してくれと連絡が入り、ボウイは、そのスーツを着てＬＰ

のカバー写真を撮った。帰国後、寛斎はそのジャンプスーツを椎根にプレゼントしてくれた。

カラー11頁「エル誌・ファッション――若者の島　イビサ」。写真、ウイリアム・コーナーズ。地中海、バルセロナのすぐ沖合いにあるイビサ島がヨーロッパの若者たちに大人気で、ヒッピーたちが大集合と説明にある。ファッションは普通のリゾート・ファッション。

堀内は、イビサの写真がよくないと判断し、エル誌の記事のなかに、佐藤明が以前に撮ったイビサ島の子どもの写真を大きく二カットを入れるという大胆なことをおこない、なんとかこの頁をもたせた。

佐藤明は六〇年代の中頃、海外で仕事をしたいと考えて、一九六五年にヴォーグ誌専属フォトグラファーとして契約するが、サインをしたその夜、マンハッタンで暴漢に襲われ、重傷を負う。日本人写真家はすでにＨＩＲＯ（若林康宏）がヴォーグ誌とハーパーズ・バザー誌で確固たる地位を築いていたが、純粋に日本育ちのフォトグラファーがヴォーグ誌で活躍するチャンスがこれで流れた。佐藤に続き、立木義浩が契約する予定だったが、これも佐藤の事件のせいで流れた。残念なことだった。

川久保玲がアンアンにデビュー

第34号（一九七一年八月五日号）。

表紙。撮影、立木義浩。モデル、ユリと、フランスの若手人気俳優、レイモンド・ラブロック。衣裳、金子功。ユリはマリンルック。

カラー9頁「ビバ！　バカンス――グリーン」。撮影、立木義浩。モデル、立川ユリ。文、岸田衿子。衣裳、松田光弘。

トップ頁に、前号の与田弘志の写真に使った〝GREEN〟が同じロゴで入っている。堀内がロンドン・ファッションの続編という感じにするために入れた。パリ郊外、住民がバカンスにいってしまい、人影が絶えた田舎町を義浩が撮影した。

田舎町に帰省した兵隊さんのグループとユリの写真が、さりげなく、つまり無理に衣裳をみせようとしていなくてよい。兵隊たちがそれほど友好的な顔をしていないのもフランス的。

森に大きな川が流れていて、そこにはメルヘンチックな二階建ての家があり、ユリはひとりで緑色のボートに乗って、川中の石の上にあがり、子どものように細い枝で水にイタズラしている。背景はフランスの緑の大軍に占領されている一枚の写真。

緑色のボートをみつけたことが、この写真を数倍ドラマティックにした。こういうボートを発見するのも写真家の才能。いつも余裕をもって撮影できる義浩と堀内についてまわる特別な発見である。フランスの圧倒的な緑のなかでの傑作ファッション写真。

カラー5頁「ビバ！　バカンス――ドービルの海」。撮影、立木義浩。モデル、立川ユリ。衣裳、金子功。

ドービルは、パリジャン、パリジェンヌたちの、子どもの頃の夏休みの地として有名な場所だ。テーラード・ジャケットとヒザまで隠したオールドファッションな海水着の故郷でもある。オールド水着の女性たちを撮ったラルティーグの写真は記憶に残っている。

ユリは、昔は賑わったであろう古いリゾートホテル群と淡い色の海を見下す建物の手すりで、ひざ小僧をかかえてカメラを盗み見している。

「ビバ！バカンス——ドービルの海」撮影＝立木義浩　第34号（1971年8月5日号）より

この義浩の写真には、哀しみも、さびしさもない。大人が、説明できないものだけをユリの子どものような視線のなかに発見している。ユリがモデルとして超一流と証明する一枚の写真。金子のブルーのマリンルックがシックな、優麗繊細なファッション写真。

カラー7頁「ビバ！　バカンス——フランスのいなかのちいさな教会であなたも結婚式をあげませんか」。撮影、立木義浩。モデル、立川ユリ、名前はないが表紙のラブロック似で、彼よりもスタイルのいいフランスの男のコ。衣裳、金子功。

フランスの田舎の街道の美しい並木を背景に、ユリと男のコが緑の畑で右脚をあげて踊っている写真がいい。男のコのレースのついた古いコットン地のブラウスが、ユリのオレンジ色のウエディングドレスによく合っている。

義浩は、この三つのビバ！バカンス・シリーズのあいだは絶好調だったのだろう。ラストの写真は、見事な仕事をした並木をアップで撮り、そのあいだにふたりを立たせた。並木は一本一本がフランス人のようなひねくれた表情をみせている。これは義浩の無意識のうちでの、さりげないサービスの写真。堀内はもちろん、見開き裁ち落しのレイアウトで義浩を称えた。

モノクロ7頁「1971年ブリティッシュ・ロックの周辺」。ピンク・フロイド、T・レックス、マウンテン、ロッド・スチュワート、ディープ・パープルなどのスターの写真はレコード会社から借りたもの。ロックフェスの写真は、椎根が五月のロンドン取材の時に撮ってきたクリスタルパレスでのコンサート風景を使った。ライターは立教大学の学生、大貫憲章。彼はのちに〝ブリティッシュ・ロックの導師〟となる。

カラー6頁「タローの服」。撮影、立木三朗。モデル、立川ユリ、秋川リサ、斎藤英生、以下七人のモデル。衣裳、荒牧政美。

マドモアゼルノンノンのTシャツとセーターと別珍のジーンズだけを十人（！）のモデルを使って撮影。三朗は大変だったろう。一点一点に値段がついているのが奇妙だ。他のページには、値段はいっさい表示されていないのに……。これも木滑編集長の思いやり、か。

カラー7頁「香港」。イラストと文は、快調、原田治。そのエネルギーで、香港を徹底ガイド。多分、はじめて香港の魅力を日本女性に正確、確実に伝えた最初の特集。香港は、こう取材する、というお手本のような仕事。

カラー11頁「エル誌ファッション　マラケシ——赤い街」。写真、ピーター・ナップ。

エル探検隊、モロッコへいく。マラケシと表記されていたが、正しくはマラケシュ。マラケシュは、サハラ砂漠のはずれにある大観光・大道芸人の街。ナップは生き生きと光と影と微細な砂ぼこりの市場を撮った。ナップはうまくマラケシュの魅力をとりこみながら、ファッション写真をものにしている。

トップの写真は、強い太陽光線の下、モデルの唇から上が黒くつぶれている。そこにＥＬＬＥという文字が入っているが、いい写真にはすぐ反応する堀内は、ひとつ目のＬのところに文字のかわりにカラフルなドレスを着たモデルのちいさな写真を入れた。顔の上半分が黒くつぶれたモデルのアゴの下には、マラケシュ特産のカラスの目玉みたいな色玉のネックレスが輝いている。写真とアートディレクションの完璧な共同作業の見本となった。

当時マラケシュは日本人にはほとんど知られていなかった。椎根はこのナップの写真が記憶に残り、一九七三年にマラケシュに一週間ほど滞在した。もちろん日本人は、椎根だけだった。

モノクロ6頁「これがアンアンファッションだ!」。撮影、有田泰而。

担当は社員になったばかりの淀川美代子。撮影の準備中の風景が、6頁にわたって紹介。淀川もほとんどのカットに顔をだしている。

このモノクロページに続いて、カラー5頁「ブラウスはお好き?」。撮影、有田泰而。モデル、山佳ヤスコ、スーザン矢口。衣裳、西村ヨシコ。ヘア、伊藤五郎。

いつも沈着冷静な有田カメラマンが、めずらしく〝とっちらかった〟写真を撮ってしまった。後年、アンアン誌の名物編集長、マキャベリスト型の編集長になった淀川美代子の、最初の本格的なファッション撮影。編集長時代の淀川は、新人編集者が自分の担当した写真をみせると、〝ナニ、コレ……〟といってポイと投げすてていたが、当時の編集長、木滑良久はやさしいヒトだったので、〝ナニ、コレ!〟とはいわれなかった。

この第34号は、エポックメーキングな号だった。金子功、松田光弘、荒牧政美などの次世代の代表的デザイナーの作品がズラリと勢揃いし、川久保玲がアンアンにデビューした。

カラー7頁「男の子のように……」。撮影、大倉舜二。モデル、ドミニック、小井戸エマ。コスチューム、川久保玲。ヘア、渡辺一雄（シバヤマ）。

担当は島本美知子。編集部では、〝スズメ〟と呼ばれていた。彼女はアド・センター所属だった。スズメはある日、ヘアの松村真佐子にいきなり、「カワクボレイというデザイナー知ってる？」と聞かれた。スズメが知らないと答えると、いま銀座鈴屋のベル・ブードアのコーナーに、コムデギャルソンというブランドで作品がでていると教えられた。

スズメはすぐ鈴屋にいき、堀内に、すごい才能を持った新人デザイナーをみつけたので、どうしてもアンアンで紹介したい、と迫ると、堀内は簡単に「いいよ、やれば……」といったという。

島本は、「写真は誰に？」と聞くと、「大倉舜二でいいんじゃないの」と堀内。スズメは大倉がどんな大物カメラマンなのか全然知らなかったが、「それじゃ大倉さんでいいです」といった。

スズメが、川久保の、原宿・表参道の裏側にあった普通の民間アパートを訪ねると、一部が川久保のアトリエ、残りは彼女のパートナーのような若い男性がちいさな広告代理店業みたいなことをやっていた。

川久保玲は慶應義塾大学文学部哲学科を卒業後、旭化成宣伝部に入社するが、三年で退職。フリーランスのスタイリストになり、一九六九年に、ファッションブランド「コムデギャルソン」を設立した。

大倉は、撮影の時にアーヴィング・ペンが人物を撮る際に背景に使っていた有名な灰色のシート地を用意し、モデルをそこに立たせた。衣裳は、ワンピース、ツーピース、スカート、ビスチュエ、ブラウス、ニット、パンツなどの八点。堀内は、レイアウトの段階で灰色のバックばかりでは誌面がさびしくなると思い、モデルのあいだにギザギザの大きい赤を入れた。これで誌面が生きかえった。

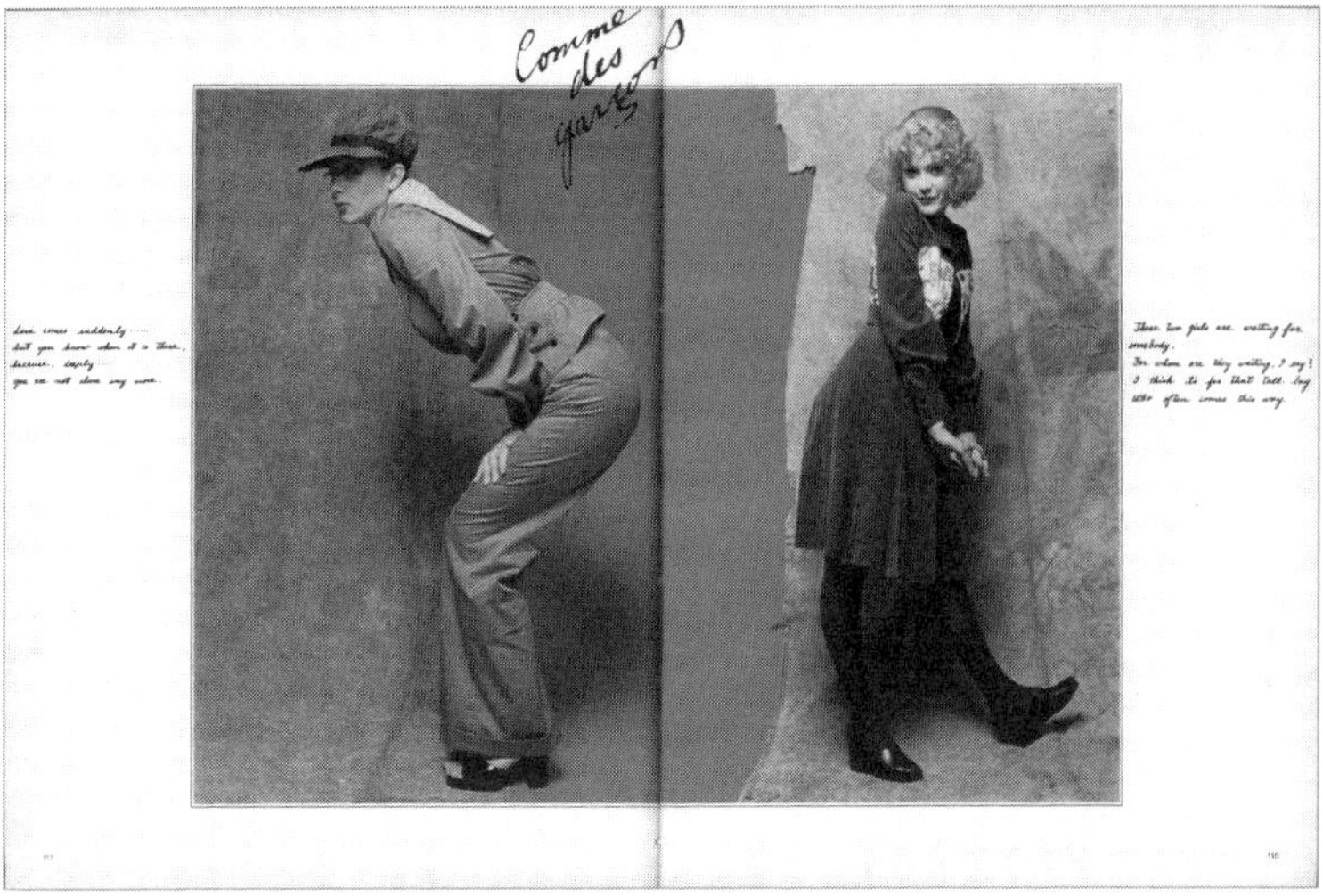

「男の子のように……」撮影＝大倉舜二　第34号（1971年8月5日号）より

新人にしては完成度が高く、欠点がみあたらない。袖口と肩にチェックの柄を取りこんだところがすこし新しいが、老成したデザインといってもよかった。袖口の処理に工夫をこらしているのがわかった。ここから川久保玲の快進撃がはじまった。

カラー5頁「一つ目小僧の園児服」。撮影、八十島健夫。モデル、細谷展子、ティニー・ルシアディ。ヘア、大曲ゆくよ。コスチューム、一つ目小僧。担当、淀川と同期入社の滝谷典子。「一つ目小僧」は山路妙が設立した。彼女は、〝マンションメーカー〟の代表格だった。

洗いざらしの木綿のワンピース、ツーピースを、上野動物園のトラ、オランウータン、ゴリラ、コンドルの前で撮影。山路の衣裳より、八十島のカメラ・ワークのすばらしさが目立った。特に朱色がかった部分でのアグファカラーの色調がなんともいえない渋味をだした。堀内は服全体に動きがないとみて、一枚だけスカートに風をはらんだ写真を他の写真と組み合わせ、このちょっとしたアイデアで、ビビッドな誌面となった。

椎根は、川久保より一つ目小僧の山路のほうが大きくなるだろうとみていたが、結果は、ご存じの通り。山路は、十年近く衣裳を作り続けたが、引退してパリへいってしまった。

川久保が編集部へやってきた時、椎根はロンドン土産をみせびらかしていたのだが、ある日曜日の午前八時、椎根の自宅のインターフォンがなった。こんな休みの日の朝早く、いったい誰だろうと思ってドアを開けると、そこに川久保玲がいた。川久保は「この前、椎根さんが編集部でロンドン土産をみせていましたが、そのなかにオールビニール製のサンダルがありましたね。そのサンダルを私の最初のショウに使いたいと思って、お借りしたいのですが……」といった。もちろん椎根は、そのサンダルをすぐに貸した。

新人写真家、十文字美信デビュー

第35号（一九七一年八月二十日号）。

表紙。写真、ピーター・ナップ。モデル、バージット・ラーセン。エル誌の写真。ナップの写真はいつも元気だ。目次わきのバージットの紹介写真はハンス・フォイラーが撮っていた。

カラー7頁「緑の処女地にて――チシマの見える知床、標津」。撮影、立木義浩。モデル、立川ユリ。詩、岸田衿子。衣裳、金子功。ヘア、石田ヒロ。

「緑の処女地にて——チシマの見える知床、標津」撮影＝立木義浩　第35号（1971年8月20日号）より

義浩が、フランス十九世紀のバルビゾン派の絵画のような写真を撮った。この写真術はピクトリアリズム＝絵画主義といわれ批判され続けてきたものだが、義浩にだけは許されるだろう。

善意の人、義浩は、それだけでは悪いと思ったのか、知床の断崖では、ユリのワンピースが強風をはらんでヨットのセールのようになった衣裳中心の写真も撮った。帽子をおさえるユリの、はるか下の海岸には三隻の小船がもやっている。大自然がつくりだした鋭角だらけの構図のなかに、ユリの赤いバラのワンピース。ユリのポーズは山の稜線と同じ角度を保っている。こうして義浩はユリを大地にへばりついて生きる開拓民のように撮り、絵画主義の写真と相殺した。アンアンの傑作写真の一枚。

カラー5頁「かわいい兵隊さんたち」。撮影、立木三朗。モデル、山佳泰子、日野とも子。衣裳、原宿ミルク、if。

その頃、世界的大ブームになっていたミリタリールック。撮影場所に米国軍基地を選んだことがこの写真を類型的なものにしている。広告・タイアップ頁のようにみえるのだ。エディトリアル（編集）では、もうすこし場所を考えるものだ。

モノクロ2頁「パリジェンヌがこんなにもワー・ルックに夢中になったのはどうしてか？」。エル誌のパリ街頭スナップ集。パリも東京もUSアーミーの放出品を着た女ばかりになっていた。

カラー10頁「Ｐｉｎｋ」。撮影、十文字美信。モデル、浜美樹。衣裳、三宅一生。ヘア、伊藤五郎。メイク、木村茂。プリント協力、石岡暎子、皆川魔鬼子。石岡は資生堂を退社し、フリーランスとして働きはじめていた。

撮影場所は、軽井沢の休業中の古いホテル。スタイリストの名がないのは、三宅一生みずからがやってくれたからだ。

椎根は、十文字を、彼が六本木スタジオで働いているころから注目していた。十文字はその後、篠山紀信のアシスタントになったのだが、篠山のところから独立して、フリーランスの写真家としてやっていきます、という。椎根は「デビューのお祝いとしてアンアン誌で16頁ほど確保する」と約束した。

椎根には、ひとつのアイデアがあった。トゥベン誌に載ったハンス・フォイラーのファッション写真だった。それは、モデルが衣裳をブリキのバケツで洗濯しているというものだった。その写真をみた椎根は、それなら洗濯ものが干してあるファッション写真のほうがすぐれている、と思った。この場合、背景は緑の森にかこまれた空間がどうしても必要だったので、この軽井沢日帰り撮影旅行となった。

入稿の時、編集長の木滑に「16頁で入稿しますヨ」というと、「わるい、10頁にしてくれ」といわれた。まったくの新人写真家がアンアンでいきなり10頁でデビューというのもはじめてなので、椎根

「Pink」撮影＝十文字美信　第35号（1971年8月20日号）より

はシブシブ了承した。

　このアンアンが発売されると、クリエイターたちのあいだで評判になり、十文字に仕事が殺到した。その後、十文字は狂気を広告写真に持ち込み、いまも長くトップの座を守りつづけている。

　十文字のために堀内は、〝Ｐｉｎｋ〟という官能的な味がするタイトルロゴをつくってくれた。このロゴは平凡出版の社員たちに大好評で、そのうちのひとりの編集者が七〇年代に「Ｐｉｎｋ」という名の雑誌を創刊した。堀内のこのロゴをそのまま題字にして。

　カラー4頁「4人の仲間たち」。撮影、立木三朗。

　高田賢三が日本に凱旋帰国したので、文化服装学院デザイン科を一九六一年に卒業した四人の男、賢三、松田光弘、金子功、荒牧政美がお互いの成功を祝って十年目の同窓会というもの。三朗は、とくにチカラをこめるでもなく、自然体で、さりげない写真をとった。

カラー9頁「エル誌　ジーンズが楽しい」。写真、ピーター・ナップ、マイク・ラインハート、ジャン・クルーズ、アンドレ・カララの四人。衣裳はロンドン・ポップ調、ウェスタン調、パリの小粋なものとバラバラ。

ナップの写真だけが目立つ。ナップは衣裳に色彩がたりないと思ってか、生のポピーの花をペンダントにさしこみ、アクセントをつけていた。堀内もナップの写真をより鮮やかにしようとモデルを切り抜きにし、バックをオレンジにしている。

モノクロ4頁「日曜日のずぼん」。撮影、杉原弘一（社員）。モデル、ハニー・レイヌ、ティニー・ルシアディ。衣裳、コムデギャルソン、J&R、コレット。ヘア、松村真佐子。担当、島本美知子。

前号に続いて島本〝スズメ〟が、コムデギャルソンの衣裳を中心にファッション頁をつくった。スズメが、木滑編集長に「今回も前回と同じように大倉舜二さんに頼んでいいですか」とおうかがいをたてると、「予算がないので、社員カメラマンで撮ってくれ」といわれた。

コムデギャルソン三点、J&R二点、コレット二点が使われている。ギャルソンのズボンは千鳥格子で、丈が今までより二十センチ短かった。無地のクラシックなズボンは、ウエストの幅が広くなった。もう一点は、ウエストラインがゴムでしぼってあり、これは前ボタンのビロードがポイント。

この4頁で感じることは、衣裳の力だった。社員カメラマンの杉原弘一は、いつもの通りにズボラに撮ったが、それがよかったのだろう。松村も無造作にモデルのヘアをまとめている。モデルたちはソファに深くすわっているのだが、ふたりも、こんなんでいいの、と不安気にカメラに語りかけている。

普通のADなら、このソファのふたりのピンボケで気力の感じられない写真をボツにしただろうが、堀内は、この写真を見開き2頁にし、記憶に残るものにした。

カラー6頁「アムステルダムの自転車たち」。撮影、千葉允（社員）。木滑編集長がひそかに頼んでいた企画。自転車といいながら、三分の一はバイクに乗っている雑なスナップ写真。椎根は、十文字の「Ｐｉｎｋ」の頁が減らされたのは、この自転車のせいだと思い、腹をたてた。本文もないし、キャプションもデタラメ。堀内も打つ手がなかったらしくおしおきのように1頁に二十二点以上の写真をつめこんだ。

カラー5頁、モノクロ3頁「小笠原――自然が自然のままである南海の楽園」。撮影、辻道宣。ガイド、寺崎央。モデル、日野とも子、鶴祥代、アンリ。イラスト、峰岸達。衣裳、鈴屋ベル・ブードア、銀座ワシントン靴店。

全然アンアンらしくないガイド頁。これも木滑編集長がひそかに発注した企画。原田治が歴史に残る傑作ガイド頁を名イラストと名文でアンアンに連載中なのに……。

椎根はこのアムステルダムの自転車と、小笠原の頁をみて、なにか不吉なことが起こりそうな予感がした。木滑が編集長だから好きなことをやってもいいが、それにしてもなにか異物がまぎれ込んだような後味の悪さが残った8頁だった。

カラー6頁「ロンドンのブリットと遊ぼうよ」。撮影、斎藤亢。モデル、ブリット・マグヌソン。スチリスト、西野英子。

第33号のロンドン特集で突然注目されたスウェーデンの〝妖精〟モデル、ブリット。モデルの仕事でパリへいったら、たまたまパリに来ていた斎藤がブリットを一目で気に入り、同行の西野にスタイリングをさせて撮影した。

斎藤がめずらしく斎藤らしくない写真を撮った。ベンチでタバコをくわえてるブリット。そのむこうにはベレー帽の紳士。おたがいになんの関係もない、悲しくもないうれしくもない、ふたりの表情がいい。このショットが、斎藤がアンアンで撮ったベストショット。堀内もお誉めのレイアウト。この撮影の時から、斎藤は元「服装」誌編集者、西野英子とのコンビを組むようになる。

この号の最後の頁から、堀内誠一が、かねてから希望していた企画「子ども部屋のイラストレーターたち1」がスタートした。一回目は、マザーグースの歌に絵をつけた画家、アーサー・ラッカムの、キノコ人間にかこまれた「夕暮れどきのファンタジー」。解説も堀内が書いた。抒情あふれたラッカムの絵が、この号の混乱のはじまりを清めてくれた。

二十一歳の杉本エマ

第36号（一九七一年九月五日号）。

表紙。撮影、立木義浩。モデル、中国服のユリ、モデルとして三朗、義浩の娘の立木香好、理賀。衣裳、金子功。ヘア、松村真佐子。

七月に米国大統領補佐官キッシンジャーが訪中し、中国、米国間の国交回復をはかった。そのニュースに堀内が反応したもの。

カラー7頁「中国――エポック・ド・ペキン」。表紙のスタッフ、モデルと同じ。

どちらも中国にいかずに日本で撮影。三朗が中国人よりも中国人っぽく演技している。金子のつくった中国服が、義浩のふたりの娘によく似合っていた。題字は堀内が〝中国〟と筆で書いた。レイアウトも中国調。唐の詩人、李白の不良少年の詩を入れ、見事な桃も大量に置いている。ユリの清王朝

「中国——エポック・ド・ペキン」撮影＝立木義浩　第36号（1971年9月5日号）より

の女官のような薄情な目の演技がよい。

カラー5頁「自転車服'71－'72」。撮影、立木三朗。モデル、秋川リサ、山佳泰子。衣裳、荒牧政美。

モデルからカメラマンにもどった三朗が、快調にサイクルウエアを撮った。雨上がりのサイクルスポーツセンターは、カラフルなウエアを数段素敵にみせていた。山佳泰子は抜群のプロポーションで、外国のショウに参加したら、とさそわれていたが山佳はことわっていた。もし山佳がヨーロッパへいったら、日本人初のスーパーモデルになったことだろう。

この時期から、カラーページで荒巻政美の名前の洋服を取りあげ、モノクロページでもマドモアゼルノンノン（荒巻政美）の商品を紹介するというスタイルが増えはじめる。なにか理由があったのかもしれない。

カラー14頁「アメリカンショッピング・イン・ハワイ」。構成、小林泰彦。取材・撮影、馬場佑介。

木滑がヒミツのうちに取材させていたハワイもの。日本初の本格的なハワイ買い物ガイド第一号の特集で、五年後に創刊されたポパイ誌の先取り企画。ここで予算に悩まされていた木滑編集長がJALとのタイアップというらまい手を考えだした。これでスタッフ移動の航空費用がゼロになった。まだ日本人のハワイ熱は燃えあがっていなかった。

カラー4頁「キャンディ——杉本エマ」。撮影、和泉繁（社員）。衣裳、MILK。靴、銀座かねまつ。詩、酒井チエ。

突如ホットなデビューをしたモデル杉本エマを、キャンディのように甘く、ピクトリアズム調で撮影するが、あまりに芸能界的な写真で、すこし場違いという雰囲気もあった。

カラー13頁「エル誌——シャッ！」。写真、パトリック・デマルシェリエ、ジャン・モニク、ブルース・ローレンス。

ブルースが撮った三人のモデルの写真が、正統的エルの写真みたいでよかった。顔をだしているモデルはひとりだけで、他のふたりは花でデコレートしたムギワラ帽子で顔を隠している。

カラー7頁「ユリとマリの軽井沢感傷旅行——夏のかげぼうし」。撮影、斎藤亢。詩、岸田衿子。衣裳、金子功。ヘア、石田ヒロ。

悲しみを脱したはずの斎藤だったが、堀内は従来の彼のイメージでタイトルに〝感傷〟という文字を入れた。

カラー7頁「ショーウインドー」。東京と横浜・鎌倉の、六十九軒の有名店の店頭をただ撮影し、説明文をつけただけのもの。編集部混乱の火種みたいな企画。構成、芦沢一洋。芦沢は木滑の前の部署、平凡パンチ誌の常連のライターで、木滑がひそかに取材してもらったもの。カメラマン名が記されていないので、芦沢が撮った可能性がある。

「自転車服'71-'72」撮影＝立木三朗　第36号（1971年9月5日号）より

モノクロ3頁「荒くれ男のやさしさ――オリバー・リード」。

今野雄二のヒゲ狂いは、英国俳優オリバー・リードにまで達した。今野の文章は「イギリスのスター、オリバー・リードが目のさめるような、男の輝くまでの魅力を発揮する」。

モノクロ4頁「ロック・ファミリー、裕也とレミ」。写真、ブルー・ホリディ。

内田裕也が借金までして米国ロック修業に送りだした麻生レミが帰国、日比谷のウエルカム・コンサートに出演し、ジャニス・ジョプリンの「ムーブ・オーバー」を熱唱、大喝采を受けた。そんな義理と人情の人、内田裕也をささえる人々も登場。ミッキー・カーチス、沢田研二、ジュニー、フミオ、星加ルミ子が裕也を語っている。

木滑は、中谷、赤木、椎根、今野、秋葉、岡田ではココロもとないと思ったのか、人事異動で蝦名芳弘、カメラの和泉繁、馬場佑介をアンアンにつれてきた。

第37号（一九七一年九月二十日号）。

表紙。撮影、大倉舜二。モデル、杉本エマ。衣裳、川久保玲。ヘア、松村真佐子。

第34号でアンアンにデビューした川久保が早くも表紙の衣裳を提供していることに驚く。表紙のスタイリストをやっていた島本が、川久保玲の服にほれこんでしまったせいだろう。この表紙に使われた重ね着ドレスは、チェックの使い方と全体の色づかいに独創性があった。

カラー9頁「マンハッタンの黒い女神」。撮影、吉田大朋。モデル、パット・ホワイト。衣裳、三橋綾子（在NY）。スチリスト、三橋陽子。文、松坂慧介。

大朋は、パリからNYに事務所をうつし、アメリカでデザイナーとして成功していた三橋綾子のドレス七点を撮影した。ここで大朋はワンカットだけ、すごい写真をものにした。彼は当時世界で一番危険な場所といわれていたタイムズ・スクエアから四十二丁目を西へいったところにあったポルノ映画街で、ライラック・サテン色のドレスを着たアフリカ系モデルを歩かせてドキュメンタリー・タッチのファッション写真を撮ったのだ。舗道に立ちつくす約五十人の危ない男たち。観光客はひとりもいない。モデルは汚れた道路をランウエイにかえてショールをひるがえす。すぐにでも乱暴されそうな異様な雰囲気のなかで……。この場所で撮影した大朋の気力を評価したい。こういうものを外国の写真家たちは、絶対にスタジオで撮影する。

カラー5頁、モノクロ7頁「エマ・裸のアフリカ」。写真、中村正也。モデル、杉本エマ。

立木義浩の加賀まりこのヌード写真以後、有名なモデル、女優を脱がせるのが、また流行りはじめた。正確にいうと、その流れは一九六七、八年頃、「話の特集」誌で篠山紀信が、トップモデル松田和子を撮ったのが最初だった。その写真を、椎根たちは〝ガリガリヌード〟と名付けていたが。

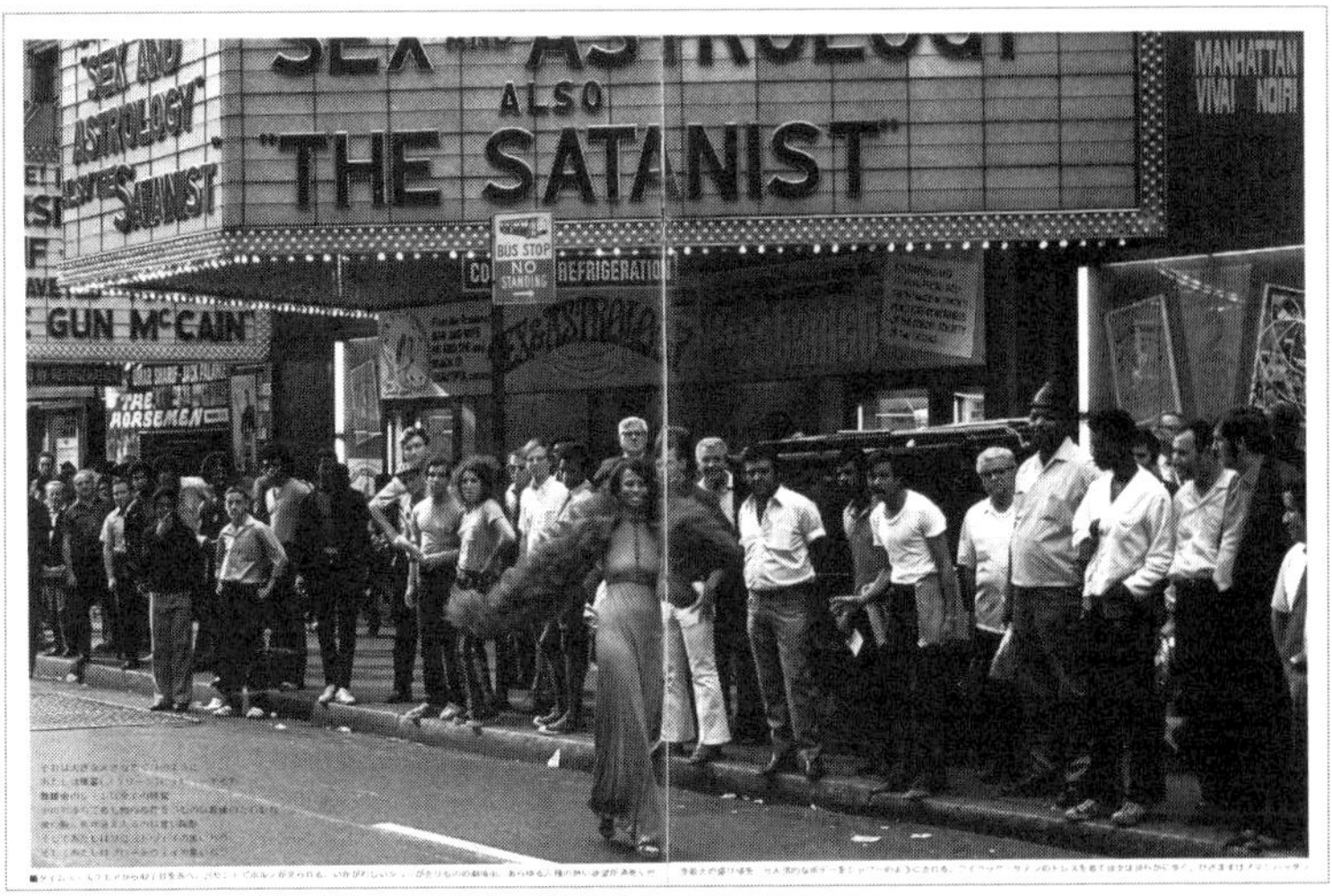

「マンハッタンの黒い女神」撮影＝吉田大朋　第37号（1971年9月20日号）より

中村正也は戦後すぐからヌード写真（当時はグラマー写真といわれた）の大家として有名だった。木滑は、平凡パンチ誌時代に、中村が撮ったパリの絵画用モデルのヌード写真を使ったりしていた。

このアフリカ撮影旅行でまわったところが凄い。ナイロビ、キガリ、ゴロンゴロ、ザンビア、ヌドラ、キンシャサ、チャド……。四十日間もアフリカを駆けまわった。二十一歳のエマだから、つとまったといってよい。

大きな樹の下、泥と小枝でつくった家の戸口でポーズをするハダカのエマ。壁には現地の人たちが描いた素朴な動物の絵。この感覚は、立木、篠山の写真にはない、新しい老練さといったおもむきがあった。

堀内は旧友のために、週刊誌的感覚のレイアウトをした。

モノクロの、巨根のような巨岩の前で撮った写真がいい。二億五千年前にアフリカを旅行していたら、こんな美しい生物にであった、とでもいうような妄想をもたらす写真。世界傑作ヌード写真展というものがあったら、そこに中村のこの作品を入れたい。

アンアンにのった中村のこの作品は、写真集『神から盗んだ熱い裸』(平凡社)となり、東急本店で同名の写真展がひらかれた。

堀内が中村正也と付き合いはじめたのはロッコール誌時代。一九五八年に堀内が内田路子と結婚した時には、中村が結婚記念写真を撮っていて、その写真にはいかにも新しい世代のカップル出現、というフォトジェニックな新鮮さがあった。

モノクロ15頁「エマのラヴストーリー」。写真、大倉舜二。モデル、杉本エマ。

エマは、写真家の写欲を刺激するモデルだった。だから中村正也、大倉舜二という巨匠ふたりが、新人エマを被写体にしたのだろう。大倉の写真は、『PRIVATE2 emma』(毎日新聞社)として発売された。〝2〟というのは立木の加賀まりこが〝PRIVATE〟だったから。

中村正也の写真が創世記時代にもどったエマだったのに対し、大倉の写真は徹底的に現代風。それも大阪・キタの女番長の〝今〟みたいなムードを漂わせたドキュメンタリー調だった。

エマは大阪・住吉で育ち、キタ(梅田を中心とする昔風の盛り場)では名の知れた遊びオンナだったと説明文が語っている。どこかのおっさんをダマしてお金を手にすると、仲間をひき連れ、パーッと飲みにいっていた。たまにミナミ(心斎橋を中心とした盛り場)に足をのばしても、ミナミのやたらとケンカの強い女番長は、黙って見逃してくれたという。

エマが有名になり、ある日テレビで和田アキ子と共演した。エマは和田のファンだった。エマが「和田さんに会えてうれしいわァ」というと和田アキ子がニヤッと笑い、「あたしら、昔、大阪で会ってるんよ」。いわれて、アッと思った。あのミナミで最強の、いつも越境者のエマを見逃してくれた

「エマ・裸のアフリカ」撮影＝中村正也　第37号（1971年9月20日号）より

女番長が和田アキ子だった。

本当の美女は、自分が会ったすべての女の顔と名前を忘れるという特権を持つが、いかに杉本エマが最強の美女だったか、このエピソードでわかる。

カラー12頁「エル誌　パリ・コレクション'71—'72速報」。解説、長沢節。

小見出しは〝ミネットは終わった……と、がぜんモード族が居直って若い君たちに挑戦しています〟。ミネットというのは、大人の女に対する小娘という意味。若者たちのポップ・ファッションに対してパリのオートクチュール界が怪気炎をあげているような雰囲気があった。

ディオールも、カルダンもハデなイブニングドレスを発表。サンローランのドレスをアンドレ・カララが撮影している。だが、椎根が彼の写真より興味をもったのは、ここにファッション界の真の帝王だったカール・ラガーフェルドがモデルとして出演していることだった。まだあのメガネはかけていないが。

ピーター・ナップはサンローランの豪華なハーフコートを撮っている。クレージュを撮っても、すぐナップの写真とわかる派手さがある。ヘルムート・ニュートンは、おとなしく上品に、つまらなそうにニナ・リッチのオーバーを撮っていた。この年、サンローランは、オートクチュールとプレタポルテを同時に発表し、反逆の姿勢をみせた。

カラー5頁「エル誌——話題のインテリア」。アニメ調プリントのカーテン地、ベッドカバーの紹介。パッチワークだけで天井も床も壁もドアも飾りつけた部屋の写真が面白い。

カラー16頁「ジャンヌ・ダルク」。作・絵、ブーテ・ド・モンヴェル。訳、矢川澄子。モンヴェルを〝フランスの至宝〟といっていた堀内誠一。これは裏表紙の1頁前からはじまる、つまり欧米の雑誌のように左側の頁からはじまる型式だった。堀内はモンヴェルの絵本『ジャンヌ・ダルク』を、〝もっとも美しい絵本〟といっていたが、フランスの美の精髄が大洪水のようにアンアンの誌面にあふれた。

来日から五日でファッション・ショウ

第38号(一九七一年十月五日号)。

表紙。撮影、立木義浩。モデル、秋川リサ。コスチューム、金子功。

カラー7頁「遊牧の民」。撮影、沢渡朔。モデル、立川ユリ、アイリーン、ダニエル・ルーソン。コスチューム、金子功。ヘア、石田ヒロ。文、中尾高子。

「アンチ・ベルボトム」撮影＝十文字美信　第38号（1971年10月5日号）より

「金子さんは、サハラ砂漠をラクダの背に乗って旅するような洋服が創りたいなと思ったそうです」と中尾はこの写真に添えた文章で書いている。ロゴは仏語で「Les nomades」。

カラー7頁「アンチ・ベルボトム」。撮影、十文字美信。モデル、キャンディ・ブラウン。ヘア・メイク、兵藤勇喜（ＣＩＮＱ）。協力、一つ目小僧。

十文字が満都の喝采をあびた「Ｐｉｎｋ」の次の作品。これはファッション写真というカテゴリーをこえて、十文字のコンテンポラリー写真といったほうがよい。担当は滝谷典子。

男のモデルは、じっさいにヨコスカあたりでブラブラしている日本の若者五人。彼らの先細りズボンには、なぜか忍びがたい屈辱感が漂っている。しかし十文字は、このあとも、その屈辱感ただようものを追いかける。十文字の現在のテーマは〝顔のない人物〟になってしまったが、それはキャンディが病室で大きなお尻だけをみせた顔のない写真にすでに萌芽していた。

カラー5頁「高木ユミ――ファッション」。撮影、立木三朗。モデル、立川ユリ、斎藤英生、日野ともこ、ドミニック、ケイ・グレース。コスチューム、高木ユミ。ヘア、松村真佐子。協力、東京ブラウス。

三朗は、丹念に、親切に撮った。高木ユミはパリで高田賢三と同じアトリエでデザインの仕事をしていた。白いローン地のエプロンワンピースが、カワイイ。

カラー4頁「ジーパン党の2人もこの丈のズボンには完全にいかれてしまいました」。撮影、斎藤亢。コスチューム、荒牧政美。モデル、秋川リサ、結城アンナ。ヘア、吉名達雄。

ニッカーボッカースタイルのズボン（当時はパンツという表現をしなかった）を、女のコ用にアレンジしたもの。

「ジャーナル」欄には、サンローランがパリのオートクチュール組合から脱退というニュースが入っている。第37号の〝ミネットは終わった……〟というオートクチュール界の反攻宣言も、サンローランの脱退で中途半端になったようだ。

モノクロ6頁「アンアンリポート　ヘンな道具」。

パイナップルを切るキカイ、ジャガイモ洗い機、仏国ムーリネックス社の、トマト、ホーレン草を入れると離乳食になる器具の紹介というヘンな企画。一番首をかしげたのは、アンアンのアートディレクターは堀内誠一なのに、この6頁だけは「レイアウト野村香積」となっていることだ。堀内チームの新谷雅弘、村松仁美の名はこれまで一度も記されたことがなかったのに……。担当者名は記されていないが、この企画を考えたのは新たに編集部のキャップのような立場でやってきた蝦名芳弘だと思う。彼が堀内のレイアウトを認めず、勝手に外部のレイアウトマンをひきずりこんだ結果、こんな悲惨なスカスカの頁になった。木滑編集長も、平凡パンチ誌のライターたちを使ってのちのポパイ誌風の特集ばかりをやりはじめていた……。

木滑の言い訳は多分、「あれは金をだしてくれるスポンサーがあったので……」となるのだろう。

雑誌はＡＤのものという清水達夫の理念が侵食されはじめた。


第39号（一九七一年十月二十日号）。

表紙。写真、ピーター・ナップ。エル誌のために撮ったものなのでモデル名記されず。

目次わきの欄に、立木義浩に三人目の赤ちゃん誕生、こんどは待望の男の子でした、とある。写真家の子どもの誕生がニュースになるのは、義浩がはじめてだったろう。男の子の名は輝樹《てるき》。姓名判断に凝っていた義浩の母が命名した。

カラー11頁「エルが選んだプレタポルテ」。すべてピーター・ナップの撮影。

コート大特集。これをみると堀内が、ナップの写真が好きだったことがよくわかる。秋冬ものということで、全体にムードたっぷり。ナップは、ここでは構図を大切にしている。写真で構図を大事にすると絵画主義のものになりやすいが、かろうじてさけている。

ケンゾーのコートが六点も登場。エル編集部がチョイスしたのだから、フランスでの彼の人気がわかる。他には、サンローラン・リヴゴーシュ、ダニエル・エシュテルの作品があった。

ナップの写真のなかで一番よかったのは、背景を淡い色調にした、白いニットのアンサンブルのモデルのもの。帽子も手袋も白、モデルの白い目、白い歯。白のエスプリだった。

カラー7頁「彼との生活」。撮影、斎藤亢。モデル、立川ユリ。衣裳、金子功。ヘア、石田ヒロ。詩、白石かずこ。

金子の衣裳がいい。ユリは男と女の情念を表情だけで表現した。斎藤は乱雑さのなかの退廃美を求めているようだが、写真は乱雑さだけになった。ユリが化粧している白いタイル貼りの洗面所の写真は、第35号の十文字の「Ｐｉｎｋ」のタイルの浴室ショットに似ている。

「ジャーナル」欄は6頁で、ロンドンの人気ブティック紹介。ミスター・フリーダム、ザパタ（靴）、パラダイス・ガレージ、アラカスラ、ビバ、などなど。取材・文は平凡パンチ誌のライターだった寺崎央。かように木滑編集長の平凡パンチ誌のライターたちへの愛とサービスには恐るべきものがあった。当然、写真は男性誌目線のものになる。

カラー5頁「編みこみセーター」。撮影、斎藤亢。モデル、立川ユリ、ケイ・グレイス、アイリーン、ナンシー村井。コスチューム、松田光弘。ヘア、松村真佐子。

堀内のつくったロゴ〝AMiKOMi〟が、もったいないほどよかった。斎藤は新編集方針にしたがったのか、カタログ的な撮りかたをしているが、なぜかさびしい。一点一点に値段がつけられているのも悲しい。

カラー5頁「百十回目の土曜日」。撮影、立木三朗。モデル、ナンシー村井。コスチューム、荒牧政美。ヘア、松村真佐子。エッセイ、大橋歩。

三朗の写真も、どこか落ちつきがない。というか、モデルがひとりで、背景が英国骨董店内なので、雑然と家具がありすぎる。

カラー7頁「少数者のぺいじ旅」。長い長いタイトル〝古い旅籠屋の軒灯から洩れる鈍い光は時間を失なってしまいそうな甘い眩惑を覚えさせる〟がつく。撮影、八十島健夫。これに平面構成・野村香積と記す重苦しさ。蝦名はこの7頁だけをまたも外部の野村にレイアウトをさせた。

やたらと白地が多く、本文も古くさい字体でビッシリつまっていて、写真もちいさい。つまり、ミセス誌とか銀花誌のような誌面構成。堀内に対してのイヤがらせのようにもみえる。もちろん堀内は、

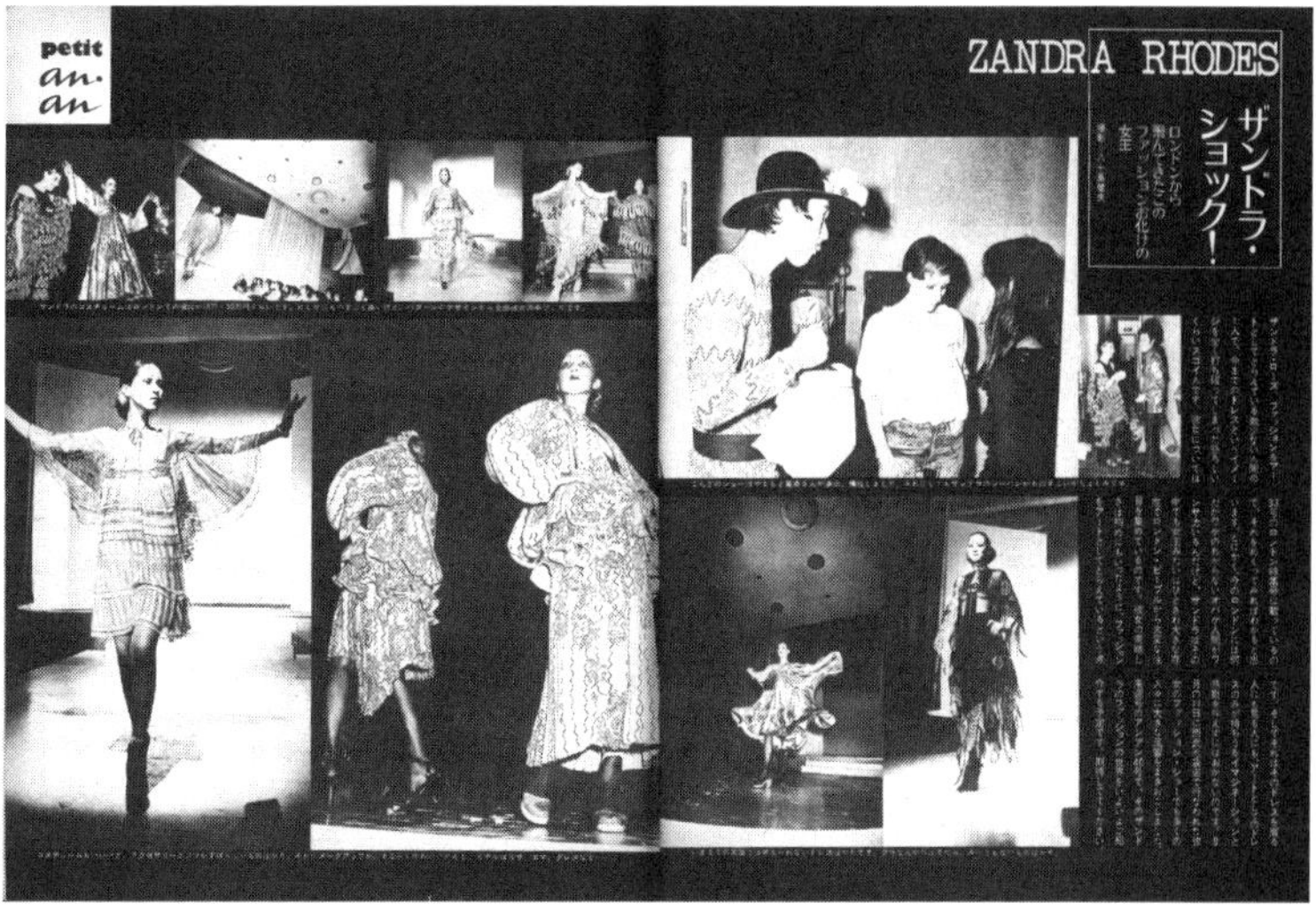

「ザンドラ・ショック！」撮影＝八十島健夫　第39号（1971年10月20日号）より

平面構成という言葉が時代遅れだと知っていた。『父の時代　私の時代』に、「古い話だけど、日宣美サマサマの時代はね、初等数学的な平面構成じゃないとダメみたいな風習があったりしたでしょ」と記している。

いまこの頃のアンアンをみると、勘のいい堀内は、もうとっくにやめる決意をかためていたと思える。堀内は、蝦名の〝イヤガラセ風ぺいじ〟などなんとも思わなかったろうが、次の興味、ヨーロッパ絵本の根源を探りたいという気持ちがフツフツと湧いてきていたのではないだろうか。

蝦名は一枚の魚文皿を、2頁も使ってダラダラと説明し、陶器好きの蝦名の好み通りに構成させた。原田治が全国をまわって、古いものも新しいものも軽快な現代的タッチで紹介しているのに、わざと古くさく、ジジムサク紹介した。後年、蝦名は編集者を引退すると目黒通りに骨董店をオープンした。

モノクロ2頁「ザンドラ・ショック！」。撮影、八十島健夫。

ある日、椎根が編集部にいると、ザンドラ・ローズから国際電話がかかってきた。明日、日本へいく。オーストラリアからロンドンに帰る前に東京をみたいという。羽田空港にでむかえにいった椎根は、税関からでてきたザンドラの衣裳ケースの数があまりにも多いので、「いつもこれだけの荷物をもって旅行しているの?」と聞くと、「シドニーでショウをしてきたので、その衣裳よ」という返事。椎根は、「じゃあ、東京でもショウをやりましょう。ぼくが会場をおさえるから」といって、すぐに西武百貨店の水野誠一宣伝課員に電話をし、OKをとりつけた。

来日から五日目にファッション・ショウを催行するのは無謀だとも思ったが、会場は池袋西武のファウンテン・ホール、スタイリストは高橋靖子、演出・構成を山本寛斎に頼み、無事ショウができた。ただ、その舞台裏で、もめごとが発生した。モデルとして頼んだ杉本エマがザンドラの衣裳は着ないといいだしたのだ。椎根があわてて駆けつけワケを問いただすと、エマは「この生地だと、私の乳首がみえてしまう。だから着られない」。つい先日、ヌード写真集を二冊もだしているのに。乳首がみえるといっても、顔を近づけなければ乳房があるとしかわからない。それに舞台の上には照明があるから大丈夫だといって説得したが、どうしてもイヤだという。結局、別のものを着てもらうことになった。大阪キタの元女番長の乳首に対する異常なこだわりはなにか別の、椎根が知らない理由があったのだろう。ショウには秋川リサもでた。

モノクロ2頁「この男たちに気をつけヨ」。

木滑編集長の前の職場、平凡パンチ編集部の男性編集者とライターたちのつまらない集合写真を撮って、意味ありげなコメントをつけただけのもの。アンアンの編集部員の紹介もやっていない時点で、このページをつくった木滑に対して椎根の異和感がますますつのった。

モノクロ7頁「熊猫周報・創刊号」。ある日、木滑編集長が椎根を呼び、「なにか活版で、おもしろいページをやって。米国のヒッピー新聞のような考え方で自由につくっていいから……」というので、椎根は無名の新人七名をあつめた。ミュージシャン志望の近田春夫、ヒッピー風の西山ともみ、北沢順造、三田安子（読者参加）、作詞家の松山猛、熊猫周報のリーダーとしてブリティッシュ・ロック一直線の大貫憲章。そしてイラストレーターの加藤裕将というメンバーだった。

カラー1頁「子ども部屋のイラストレーターたち－4」。

スイスの絵本画家、エルンスト・クライドルフ。彼は幼い頃から花や昆虫を人間にみたてて楽しんでいた。そして世界初の石版オフセットの美しい絵本『花の童話』を自費で出版。花やちいさな虫が人間に親しげに語りかける繊細なファンタジーあふれる美しい絵本を世界の子どもたちのために制作し続けた。

堀内誠一自身が解説文を書いたこの頁は、1頁ということもあって、さびしげな悲哀さえ感じさせる。第37号のモンヴェルが一回目。第38号はなし。この第39号で4になっているのが不思議だ。2と3は、どこへいったのか？

森山大道、初のファッション写真を撮る

第40号（一九七一年十一月五日号）。

表紙。撮影、立木義浩。モデル、K・グレイス。コスチューム、松田光弘。ヘア、松村真佐子。

カラー13頁「フランス料理大特集」。フランス料理店フィガロの経営者イリベ・タカシと大橋歩の対談があり、そのあとに料理のつくり方の紹介。マドレーヌ・ピーターが監修している。料理写真に、工夫も新しさも感じられず。「暮しの手帖」の写真が新しくみえるほどだ。これも蝦名のものか。写真が11頁もありながら、撮影者の名もないという杜撰さ。

モノクロ6頁「ジャーナル欄」は今野雄二の映画話。またしても髭のオリバー・リードがトップに登場。次に今野のアンアン誌でのテーマ、〝新しい三角関係の恋人たち〟という話。最後にT・レックスの魅力について書いている。

カラー7頁「ラブ時間はもうすぐエンド」。撮影、沢渡朔。モデル、立川ユリ、ビヨルン・アンドレセン。コスチューム、金子功。ヘア、石田ヒロ。文、白石かずこ。

沢渡が美少年がキライということがよくわかる写真。ルキノ・ヴィスコンティ『ベニスに死す』に出演したアンドレセンは〝世紀の美少年〟ということで来日し、大人気になった。

カラー7頁「ザンドラ・ローズ――世界でもっともユニークなデザイナー」。撮影、十文字美信。モデル、グレタ。スチリスト、高橋靖子。

担当の椎根は書いている。「ここしばらくファッションは、夢を失っていた。ファッションのひとつの特質ともいえる華麗なファンタジアを世界中のデザイナーが忘れさっていなかっただろうか。ダブダブのジーンズを着たザンドラが、この荒涼たる日本に、たしかな手ごたえのある夢をはこんできた」

新人写真家、十文字美信は、正攻法で、ザンドラ・ローズの芸術品といわれるドレスを撮った。実際、この時代のザンドラの衣裳は、ほとんどすべてが全世界の衣裳美術館のコレクションに入っていて、日本の島根県立石見美術館でも、ザンドラのカフタン風ドレスを収蔵している。

「ザンドラ・ローズ——世界でもっともユニークなデザイナー」撮影＝十文字美信
第40号（1971年11月5日号）より

トカゲの背ビレのような白いフェルト・コート。ブラック・シルク・シフォンのドレスとチュニック。アクセサリー選びのセンスがいいザンドラだが、ことにトンボのブローチがすばらしく、ドレスの一部のようにもみえた。そして、プリントから完成まで、すべてザンドラの手でつくられたカフタン風ドレス。靴はすべてマノロ・ブラニクが手造りで制作したもの。もはや伝説的存在の婦人靴デザイナー、マノロの日本初紹介となった。

この十文字の写真は、このままヴォーグ誌に掲載されてもおかしくないレベルだった。

カラー5頁「キルティング」。撮影、立木三朗。モデル、立川ユリ、スーザン矢口。ヘア、吉名達雄。

トップの衣裳は、川久保玲。思いきり丈のみじかいジャケットとハイウエストのズボンで、全部がキルティング。他に、ミルクと大橋歩デザインのもの、マドモアゼルノンノンのデザイナー荒牧政美夫人、荒牧加代子デザインのものがあったが、やはり川久保玲のものがピカイチ。

カラー4頁「アフガニスタン・インド・ネパール・パキスタン　こんなにいっぱい買ってきたぞ!!

¥18654と40銭」。

二十歳の学生が、それらの国の雑貨を買いあつめてきたという、ただそれだけの企画。担当、蝦名。ここでももっともらしく平面構成・野村香積と記している。

カラー11頁「プロフェッショナルバザール」。取材・文、小林泰彦。

雑貨を中心に、それも男の子が好むようなものばかり。たとえば溶接工用手持ちマスクとか安全靴、大工用墨壺とか編み上げ安全靴などで、すべて合羽橋の問屋であつめたもの。のちのポパイ誌のための実験ページのようになっている。

この時期のアンアン編集部では、金子功・ユリの堀内組と、木滑編集長のポパイ誌風の男性誌発想組、温故知新主義のキャップ蝦名・中谷規子組の三大勢力が、統一されることなく、バラバラに雑誌をつくっていた。そこに、今野雄二の趣味の頁と、椎根の新人発見主義の頁、それにエル誌の写真が掲載され、ゴチャゴチャの構成になりつつあった。

カラー6頁「ザ・ワイルド・ファー」。撮影、森山大道。モデル、横尾忠則、篠山紀信、リー・ジエンソン、レイン・ボーマン、ジョーン・コペキー、ジェニー・山崎。コスチューム、永幡雄哉。

森山大道の初のファッション写真。担当は滝谷典子。

大道はイメージを裏切ることなく見事な〝アレ・ブレ〟写真を撮った。ファッション写真とドキュメンタリー写真の中間のような、太古の世界にもどったような写真だった。

担当の滝谷は、横尾忠則をモデルにして毛皮のファッションを撮りたいと思っていたが、誰に撮影してもらえばいいかと椎根に相談した。椎根は、すぐに森山大道にしたら、といった。彼女は森山大

「ザ・ワイルド・ファー」撮影＝森山大道　第40号（1971年11月5日号）より

道を知らなかった。

　当時、椎根は荒木経惟の『センチメンタルな旅』に熱中していた。夏のある日、椎根は銀座伊東屋裏の汚いベトコン・ラーメン屋にいた。中華料理店特有の油で店内中がベトベト状態のうえ、掃除をしないことでも有名な店だった。そのベトベトのカウンターの上に、荒木の写真集『センチメンタルな旅』が二十冊ほど積み上げられていた。椎根は汚いものでもつまむように二本の指だけでパラパラめくった。一瞬で〝視覚〟が覚醒し、感情があふれでそうになり、すぐに買った。本には「1000部限定　定価1000円」と手書きで記してあった。裏表紙に荒木経惟と陽子の連名があり、当時彼らが住んでいた足立区千住の住所まで正確に記してあった。

　荒木からの手書きのメッセージのコピーが一枚貼りつけてあり、「(略)たまたまファッション写真が氾濫しているのにすぎないのですが、こうでてくる顔、でてくる裸、でてくる私生活、でてくる風景が嘘っぱちじゃ、我慢できません。これはそこいらの嘘写真とはちがいます。この『センチメンタルな旅』は私の愛であり写真家の決心なのです」とあった。

この写真集には、新婚旅行の夜の営みの最中の陽子夫人をとらえた写真もある。

ある時、荒木は報道写真家、北井一夫にこういったという。「俺は女とセックスしながら女の写真を撮ってるんだ」。北井は、「セックスしながら写真を撮らせてくれる彼女を見つけて撮ると簡単なことだった」とあるところで記しているが、荒木のそれは意味がちがう。北井はいい写真を撮ろうと考えてセックスする。荒木はまず被写体に愛を植えつけてからシャッターを押す。

この荒木のいう〝愛〟は、プラトンのイデア哲学の〝善〟に通じるところがある。

善のシンボルは太陽だとプラトンは考えた。善、善意、愛というのは、その時々で意味がすこし変わるのだが、この時代の善意を〝愛〟だと宣言した荒木が偉い。荒木の写真を、醜いという人もいるが、それは荒木の愛が過剰すぎた時に、あらわれるのだろう。

荒木はまだ電通の社員カメラマンだった。荒木にファッション写真を撮ってもらうと、電通制作のつまらない広告写真のようになってしまうのではないか、という恐れがあった。それなら森山大道のほうが予測がつく、という判断で、大道で撮影したら面白い、と椎根は滝谷に助言した。森山大道は当時から〝アレ・ブレ〟写真で有名だったが、週刊プレイボーイでも撮っていたのでメジャー雑誌での経験は豊富だった。

大道が、横尾をモデルにしてアンアンでファッション撮影をするというニュースがまたたく間に写真家のあいだに流れた。すぐに篠山紀信からは大道が撮っているところを撮影したいという申し入れがあった。これを担当の滝谷は了承し、撮影の朝、篠山がやってきた。滝谷はせっかく来たのだから、カメラを持っていてもいいが、毛皮のコートを着てモデルになってほしいと要求し、篠山もモデルのひとりになった。

大道の写真は、やはりアレ・ブレだったが、荒木のいう〝嘘っぱち〟の写真にはならなかった。毛皮は映っているが主役ではなく、大道の混沌とした写真理論そのまま〝犬の視線からの事件現場写真〟のようになった。大道には自分の主張をアンアンのファッション写真でも、つらぬき通すだけの〝強さ〟があった。

カラー3頁「アハの世界」。撮影、新正卓。モデル、立川ユリ。AD、今井宏明。D、中川輝昭。ヘア、松村真佐子。メイク、清水悌。着付、熊崎たえ子。

荒木のいう〝嘘っぱち〟の写真の見本のようなもの。わけのわからない感じだけが残る。まずタイトルの「アハ」というのが理解できない。それでもユリは熱演している。これも無理に木滑に持ちこまれたタイアップ企画のような気がする。

ディスカバー・ヨーロッパ

第41号（一九七一年十一月二十日号）。

表紙。撮影、立木三朗。来日したエルトン・ジョンとモデル、ハニー・レイヌ。衣裳、松田光弘（ニコル）。

カラー24頁「ディスカバー・ヨーロッパ1　城と森のメルヘン——ドイツ・オーストリアの旅」。

撮影、秋山亮二。

堀内は秋山についてこう語っている。「報道カメラマンの秋山さんに、ニガテなドイツ語圏を撮影してもらった。彼は英語、フランス語、スペイン語は自由に話せるが、だめなのがドイツ語」。

だから堀内は秋山をドイツ語圏に連れだした。被写体とカメラマンのフシギな結晶作用をよく知っている堀内ならではの秋山の起用であった。堀内は「ディスカバーJAPAN」の広告を揶揄するように、「おのぼりさんの来ないヨーロッパに行ってみることにしました」とも書いている。

このディスカバー・ヨーロッパ撮影旅行では、日本に〝報道写真家〟という名称を持ちこんだ名取洋之助の娘、名取美和が運転手兼通訳として大活躍した。

名アートディレクターの堀内誠一と報道写真生みの親の娘にはさまれ、秋山亮二カメラマンはどういう気持ちで撮っていたのだろうか。

ドイツからチェコまでつらなる黒い森と呼ばれる森林風景。そこで生活する牧夫やその子どもたち。バイオリン作りの町ミッテンワルトの職人たち。幻想的な古都バンベルクの兵舎の庭を歩む牧師。ロマンチック・ラインの紹介。ビアホールの街ミュンヘンの仮設大ホールの豪華さ。モーツァルトの生まれたザルツブルク。メルヘン気分を高めるローテンブルクの素敵な看板たち。秋山は、正確に、正しく、ドイツの民衆を撮った。

堀内と一緒に撮影旅行をすると、堀内が団長のサーカス団の一員になったような高揚した陽気な気持ちになるのだが、その気持ちが秋山の写真にあらわれている。

カラー7頁「狂王ルドヴィヒの城」。撮影、秋山亮二。文、澁澤龍彥。澁澤の文章のタイトルは「童貞王の城」。

狂王ルドヴィヒ二世が百二日しか滞在しなかったノイシュヴァンシュタインの城。トップページで堀内は、森の梢の上にそびえる白い槍のようなお城と、バイエルン地方の典型的ファッションの牧夫の姿との二枚の写真を組み合わせ、すこしも不自然さを感じさせない。これは堀内の名人芸。
澁澤は、もともと狂王が好きなうえに、前年もわざわざノイシュヴァンシュタインの城を訪れているというだけに、文章にも力がこもっていた。

このように堀内と澁澤が狂王ルドヴィヒ二世に寄せる情熱は、一九六八年の、堀内と澁澤のふたりでなければ生まれなかった伝説の雑誌を思いださせた。

「狂王ルドヴィヒの城」撮影＝秋山亮二
第41号（1971年11月20日号）より

澁澤が責任編集、堀内が、題字、編集美術を務め、天下の瞠目をあつめた雑誌「血と薔薇」である。編集方針として、「エロティシズムの領域に関する一切の事象を偏見なしに正面から取り上げることを目的とした雑誌である」と潔く宣言していた。

凡百の雑誌があふれるなか〝エロティシズムと残酷〟を追求し、圧倒的な高みに屹立したふたりの桁外れの感性、堀内のヴィジュアル面の才幹と澁澤の異教的博学が見事に融和した、唯一無二の、三冊の〝マガジン〟だった。

ふたりは終生、友人としてつきあいを深め、手紙のやりとりも多かった。その往復書簡は『旅の仲間——澁澤龍彥・堀内誠一往復書簡』（晶文社）と題され、二〇〇八年に出版されている。一九八七年、澁澤が八月五日に亡くなると、堀内も、十二日後、あとを追うように、この世を去った。

カラー11頁「エル誌——スポーティーコート」。写真、フランク・ホーヴァット。

エマニュエル・カーン、ダニエル・エシュテル、ドロテビスのコート十六点が、カタログ的に撮影。五〇年代に報道写真家だったホーヴァットは六〇年代に入り、ハーパーズ・バザー誌でファッション写真を撮るようになった。ルポルタージュ性をもちこんだ傑作写真を多数残しているが、エル誌編集者が悪いのか、このコート特集ではホーヴァットのよさはすこしもでていない。

カラー5頁「ユリとアンアン編集室の人たち」。撮影、立木三朗。衣裳、金子功。制作、カロ・ニットサロン。ヘア、石田ヒロ。文、大橋歩。

第39号で、平凡パンチ編集部の編集者、ライターたちが突然意味もなく登場した「この男たちに気をつけヨ」が批判されたので、アンアンの編集者たちの怒りをやわらげようとした木滑編集長の企画。ユリの表情がなぜかさえないが、三朗はなんとか写真になるように努力していた。

モノクロページの「ジャーナル」欄で原由美（彼女はペンネームとして、子をとった）がはじめてパリへゆき、そのトピックスのひとつとして、パリの本屋でダビッド・ハミルトンの写真集『少女たちの夢』に感動し〝大切な本が1冊ふえました〟と記している。原由美子は創刊から二年間はエル誌から送られてくるポジ、ネガの整理と翻訳の仕事をしていた。スタイリストになるのは、その後。

「熊猫周報」の「天皇陛下　熊猫御見学」という記事が面白い。昭和天皇と皇后がロンドン動物園へいき、パンダを見学したというニュース。いつもは気むずかしいパンダのチチ嬢が、この日ばかりは

「ディスカバー・ヨーロッパ１」撮影＝秋山亮二　第41号（1971年11月20日号）より

快く両陛下の前に姿をみせたという。でもそれは飼育係が気をつかって、その日は朝からエサを与えなかったからと噂されている、とある。

カラー6頁「少数者のぺいじ」。平面構成・野村香積。

この企画は、旅と花と器の三つに分かれていて、旅を八十島健夫、花を大倉舜二、器を和泉繁が撮影した。花は、毎回栗崎昇が活けた。文章はいっさい署名がないがライターの三宅菊子。その森茉莉風の文を紹介する。

「……まりあとジャンヌ。女の命は白百合の花の香り。／そんな物語も遠い夢。花は花、愛する者の手から手に、そっと贈られて思いのたけは鴇《とき》色の薔薇。幼な子が、ひと握りの霞草。母に駆け寄って頰ずりしたのだったけれども、貧しさに母の命果て、冷たい墓石が夜露に濡れた」

栗崎の花は、ヨーロッパ製の乳母車に活けられた薔薇と霞草だった。大倉舜二が、ビルの谷間の乳母車と花をよくまとめ雅趣のある写真にした。

カラー1頁「子ども部屋のイラストレーターたち－5」。解説、堀内誠一。〝花と虫たちのせかいクライドルフ〟とある。病気がちだったクライドルフは、山と森と草原の国スイスで、花や虫たちが人間のように生活している世界を描いた。第39号に続いてクライドルフがとりあげられた。


第42号（一九七一年十二月五日号）。

表紙。撮影、立木義浩。モデル、立川ユリ。ヘア、石田ヒロ。衣裳は、この号の特集に連動して金子功が東欧調のドレスをデザインした。

カラー29頁「ディスカバー・ヨーロッパ〈バルカン〉——ルーマニアの花嫁花むこ」。撮影、秋山亮二。カメラマンひとりでは手がまわらなかったので堀内誠一も写真を撮っている。

吸血鬼の故郷、ルーマニアのトランシルバニアの田舎の土曜の朝、ある婚礼にであう。彼女と彼の衣裳はこの地方独得のウェディングドレス。図案化された花、花、花で飾りたてられた刺繡ドレスの花嫁、花婿、お祝い客……。この秋山の写真にはファッション写真の典雅さと文化人類学の奥深さが混ざりあい、格調と品格が現れている。

堀内と秋山は、世界でもっとも美しい花嫁衣裳をマジャールの娘たちが着ていると聞いて、トランシルバニアに住むマジャール人の集落にも足をのばす。教会を訪ねるとあつまった娘たちは全員、トランシルバニアの花嫁ドレス以上の華麗で派手な衣装を身にまとっていた。王冠のような白い真珠のような髪飾り、そこにはレース編みの花柄の布が幾重にもさがり、豪華なブラウスは、闘牛士のそれよりも手のこんだ伝統的な装飾で飾られている。スカートも同じように幾世代もつむがれた手芸の跡がみえ、ペチコートのように何枚も重ね着をしている。驚きにみちた深い色彩、そして人形のハダを

「ディスカバー・ヨーロッパ〈バルカン〉——ルーマニアの花嫁花むこ」撮影＝秋山亮二
第42号（1971年12月5日号）より

した素朴な娘たちの笑顔がそこにあった。

幸運にも堀内と秋山はマジャールの人たちの集落で結婚式にであう。花嫁から花婿への膨大な嫁入り道具、ふたりのためのベッド、何十枚ものシーツやレースのベッドカバー、箪笥など、一生分の家財道具を十台ちかくの二頭立ての牛車に積んで花婿の家までドロンコの村道を大パレード。驚くのは、それらのものすべてに素朴でありながらきらびやかな花模様が刺繡され、絵の具で絵が描かれていたことだった。

秋山はマジャールのドロンコ道を神聖な生き物のように撮り、花嫁パレードを祝した。

教会での秋山の写真は、もはやナショナル・ジオグラフィック誌でも、もったいないようなすばらしいショット。信徒席に両腕をもたれかけて、一瞬カメラの気配に半顔だけこちらに向けた若い女性の神々しいブラウス、金銀の刺繡が入ったベスト。王冠のようなスカーフ。娘の指は、祈りの表情ではなく、なにかもっと違うものを求める女の指にみえる。

なによりも椎根の目を釘づけにしたのは、彼女の履いている底の厚い赤い靴だった。ロンドンのマノロ・ブラニクにもパリのどんな高級靴店のものにも負けない美しさがそこにあった。靴の底にはまだ泥がついていたが、その泥までも美しくみえた。マジャール人は、アジア系の民族といわれている。秋山のこの写真は、アンアン誌の最高の一枚だった。〝ファッション〟の原点のようなものまでが映しとられていた。

カラー7頁「サント・アンジェロ コレクション」。撮影、新正卓。モデル、ラディカ・ナンダ、ユタ・ビリィッ。コスチューム、サント・アンジェロ。コスチュームディレクト、北本正孟。ヘア、柏崎たかよし。

ニューヨークのデザイナー、〝豪奢なヒッピー〟といわれたサント・アンジェロの作品も、マジャールの娘たちの民族衣装をみたあとでは、カゲがうすくなる。新正は生きた白馬まで持ちだしているが、泥のついたマジャールの農耕馬の神聖さとくらべれば、うすよごれてみえた。

カラー13頁「エル誌――セーターがあればそれだけでもういいの…冬は」。ケンゾーのセーターが九点以上も撮られた。写真は、ピーター・ナップが3頁、他の写真は、K.PAKCHANIAN。ナップは実用的に撮ってはいるが、アイデアと色とモデルの表情の決め方で、ピカピカの写真になった。

カラー5頁「ロンドン一番地」。撮影、八十島健夫。モデル、菊地ジュン。ニットデザイン、ヒロ・マツザキ（在ロンドン）。スチリスト、鈴木美恵子。

ヒロは新人好きの椎根がロンドンで知りあった日本人デザイナー。ここで八十島は狂気をおびたような、他のカメラマンがとうていだせない色を表現した。構図も八十島らしい特異なものだった。この撮影中に、モデルのジュンが突然吐いた。おどろいた椎根が、「大丈夫？ どうしたの」と聞くと、その答えがおかしかった。ジュンは、宇野亜喜良と離婚して前姓の鈴木にもどったスチリストの美恵子が「あまりにも美しすぎて、私がモデルをやってて、いいのかと不安のあまりもどしてしまった」と告白したのだ。

カラー6頁「権兵衛のジャンパー・スカート」。撮影、八十島健夫。モデル、リトパ・サーリッコ。衣裳、権兵衛。ヘア、梅沢正明。

「ロンドン一番地」とまったく色調が違う八十島の写真。ロンドンのほうは、すこしポップ調だったが、権兵衛はクラシカルな色調でまとめている。八十島は、フィルムの特性を考えて、自分の求める色調を自由自在にだせるようになっていた。

新人モデル山口小夜子

第43号(一九七一年十二月二十日号)。

表紙。撮影、立木義浩。モデル、秋川リサとマリア・フェルナンデ。衣裳、金子功。ヘア、松村真佐子。リサの顔が急に老けたようにみえる。どうしたのだろう。

カラー7頁「おさない日に……」。撮影、斎藤亢。モデル、立川ユリ、ナンシー村井。コスチューム、金子功。ヘア、石田ヒロ。靴、ブチック・ホソノ。詩と文、岸田衿子。

めずらしく純粋ノスタルジック写真を撮った斎藤。小学生用の木の椅子に腰かけたふたりの同じポーズの写真がいい。

カラー5頁「セーター」。撮影、立木三朗。モデル、ナンシー村井、斎藤英生。コスチューム、荒牧政美。ヘア、松村真佐子。

三朗はいつものように手慣れた感じで撮影しているが同じ号の「おさない日に……」にナンシーがでているのだから、違うモデルを選ぶべきだった。読者は続きものと思いこんでしまう。これは担当編集者の問題か。もうひとりのモデルの英生、あれだけ亢の写真にでていたのに、ぱったりとでなくなった。英生と亢の結婚生活が終わったからか。堀内のセーターというロゴが傑作!

「ジャーナル」欄は中国を6頁で特集。だが、訪問取材した人の名前が記されていない。カメラマンの名もなし。広州の動物園にはパンダが五頭いたと記され、そのうちの三頭を撮影している。女性は全員人民服ジャケットの時代で、空気がきれいで公害なんてない中国だった。ニクソン大統領の中国訪問が七二年の二月だったが、その直前の記事。

カラー7頁「クリスマス・プレゼント最新情報」。撮影、馬場佑介(社員)。モデル、ハニー・レイヌ、ケイ・グレイス。ヘア、石田ヒロ。

いまや日本の雑誌の定番企画、クリスマス・プレゼント特集の第一号。彫刻刀セット、小型工作機械などが入っているところがアンアン読者にはふさわしくないが。

カラー5頁「日本の海ってはじめてナノ」。撮影、ジャネット・ルロイ。モデル、K・グレイス、ロイ・グレイス、シルビア・ウォーカー。ヘア、松村真佐子。

子ども服中心のもの。ジャネットは、エル誌の編集者からカメラマンに転向した女性で、来日を機に撮影を頼んだ。彼女はのちに川久保玲の衣裳をはじめて撮影した外国人カメラマンとなる。

カラー4頁「トレビアン! カブキメーキャップ——セルジュ・ルタンス氏の華麗なるメーキャップご披露」。撮影、長友健二。解説、芝山サチコ。協力、大谷友右衛門。

「マカロニサラダ」撮影＝十文字美信　第43号（1971年12月20日号）より

日本のTV・CFの影響で、セルジュ・ルタンスのメーキャップは大ブームをおこしていた。彼が初来日し、歌舞伎の女形、友右衛門をスタジオに招いて、歌舞伎の化粧、カツラ、衣裳着つけを真剣に観察するというもの。その後、モデル（鶴祥代）を使って、ルタンス式メーキャップで歌舞伎役者風に仕上げている。美容家、芝山サチコは、彼の化粧法を「アートの雰囲気濃厚です」と絶讃している。

カラー7頁「マカロニサラダ」。撮影、十文字美信。モデル、山口小夜子。衣裳、堀切ミロ。イラストレーション（衣裳）、ワークショップMU!!。ヘア&メイク、兵藤勇喜（CINQ）。

担当の滝谷典子が、撮影場所に困っていたので、椎根は自分の祖母の生家を紹介した。衣裳の絵柄がポップアート的なので、背景は日本の前近代性が色濃く残っている東北の寒村がいいだろうという判断だった。

十文字の写真は時代の風を写真に入れて、美信ワールドともいえる独得のセンスをみせている。草原の乳牛と、小夜子が持つブリキの大きな牛乳缶。胸には鶏のまっ赤なトサカのアップリケがついた衣裳。髪には、キジの羽根が一本空にそびえている。十文字は、ピンクフロイドの名作LPジャケット写真を軽々と超え、永遠に色あせぬファッション写真の一枚を撮った。

この撮影時にはまったくの新人モデルだった山口小夜子は、後年モデルの世界を飛びだした活動をするが、その原点はこの福島県三春町でのすばらしい撮影体験から生まれたものだとくりかえし語っていた。

カラー11頁「エル誌　冬の休日――アイルランドで何を着る?」。写真、リコ・プルマン。リコは、手堅い写真を撮った。ダニエル・エシュテルのレインコートと短い上着、サンローラン・リヴゴーシュのミリタリー調の上着が、アイルランドの寒い気候を感じさせる。水辺で竹のステッキをつき、チェックのシャツ、ベストとパンツに革のブーツ、風にひるがえったコートの写真もいい。

カラー7頁「少数者のぺいじ」。撮影、八十島健夫、和泉繁、ULIROSE。平面構成・野村香積。料理の項では、網代《あじろ》編みの籠をとりあげている。いくら漬け物には必需の品だといっても、ここはアンアンである。異和感がつのる。その大籠を美文調でほめあげている。

しかし花の項はよかった。栗崎昇が突然パリにまでいって花を活けている。キモノハカマの外国人モデルが百本以上の菖蒲をかかえた写真が凛然としていた。切り取って壁に貼りたくなる種類の写真。「熊猫周報」ではこの周報の編集長格の大貫憲章がおもしろいことを書いていた。「最近よくTVを見るのだけど、そうするとわりとよく井上順之(現、順)というGSくずれの男がでてきてニッコリ笑って、『ピース』と言いつつ、例のピースサインというヤツをだしておるのです。ウッドストック以来ロック・フェスの会場はもちろんマスコミ、ミニコミを通じ広く愛と平和を歌いあげたのは昔のこと。それをいまさら…と思うに反して死ぬ程おかしい。彼の『ピース』は愛と平和の3日間ではなく、またいわゆるパロディでもなく『ピース』だけなのだ。（略）だから残された道は10年でも20年でも『ピース』を言い続けることだと言いたい。（略）」

第44号（一九七二年一月五日号）。

表紙。写真、ハンス・フォイラー。スキー・ファッションのモデルのアップ。いままでのエルの写真と違っている。表紙には「エル6冊分の内容を一挙に掲載したサービス号です！」とのコピー。定価が二百二十円になる。

エル誌は、ピーター・ナップ、ハンス・フォイラー、ヘルムート・ニュートンと当時の三大人気カメラマンに、ファッション撮影してもらうようになっていた。

カラー12頁「スキー・ファッション1972」。写真、ハンス・フォイラー。モデルが山頂でスキー服を脱ぎすて、その下には色あざやかなビキニ水着。太陽により近づいて日光浴、というもの。モデルの頭上の蒼い空には山肌に激突しそうなほどの低空で飛行機が飛んでいる。マンネリになりやすいスキー・ファッションでも、ここまでやれる、というフォイラーの心意気がつまった写真。この頃、椎根が一番好きだったカメラマン、スイス人写真家フォイラーの、エル初登場。

フォイラーは、ドイツのトゥベン誌、英国のノヴァ誌のファッション写真で注目されていた。彼の写真には、いつも新鮮なアイデアがつまっていて、ファッション写真の未来を具体的に表現していた。方向性はヘルムート・ニュートンと同種のものだったが、フォイラーのほうが人間を大切に撮っている。このスキー・ファッションの解説文は平凡パンチ誌のライター、寺崎央が書いた。

カラー7頁「毛皮も自由に」。ピーター・ナップが毛皮とジーンズを組み合わせて撮影。ナップも、フォイラーの写真に押され気味で、おとなしくみえる。

2色カラー16頁「キッチ趣味」。パリ支局員の山中啓子のパリ最新リポート。「キッチ趣味のドレスコードを守らないと入れないクラブもでてきた」とある。

モノクロ2頁「シャネル。この偉大なデザイナーの『語録』」。華麗な生涯をとじたシャネルの残した言葉の紹介。「嫌悪するまで仕事をしなさい。仕事があるときにはそれをしなくちゃ」「贅沢は心のくつろぎ。贅沢は貧困の反対じゃない、下品の反対です」

この号ではファッションがらみのいろいろな話題をあつめているが、そのなかで一番目をひいた写真が、イヴ・サンローランの自社広告用全裸ヌード。それを撮影したカメラマンの名は記されていないが、仏人ジャンルー・シーフが撮ったものだ。

カラー2頁「風のように……」。写真、ヘルムート・ニュートン。

普通の町スナップのようにみえるファッション写真だが、歩き方を指導したおもむきすらある。くちゃくちゃの新聞をモデルに持たせて歩くショットがいい。普通のカメラマンなら新しい新聞を持たせるだろう。だが、これをみてニュートンとエル編集部は、つくづく相性がわるいと椎根は思った。

カラー2頁「ネオ・クラシック'72」。写真、ハンス・フォイラー。

フォイラーが、自分の趣味をあまりださない時のニュートンみたいな写真を撮った。フォイラーは同世代のカメラマンのなかで、ニュートンを一番高く評価していた。

カラー2頁「ブラウス ブラウス ブラウス」。写真、ハンス・フォイラー。

この黒を基調とした写真は、彼がトゥベン誌からスタートしたことを思いださせる。

カラー5頁「英国ボンボン」。写真、ハンス・フォイラー。

ケンゾーの衣裳を中心に、ロンドン・ポップを枠に、こじゃれた風にまとめた。こちらはノヴァ誌風といってていいかもしれない。

「スキー・ファッション 1972」写真＝ハンス・フォイラー　第44号（1972年1月5日号）より

モノクロ8頁「1972年のあなたの運勢」。アンアン名物となった星占いのエル・アストラダムスの予想大特集。その後、この次の一年間の運勢予想企画は、女性誌の定番になる。

堀内が海外取材中で、この号は木滑編集長の得意ワザ、つまり思い切りのよさでつくられた。エル誌の写真を選択しないで、ほとんどそのまま載せたようになっている。音楽のページも今野雄二の自由にまかせている。

モノクロ8頁「'71ベスト・アルバム30」。

1位原子心母／ピンクフロイド、2位つづれおり／キャロル・キング、3位パール／ジャニス・ジョプリン、4位エヴリ・ピクチュア・テルズ・ア・ストーリー／ロッド・スチュワート。5位4ウェイ・ストリート／CSN&Y、6位シカゴ・ライブ／シカゴ、7位イマジン／ジョン・レノン。（8位以下略）13位ニュー・モーニング／ボブ・ディラン、14位いとしのレイラ／デレク&ドミノス、15位T・レックス／T・REX。傑作アルバム、大豊作の年だった。

「グッドデザインアルバム10」に、本物のジッパーがついたR・ストーンズの『スティッキー・フィンガーズ』がベスト入りしているが、なんといってもトゥリーズ『オン・ザ・ショア』の、古い庭園のまん中で、水をまくナゾの少女のジャケットがよかった。椎根はこのジャケットの写真が気に入り、いまでも持っている。赤外線フィルム撮影で、ヒプノシスという名のグループが制作したものだが、彼らは七〇年代後半にはビジュアル界の世界的人気クリエーター集団になった。カラー写真にさらに色をつけていて、それが不気味さをきわだたせていた。

アメリカ一周大取材旅行へ

第45号（一九七二年一月二十日号）。

表紙。撮影、堀内誠一。モデル、立川ユリ。本家のディズニーランドのミッキー、ドナルドダック。星条旗をアレンジしたユリの衣裳は金子功。撮影場所、米国アナハイムのディズニーランド。ユリはドナルドダックよりも口を大きくあけて笑い顔をつくり、写真に統一感と幸福感をもたらした。

堀内はこの表紙で二枚の写真を組み合せた効果的なデザインワークをしている。〝AMERICA EDITION〟という力強いロゴの下には「この号はぜんぶニューヨークで編集しました」とある。

このコピーが堀内がアンアンを離れる意志がかたまった、と椎根に感じさせた。日本からのスタッフは、堀内誠一、金子功、立川ユリ、会計係として椎根。米国で吉田大朋と合流する予定だった。

このアメリカ特集の企画が決まった時、木滑編集長が、椎根にいってくれ、といった。カメラが吉田大朋と知り、あまり面白い写真が期待できないと思い、椎根はいかないと返事したが、木滑は、十文字美信の「Ｐｉｎｋ」の時に、16頁でやってくれたら、木滑のいうことをなんでもひとつだけ聞きますと約束したことを持ちだした。堀内からも「椎根クン、いこうよ」といわれ、椎根は、堀内さんがいくのだから、ボクは会計係だったらいきます、と木滑編集長にいった。

堀内がつくった精密な取材スケジュール表の、椎根のところに〝会計〟と記してあり、妙に嬉しい気分になったのをおぼえている。堀内のそのスケジュール表には総１０４頁とあった。

編集長になった木滑は、本社での常務会への出席、広告部、販売部の打ち合わせで、日に二、三回、六本木と銀座を往復しなくちゃならない。だからアンアン編集部を銀座に移したい、といっていた。椎根は大反対し、ボクが米国から帰ってくるまでは絶対に編集部を移動させないでください、と釘をさしておいた。

この号ではアメリカ特集の前にモノクロ8頁「地球の上に生きる——ヒッピーの女の子がハダカから始めたコロニー生活の体験記」が載っていた。これはアリシア・ベイ・ローレルが書いたホール・アース・カタログ風の紹介記事。星の王子さま風のイラストもアリシアが描いた。自分たちの住むところ、食料保存法、野生の植物を使った料理、赤ちゃんを自分ひとりで生む方法とか、まじめなヒッピー生活をつづっている。誰が翻訳したのだろうか、クレジットは一切入っていない。

カラー15頁「ダッチ・カントリー——変わらざる人々の村」。撮影、吉田大朋。モデル、立川ユリ、マーサ・カー。衣裳、金子功。帽子、中村隆男。

リードには「ペンシルバニアのピューリタンの村、ダッチ・カントリーをたずねる」。旅の名人、堀内誠一に、よくぞみつけた、といいたいほどの最高の撮影ポイント。

村の人は宗教的理由から、電気も自動車も使わず、移動手段は黒い箱型の馬車だけ。男は白と黒服、女性は白いスカーフ様の帽子に、草木染めみたいな色彩かインディゴブルーの服。ピンクとか赤という色彩は幼児だけに許されていた。みかけた女のコは、ハダシで歩いていた。

その村はNYから百二十マイルしか離れていないのに、二百年前の生活をそのまま守っていた。話しかけても一切答えず、カメラをむけるとサッと逃げてしまう。長老風の老人がいった。「写真に撮られるというのは変化するということだから……」と。人物の撮影は宗教上の理由で、まったく許されなかった。

撮影のために観光用の黒箱馬車をかりた。金子は一度もいったことのないはずのピューリタン・カントリーの風土にぴったりの衣裳をデザインしていた。堀内の話だけを聞いて、これだけの衣裳をつくる金子の才能には敬服するしかない。それにしても、堀内は、どうやってピューリタン・カントリーの存在を知ったのだろうか。堀内のフシギな才能のひとつとしかいいようがない。

このアメリカ特集号は、米国全土をまわる壮大なファッション撮影旅行だった。シカゴからスタートし、ニューヨーク、ペンシルバニア、ニューイングランド、ニューオーリンズ、ヒューストン、ソルトレーク、シアトル、バンクーバーが最初の予定プランだった。

堀内は、この大規模なファッション撮影旅行で、どこでどういう衣裳を撮るかまで綿密に考えてスケジュール表をつくり、出発の二か月前にはデザイナーの金子に説明していたという。

現地滞在予定は十八日間。ホテル、モーテルのチェックイン、チェックアウト、飛行機の移動だけでもギリギリのスケジュールで、そのうえ金子の衣裳ケースとスタッフのものをあわせるとスーツケースは三十七個あった。飛行場に到着すると椎根はその個数をチェックし、紛失がないかを確認してタクシーに運び入れる。運転手にチップをわたすのも、もちろん会計の椎根の役目。スーツケースはありがたいことに旅の最後まで一個の紛失もなかった。通訳兼スペシャルエディター兼スタイリスト

「ダッチ・カントリー――変わらざる人々の村」撮影＝吉田大朋　第45号（1972年1月20日号）より

としてイラストレーターの三橋陽子が最後まで同行してくれた。彼女はNY在住中だった。

堀内は椎根たちの三日前に単身NYへいっていたので、金子、ユリ、椎根の三人とはシカゴで合流する予定になっていた。この三人のほかに野村真一という若者が同行した。彼はNYで大活躍していたヘアデザイナーの須賀勇介に弟子入りが決定していて、須賀から野村をつれてきてほしいと椎根は頼まれていた。シカゴの撮影では、NYからやってくる予定だった須賀が急にこられなくなり、野村真一が代役をつとめた。この数年後、野村真一は、日本を代表するヘアデザイナーとなる。

カラー10頁「シカゴ」。撮影、吉田大朋。モデル、ムーシェ。衣裳、三橋綾子。ヘア、須賀勇介、と記されたが、実際には野村真一。スタイリスト、三橋陽子。

ムーシェは、本当に一流モデルだった。その存在感はシカゴの高層ビルを圧倒していた。彼女は生物最速動物チーターの肢体を持っていた。

堀内の最初のスケジュール表では、シカゴ撮影、奈良原一高と記してあったが、どうしても都合がつかず、吉田大朋が撮った。奈良原はこの時期、自動車で米国中をまわり、あの傑作写真「棒に括りつけられたゴミ缶二個」をものにした。

大朋の写真は、綾子の派手なNY風夜会服をムーシェがソツなく着こなして、合格点といえた。シカゴの次にNYに寄り、ペンシルバニア州のピューリタン・カントリーへ車でむかう。大朋がロケバスを運転してくれた。

ピューリタン・カントリーでの撮影も無事終わり、レストランで夕食をとりながら雑談していると、大朋がまじめな顔でこう話しだした。

「シイネ君、ぼくはNYにオフィスをかまえているから、ヴォーグ誌のリチャード・アヴェドンと同じギャラが欲しい。アヴェドンは、エディトリアルページでも1頁七万円貰っているそうだから、ボクのこのアンアンの仕事も1頁七万円を支払ってほしい」

椎根はすぐにいい返した。「この仕事にとりかかる前に大朋さんは、木滑編集長と、1頁三万二千円で契約しているじゃないですか。契約しちゃったんだから、もう値上げはできません。ボクは、今回は会計係としての役目をおわされているんですから……」

他のスタッフからすこし離れた場所でふたりはやりあった。

大朋は急に、「じゃあ、ぼくがこれからのニューオーリンズ、ヒューストンの撮影はしないっていったら、どうする?」と、ポーカーの逆レイズみたいなことをいう。

椎根は、「いいですよ、七万円払うんだったらアヴェドンに頼みます。撮影のほうは堀内さんもボクもカメラを持ってきてますから、ふたりで撮影します」。

堀内と金子、ユリに説明すると、三人とも、「それでいいんじゃないの」といった。金子が公家さ

「あの、ジョン・F・ケネディが愛したニューイングランド」撮影＝萩原英興
第45号（1972年1月20日号）より

んみたいなルックスによらず、豪胆な気質なのに椎根は感動した。

ピューリタン・カントリーでの撮影の米国人モデル、マーサ・カーはグレイハウンドバスできて、またバスで帰った。マーサのギャラは一日分としてムーシェの約半分の二百五十ドルを現金で手渡した。その時のマーサのセリフが記憶に残る。「いまのアメリカで現金で二百五十ドルを持っていたら、それだけで私には殺される資格がある」と、うれしそうにいったのだ。アメリカが一番、ブッそうな時代だった。

カラー15頁「あの、ジョン・F・ケネディが愛したニューイングランド」。撮影、萩原英興。コスチューム、金子功。モデル、立川ユリ。帽子、中村隆男。

英興は当時NYに住んでいた。ニューイングランド、ケープコッドの近辺には古きよき時代のアメリカの別荘が多数あり、故ケネディ大統領の別荘もあった。若きケネディが、妻ジャクリーンと娘キャロラインの三人でビーチで遊んでいる写真もこの誌面に入れられた。

英興は、日本人の読者がたぶんはじめてみる高級別荘地帯を背景に、何枚もいい写真を撮った。ユリが白い砂を蹴った、そのちいさな滝のような砂の動き。バックにはこの地特有の緑の草が稲穂のようになびいている。もう一枚は、アンドリュー・ワイエスの絵のような、なだらかな草原をうつむきながら歩いているユリ。背景には大きなエントツが目立つ白い家があった。

モノクロ7頁「ニューヨークのセイントたち」。モデルはNY在住の〝聖人〟と呼びたい当時の有名人たち。ロックシンガーのアリス・クーパーとウォーホルのスーパースター、ジェーン・フォース、ドラァグ・クィーンの女王、キャンディ・ダーリング（女装俳優）。アリスとジェーンの写真はスタイリストとのふれこみのNY在住の皆川保男が撮った。

アリスに椎根が持っていたアンアン誌を手渡すと、いきなりムシャムシャ食べはじめたので、あわてて返してもらったが、そのサービス精神がすばらしかった。

カラー15頁「ニューオーリンズ、ディープ・サウス　ジャズ・たいはい・グリーン　ニューオーリンズよりももっと南――緑の秘境」。

吉田大朋が降りたので、堀内誠一、皆川保男、椎根の三人でファッション撮影会風に撮りまくった。この15頁は、大朋の撮ったシカゴ、ピューリタン・カントリーの写真とちがって生気にあふれている。堀内はここでも事前調査が完璧で、このディープ・サウスに米国版浦島太郎物語、リップ・ヴァン・ウィンクル庭園があり、庭園のそばには世界中のレストランのテーブルに置いてあるタバスコの、世界でひとつだけの工場があることまで知っていた。

ミシシッピー川の河口、ワニがウヨウヨしている沼沢地でのことだった。撮影のためにちいさなボートをチャーターしたが、船頭のほかには四人しか乗れなかったので、ユリと金子、堀内と椎根が乗

「ニューヨークのセイントたち　ジェーン・フォース」撮影＝皆川保男　第45号（1972年1月20日号）より

り、支流にでた。

南部特有の湿気。カッと照りつける太陽。絵になるものはなにもない。撮る気力さえ失せそうな最悪のシチュエーションだった。

舳先にユリにすわってもらい片足を船底につけてもらった。椎根は、堀内はどう撮るだろうと考えながらみていた。金子はハックルベリー・フィン風のレースのついた衣裳をユリに着せていた。

堀内は超ワイドレンズを取りだすと、いきなり、レンズにツバをはきかけて指でこすった。

この写真がこの米国一周撮影旅行で、最高の傑作となった。

堀内の、なにもなかったらツバをつけて撮るというこの姿勢に椎根は本当に感動した。撮影というのは、最適なアイデアを一瞬のうちに考えだせる能力だ、ということをまざまざとみせられたからだ。

この「ディープ・サウス」で掲載されたすべての写真には、一枚一枚にローマ字でHORIUCHI、

SHINE、MINAGAWAというクレジットが入った。やさしい堀内の配慮だった。

モノクロ8頁「須賀勇介――ニューヨークを征服する日本人」。撮影、吉田大朋。堀内、椎根がNYへいく前に撮られたもの。須賀勇介はNYを代表するヘアスタイリスト。顧客が凄い。ケネディ家の女性たち、モナコ国王妃プリンセス・グレース、ジェーン・フォンダ、フェイ・ダナウェーなどの女優たち。須賀は海が近いサウスハンプトンに別荘を持ち、マンハッタンにも静かなアパートを持っていた。渡米わずか六年で、この地位をきずいた。大朋はその須賀をハリウッドスターを撮るような感じで撮ったため、ハートが伝わってこない写真になった。

カラー9頁「ニューヨーク　トゥデイ」。コスチューム、ブティック・カマリ。ヘア、野村真一。モデル、ノーマ・カマリ。

NYで一番期待されていた新人デザイナー、ノーマ・カマリ。スタイリスト兼新人写真家、皆川保男は、汚れて混沌としたNYを背景に、このニューファッションを撮影した。ノーマ・カマリはレバノン人で彼女自身がモデルになってくれた。堀内チームがケープコッドで撮影していたため、椎根は皆川カメラマンと組み、当時、地獄よりも危険といわれていたハーレムのアポロシアターでこの撮影をすることになった。

椎根がステージの上で撮りたい、といったら、「ユニオンの許可を貰っているか」。照明をつけてほしい、というと「照明のユニオンのOKをとってこい」といわれる。すべてにいくつもの組合が混在していたためステージでの撮影をあきらめ、R&Bの大スターたちの顔写真が何百とコラージュされていたステージへのアプローチの前でノーマにポーズを取ってもらった。

この掲載誌をノーマに送ると、すぐに返事がきて、なぜ私の写真だけが、ダーティなのかとクレームがきた。椎根は、リアルなNYをみせたかったので、と返事を書こうと思ったが、書かなかった。

「ニューオーリンズ、ディープ・サウス」撮影＝堀内誠一　第45号（1972年1月20日号）より

「ニューヨーク　トゥデイ」撮影＝皆川保男　第45号（1972年1月20日号）より

この数年後、ノーマはNYで成功し、新宿・伊勢丹デパートに彼女のコーナーができた。

カラー5頁「ユリが夢にまで見てたディズニーランド」。撮影、堀内誠一、椎根和。コスチューム、金子功。

堀内の最初のスケジュールにはなかったディズニーランド。ヒューストン、ソルトレークへはいかずにディズニーランドに変更した。

ユリは口にこそださなかったが、どうしてもディズニーランドにいきたいと念じていた。その気持を察していた金子は、ひそかに星条旗をモチーフにしたオーバーオールとジャケットをつくって、衣裳ケースにしのばせていた。

その星条旗の衣裳を、ユリは晴れ晴れとした表情で着て、一九五五年にオープンしたアナハイムのディズニーランドへいった。日本の雑誌で最初のディズニーランド取材だったと思う。

入場料を払って、普通の観光客のふりをして堀内と椎根でユリを撮影し、そのうちの一枚を表紙にした。取材許可といっためんどうなことは一切しなかったが、アンアン誌が発表されても、どこからもなにもクレームをつけられることはなかった。ユリはミッキーとドナルドダックとはおしゃべりできたが、一番好きなグーフィとは会えなかった。

モノクロ8頁「オークランドのヒッピーしらみの市《いち》」。撮影、堀内誠一。アメリカで流行りはじめたフリーマーケット風景の写真。堀内の目には、のみではなく、しらみにみえたのだろう。

カラー2頁「ロスのメキシコ横丁のスーベニール」。撮影、堀内誠一。ガイコツのローソク立て、陶器製の聖なる木など、堀内の好きそうなものばかりがカラフルに載った。

カラー2頁「サンフランシスコ・ガイド」。撮影、堀内誠一、椎根和。サンフランシスコはフェティシズムの人が多いんじゃないかと思うぐらい、なぜか靴屋が多いね、と堀内はいった。

「ユリが夢にまで見てたディズニーランド」撮影＝堀内誠一、椎根和　第45号（1972年1月20日号）より

カラー4頁「バークレーとサンフランシスコ」。取材・文、小林泰彦。

アメリカの学生たちの生活ぶりをチェックする企画。堀内のアメリカ取材チームとはまったく関係なく、木滑編集長が小林泰彦に頼んだもの。不思議なことにカメラマンのクレジットが入っていない。ひょっとすると小林が撮影したのか。

このアメリカがアンアンでの堀内誠一、最後の海外取材となった。当初の取材スケジュール表には104頁とあったが、実際のアンアンにはアメリカ特集は108頁にわたって掲載された。

椎根にとっては卒業試験旅行みたいになったが、その旅行中の気分としては、堀内サーカス団の一員となったような、楽しい記憶だけが残った。めずらしい外国へいって、みたことのない驚きの写真を撮り、それを日本の読者にみせるというサーカス団だ。

米国取材チームが帰国すると、編集部が六本木から銀座へ移動していた。

木滑を問いつめたら、「椎根がいない時にやるしかないと考えた」と答えた。

嘆声もでないほどの傑作

第46号（一九七二年二月五日号）。

表紙。撮影、立木三朗。モデル、ニコラ・ニュートン、キャッシー・ツール、クリスティー・ラング、ローラ・ワイズ。衣裳、荒牧政美。ヘア、石田ヒロ。

カラー7頁、モノクロ7頁「夢のアマン」。ダビッド・ハミルトンの世界的に話題になった写真集『少女たちの夢』の写真を、オリオン・プレス通信社を通じて借りたもの。

スウェーデンの中学校の少女たちのハダカの生活を撮ったもので、甘い、ノスタルジックな写真は、どこか病的なものを感じさせ、そのうちの一枚は、フェルメールの絵の構図とよく似ていた。アンチロマン派作家、アラン・ロブ＝グリエがシャレた詩をつけていた。

ハミルトンは英国人で、クィーン誌のアートディレクターをつとめ、パリのプランタンデパートのADもやっていた、と紹介されている。

この写真が掲載された数か月後にハミルトンは来日し、ニッポンの少女たちの写真集――もちろんヌードで――をつくる。

椎根のもとにもハミルトンの関係者から、モデルになってくれる少女を推薦してほしい、という連絡があった。椎根は、「熊猫周報」のスタッフのひとり、高一のⓂという女のコを紹介した。Ⓜは、最後まで本名を知られることをこばみ、文章には彼女の希望のⓂというサインを入れていた。撮影には、椎根は立ちあわなかった。

ハミルトンの撮影以降、Ⓜは編集部にいっさい顔をださなくなった。調べてみると、ついウッカリ母親に撮影のことを話してしまい、自宅監禁状態になってしまったとわかった。その後、Ⓜは二度と編集部に顔を出すことはなかった。

同時期、椎根はD・ハミルトンと同じ英国人写真家、ジョン・D・グリーンの写真集『バード・オブ・ブリテン』に熱をあげていた。ハミルトンは〝少女たち〟をモデルにしたが、グリーンの写真は成熟した英国女性ばかりが登場するものだった。モデルはジュリィ・クリスティ、マリー・クワントなどで、ヌードではなかった。この写真集の表紙は、鼻のテッペンにテントウ虫を一匹おいた女性の顔のアップ。このテントウ虫を鼻に、というグリーンのアイデアは日本のカメラマンのあいだで一時流行った。

カラー6頁「TWIGGY——あのツイッギーが変貌した」。写真、ダグラス・カークランド。

二十一歳になった〝枯れ枝〟モデル、ツイッギー。体重は以前とかわらず九十二ポンドと記してある。アンアンのユリを立木義浩が撮ったみたいな耽美的写真。

カラー6頁「ボディウエア　issey miyake」。撮影、十文字美信。モデル、ブリット・マグヌソン、デグチ・モニク、エミリー吉田、シャリー・トミオカ、進藤和歌子。コスチューム、三宅一生。

担当の椎根は「アンダー・ウエアとアウター・ウエアのあいだにしのびこんだインベーダー」と説明文に書いている。大枚をはたいて駒沢競技場を一日借りきっての撮影だった。

デビュー以来、好調に写真を撮ってきた十文字のはじめての中途半端な写真になった。その責任は椎根にあった。ひとつは、スポーツウエアみたいだから、安直にスタジアムで撮ろうといったこと。もうひとつは、十文字が撮影中にモデルとのあいだに自分の影が映っているのに気づき、「コレいいんじゃない?」といってきたので、椎根はあいまいに同意した。これは写真における〝影〟という魔物を簡単に考えすぎた椎根の失敗だった。その時、目にみえる影は、なんでもなくても、写真に撮された影は異様な力を発揮して、写真そのものをダメにする場合がある。

カラー7頁「わたしは不等辺三角形の一辺」。撮影、久米正美。モデル、立川ユリ、ジェームス・ホバック、ロナルド・ウェイ。詩、岸田衿子。衣裳、金子功。ヘア、松村真佐子。協力、エドワーズ(男物)。

大人の恋物語を、ちょっとあぶなく表現したファッション写真。最後の一枚、ボクシングのコーナーポストにしがみついているユリの表情がいい。

モノクロ3頁「どんなスタイルが好き? 髪」。人物インタビューもの。川久保玲がはじめて素顔を公開。コメントで「ここ数年、ほとんど髪型を変えたことがない」といっている。川久保の意志の強い学生のような目が印象的。髪型は、のちのソニア・リキエル風のオカッパではなく、無難に無難にと考える、悩み多き良家の子女が好むオカッパだった。

カラー9頁「エル誌　冬将軍とデート」。写真、ヘルムート・ニュートン。

ニュートンはエル誌で大きな企画撮影をまかされた。しかしニュートンらしくない写真となった。エル編集部の要望が強すぎて、優等生的な写真になってしまったのか。鉄の鋲《びょう》が目立つ橋の上の写真が多かった。

カラー5頁「ロンドン・リーゼント」。写真、ティム・ストリート・ポーター。衣裳、パラダイス・ガレージ(ロンドン)。

「ディスカバー・ヨーロッパ　おかしなおかしなルーマニアのイラスト墓場」撮影＝秋山亮二
第46号（1972年2月5日号）より

椎根がロンドン出張中に知りあったカメラマンからの売りこみ。人気ブティック、キングスロードにあったパラダイス・ガレージの五〇年代風衣裳だけを選んだファッション写真。

カラー7頁「ディスカバー・ヨーロッパ　おかしなおかしなルーマニアのイラスト墓場」。撮影、秋山亮二。

ルーマニアのスポンタという町のお墓はすべてイラスト入りで、生者へのメッセージつきというヘンなものだった。ひとつひとつに個性があり、アンリ・ルソー風の絵も多かった。堀内は、そのイラスト入りの墓を制作している人にも取材している。

墓碑銘のなかで一番の傑作は、「お前さんはいま、わしの墓の前に立っとってわしの墓を見とるとこじゃな、――おお、できればわしはお前さんと代わりたいもんじゃ」。

第41号、第42号にも掲載された秋山とのヨーロッパ取材で、堀内をもっとも喜ばせたのがこのイラスト入りの墓場だった。あの世の絵本といったおもむきを堀内は気に入ったのだろう。

カラー5頁「マキシーン・バンクリフのメーク・アップ」。撮影、与田弘志。モデル、立川ユリ、鈴木智香代、マキシーン・バンクリフ。ヘア・アシスト、田村哲也。

マキシーンは、アヴェドンやペンの撮影時のメイクアップを担当したキャリアがあった。トップの写真ではマキシーン本人が、アスコット競馬場にやってきた現代調英国貴婦人風にしている。与田の写真も紳士淑女という雰囲気がでていて、セシル・ビートンほどの気どりがないのがよい。ユリには、ハイファッション風、デカダン調の二種のメイクをほどこした。


第47号（一九七二年二月二十日号）。

表紙。撮影、立木義浩。モデル、立川ユリ。ヘア、松村真佐子。イラストレーター、原田治。

このユリの左側の横顔は、完璧としかいいようがない。比較できるものとしては、フランドル派の巨匠、ロヒール・ファン・デル・ウェイデンの傑作「婦人像」の横顔だけだ。背景には原田治の描くところのカラフルなニッポン的モチーフがちりばめられた。

カラー16頁「特集　日本の旅。アンアン流『旅行けば……』」。トップの千葉県中山の「法華経寺境内図」のイラストは梶山俊夫。

「アンアン流『旅行けば……』1　お伊勢さまと島めぐり」。撮影、杉原弘一。参加、大橋歩。

昭和八年に描かれた伊勢名所案内の古い図絵が4頁にわたって掲載。次に、大橋歩がかつて遊郭、芝居小屋で栄えた〝古市〟を訪ね、残っていた旅館大安でくつろぐ姿。杉原の写真は、ただダラダラと撮っているだけ。その後の頁では、三島由紀夫の『潮騒』で有名になった神島、隣りにある染めの絞りで有名な篠島などの島々を訪ねるという趣向。

千葉県下総中山法華経寺の紹介と、その近所の真間山・手児奈堂の散策で、まるで永井荷風のエッセイをなぞったようなアナクロ旅もの。これは蝦名・中谷グループの仕事か。海外ものが多かった堀内流アンアンに対しての嫌がらせのようにもみえた。

カラー5頁「アンアン流『旅行けば……』3 温泉」。イラストレーション、合田佐和子。前の頁の〝前近代性〟をふきとばすような幻想的な合田のイラスト。キューピー人形のような子どもたち。妖怪のような婦人たちの入浴図。野沢温泉へゆき、アケビ細工の旅行カバン、おべんとう入れなどを紹介している。

カラー7頁「ブリットの安物買い 京都編」。撮影、八十島健夫。モデル、ブリット・マグヌソン。スウェーデンの妖精モデル、ブリットに三万円を渡して、京都の伝統的な寺物専門店で衣裳を買い、彼女自身のスタイリングで、ファッション撮影をするというのが椎根のアイデアだった。京都の名所で撮影。和尚の着る黒い法衣、ネックレスにもなる京念珠、巫女の緋袴、木綿の割烹着、八ツ折という草履、リカちゃんバスセット・バッグ。キッチュの逆としての日本の伝統的衣裳を外国人モデルに着てもらったらどうなるか、という実験だった。

平安神宮での、リカちゃんバッグ、割烹着にカスリのモンペ姿のブリットのフシギな写真は、八十島の代表作となり、七〇年代初頭のファッション写真の傑作となった。堀内のレイアウトも、繊細に緋と緑と瑠璃色を地にひいて写真をひきたてた。

カラー7頁「尾道」。撮影、斎藤亢。モデル、立川ユリ、マリ。詩、岸田衿子。コスチューム、金子功。ヘア、松村真佐子。

尾道のような日本の古い情緒を濃く残す場所でのファッション写真を斎藤は不得手にしていた。教会とかノルマンディ海岸のような西洋的寂しさのあるところなら斎藤にもアイデアが湧いてくるのだろうが、構図もポーズもバラバラ。ユリも、どうしたらよいかという表情をするしかなかった。

斎藤は、いくら旅の特集といっても、風景をそのまま全部入れる必要はなかった。それこそファッション写真家の特権、狂気を発動して、ユリと衣裳だけを極端にアップで撮ればよかったのだ。風景はほんのすこしだけ入れて。

カラー13頁「萩――時間旅行《タイムトラベル》のように　純情画帖」。撮影、立木義浩。モデル、立川ユリ、郷達也。衣裳、金子功。ヘア、松村真佐子。文、鈴木清順。

日本の観光地でのファッション写真の撮り方のお手本を、堀内と立木義浩はここで展開した。

この13頁は、アートディレクターの職を辞すると決心した堀内誠一の集大成的な作品群の第一弾。この号と第49号の堀内誠一が陣頭指揮をした写真は、彼のアートディレクションの凄さ、広大さを反映していると椎根は思っている。

萩での写真は、アンアン抒情写真の代表作で、嘆声もでないほどの傑作。義浩もまるで雲が空を流れるかのように自然に撮っている。義浩は八カット中、七枚の写真でユリの左横顔を中心に撮った。

金子の明治時代の女学生みたいなセーラー服もよいが、矢絣《やがすり》の着物に海老茶のハカマ。古い自転車で城下町を走るユリがすばらしい。萩というひなびたところで、その写真にあう古い自転車をさがしてくるところが堀内の才能で、おそらく堀内の才にひきよせられるように自転車は現れたのだろう。

ユリの左横顔が、ある種の哀しみをはっきりと物語っていて、みあきない。堀内は男女ふたりを同じ衣裳で、背景だけを変えて二枚ずつ掲載しているが、それが余分なものという感じを与えないで、バッハのフーガのような重奏音のようにひびいてくる。

レイアウトの時に、同じ衣裳で二枚いいものがあると、どちらか一枚を選ぶことに悩むものだが、堀内はスッと二枚とも使う懐の深さがあった。

「萩――時間旅行のように　純情画帖」撮影＝立木義浩　第47号（1972年2月20日号）より

堀内が好きだった映画監督、鈴木清順に頼んだ文章もよかった。それは「萩は恋を失ったまちでございます」とはじまっていた。写真のテーマも、恋を失いつつあるふたりの逢瀬……。城のお堀の、二メートル以上もある枯れた葦《あし》の前のユリと恋人。ふたりが二間《けん》ほども離れて立っているその距離感もいいが、ふたりを、不安定な自然石の上に立たせたのが、あぶなっかしい恋をよく物語っている。日本的リリシズムの極致。

「アンアンリポート」は、NYでジョン・レノン、ヨーコに会ってきたという横尾忠則のおみやげ話。会ったとたんに親友同士になったジョンと横尾。横尾はある日ジョンにさそわれて、TV「リチャード・フロスト・ショー」に出演し、放映中に約五百機の紙ヒコーキをつくって、それをスタジオ中に飛ばした。ロンドンのアップル・レコードの前で、ビートルズの誰でもいいから、とカメラをかまえていた横尾が、一年たらずのうちにジョンの部屋に招待された。七一年は横尾の人気が、世界的なものに拡大した年だった。

カラー6頁「札幌」。〝札幌オリンピックがとうとうはじまってしまった〟、というサブタイトル風文章がついている。撮影、馬場佑介（社員）。モデル、日野とも子。

オリンピックの写真は一枚もなし。ファッション頁かガイド頁か、単なるヒヤカシか区別がつかない。衣裳は、コムドギャルソン、マドモアゼルノンノンから借りたとある。木滑編集長が、じきじきにファッション頁をやると、こういう風になる。木滑はなにをアセっていたのか。編集費削減か。

モノクロ5頁「変身する四谷シモン」。文、澁澤龍彥。「10人のカメラマンによる〝四谷シモン 引力のマタタキ〟展より」と副題がある。シモンが、状況劇場の女形役者として人気絶頂の時代だった。

十人のカメラマンは、森田一朗、石元泰博、有田泰而、宮崎浩一、篠山紀信、沢渡朔、細江英公、朝倉俊博、加納典明、十文字美信。

ベスト3は、石元泰博（アンアンでは泰の字が奏となっていたが）、沢渡朔、有田泰而。

石元は、シモンの〝美しき野獣性〟をよく表現していた。沢渡はシモンの〝知性と狂気と童子性〟を、有田はシモンを〝疾走するやさしき獣〟風に写していた。一番の若手だった十文字はここでも彼の永遠のテーマ、〝顔をださないで、首から下の肉体だけで人間を語る〟ということに挑戦していた。

カラー6頁「少数者のぺいじ」がまた復活した。ただし、花の写真を撮っていた大倉舜二のかわりに外国人カメラマンJOËL LELIEVREになっていた。

最後のページは「ビバ！　バレンタイン!!」。

二回目の聖バレンタインデーの告知。「この日ナゼカ　女のコが男のコへプレゼントをする日ナノデス」と説明がある。チョコレートの写真よりも、タイプライターのバレンタインの写真が大きく載っている粋なページ。

シャネルの広告がはじめてアンアン誌に掲載された。香水〝ナンバー5〟。あの有名なビンがカラー1頁大の大きさで、ドカーンとでた。これも粋な広告の見本だった。

視覚の記憶の強い人は王者である——堀内誠一

第48号（一九七二年三月五日号）。

表紙。撮影、斎藤亢。モデル、マージョリー・ホワイト。ヘア、松村真佐子。衣裳、川久保玲（コムド・ギャルソン）。

前号に続き、ドとなっている。変革期の編集部によくある現象で、全員の気がそぞろになっている証拠だ。写真が弱いと思ったのか、堀内は、にぎやかな童画を背景に入れたが、画家の名前は記していない。

カラー13頁「エル誌　スポーツウェア72」。写真、フランク・ホーヴァット。手頃に買える、流行にはそれほど関係のないスポーティな服の頁。

六〇年代を代表するファッション写真の大家もエル編集部の頑迷な態度になにもできなかったか。ホーヴァットは繊細な構図、ジャーナリスティックなアングルで魅力的な写真を生みだしたが、ここではそれを感じられなかった。

たとえば冬のリゾート地でテーブルを前に新聞を読んでいる女性の写真があるが、コーヒーを前に配達されたばかりの新聞という発想が写真を貧しくしている。アンアン第44号に載ったエル誌の写真でヘルムート・ニュートンはモデルに新聞を持たせていたが、それはクシャクシャのもので、いかにもすぐこの新聞で靴を磨きだしそうだった。新聞という小道具を使っても、次の動作を連想させるような写真が、いいファッション写真といわれる。

カラー5頁「動物さまのお通りだーい!」。撮影、西川治。モデル、立川マリ、K・クレイス、キャロライン洋子。コスチューム、木村浩子。イラスト、鈴木幸枝。ヘア、鈴木元章。

子どもも服の特集だが、なかなか独創的な衣裳で、西川の写真はエル誌のファッション写真よりはるかに生き生きしている。

カラー5頁「子供たちat欧州のスキー場——シャモニー、サンモリッツ」。撮影、千葉允《まこと》(社員)。他誌の取材のついでにスキー場の子どもスナップ写真を撮ってきました、という手抜きの頁。これも木滑編集長が、依頼したものか。タイトルからして、きっちりしていない。

映画紹介は『フレンチ・コネクション』。ウイリアム・フリードキン監督とは記してあるが肝心の主役、ポパイ刑事ことジーン・ハックマンの名が記されていない。レコード紹介は、T・レックスの『電気の武者』。最高傑作アルバムとある。

モノクロ7頁「たいくつな新婚旅行　男と女の友情を信じない女が女友達しか持っていない男と結婚した場合――」。

ドンファンとして有名だった俳優、岡田真澄と藤田みどりの新婚旅行の写真をみせながら、男と女の関係をグダグダと話している。7頁もやっていてカメラマンの名もない。ただ「協力パンアメリカン航空」とある。これは岡田真澄と友人だった蝦名芳弘の仕事だと思う。蝦名が自分好みの企画を、「少数者のぺいじ」についで、またやっている。椎根には木滑に対するイヤがらせともみえた。

カラー5頁「ロンドン・ポップ」。撮影、斎藤亢。モデル、立川ユリ、バニー・ラッツ、斎藤英生、寒竹春美。コスチューム、松田光弘（ニコル）。ヘア、松村真佐子。

いまはなき横浜ドリームランドでの撮影で、衣裳は、松田が大ブーム中のロンドン・ファッションを意識してデザインしたもの。哀しみの表現が好きな斎藤とドリームランドという遊園地での撮影。どんな感情を表現したらよいかモデルたちが困っている様子がありありと感じられる。

しかし斎藤は、アンアンで撮影した彼の作品中のベストに入りそうな写真を一枚だけ撮った。

遊園地の大砲の前に、白いパンタロンとブルーのセーター姿のユリとバニー。そのユリとバニーの、そろそろ遊園地でもないでしょ、というハードボイルドっぽい表情と目が写真をクールにした。ユリは、この場面ではこの目しかない、ということがわかっていた。

カラー11頁「輸出品」。構成、小林泰彦。

コンセプトは日本でつくられているのに私たちの目にふれないものをあつめました、というもの。

この四年後、ポパイ誌を創刊する木滑編集長の、予行演習的な男のコ向けのカタログ企画。でてくるものも、ごついハンティングブーツ、つり竿ホルダー、ポップなライター、ハイライザーという輸出用自転車、三輪車のバギー、毛布ばりの水筒などなど。アンアン向きではない。11頁もありながらカメラマンの名もなし。

この号の蝦名の「たいくつな新婚旅行」と木滑編集長の「輸出品」は、雑誌の方向性をバラバラにするもので、後日、蝦名と木滑のあいだでも大騒動が持ちあがるのだが、そのことを、このふたつの特集は予感させた。

「熊猫周報」では、グアム島の密林から横井庄一さんが〝あらわる〟と報じている。

カラー5頁「LOVE SOUPを飲むのならまず恋人を殺せ!!」。制作、坂井直樹・WATER。撮影、八十島健夫。協力、MOJO・WEST。文、松山猛。

のちに日産のBe-1というクルマのコンセプトデザインを指導した坂井直樹が、アメリカンポップアート作品をアレンジして、シャツ、ブラウス、パンツをデザインした。そのファッションと関西人主導のロック・ムーブメント、MOJO・WESTの大集合写真をミックスしたもの。

八十島は、一枚だけ真剣に撮った。それは見開き2頁の一枚の写真。錆びたトタン屋根の小屋が左手にあり、その屋根の上に洗濯物を干すみたいにハンガーにかけられた二十枚ちかくのシャツがヒモにぶらさげられている。モデル、人物の姿はなく、ただ左手から女のハダカの手と脚が、にゅうとつきでている。ただそれだけの写真だが、ファッション写真でもなく、風景写真でもなく、ヌード写真でもない、その三つのほどよい中間にあるような、美意識をコケにしたような写真だった。

カラー4頁「I LOVE IT　やわらかい膚」。撮影、和泉繁（社員）。モデル、バニー・ラッツ。ヘア、石田ヒロ。毛皮、中村毛皮店。衣裳、ミルク。

「ロンドン・ポップ」撮影＝斎藤亢　第48号（1972年3月5日号）より

写真についてというよりも、当時本物のオランウータンの毛皮コートが市販されていたという事実にビックリする。値段は、三十七万五千円と記してある。白ぎつねのコートは八十七万円。

「パリ通信」ではアンアン特派員山中啓子が、「ロンドンポップを断固として拒否してきたパリが最近キングスロードやケンジントンマーケットをなぜか気にしだした」とリポート。さすがのパリも無視できなくなったというロンドンの街頭ファッション・スナップ写真を送ってきていた。

第49号（一九七二年三月二十日、四月五日号）。

創刊二周年記念合併号。二百二十円。〝金子功作品大特集!!〟〝パリ・コレクション'72春夏、パリと同時発売!〟と表紙にはあるが、AD堀内誠一最後の号とは、もちろん書かれていない。

表紙。撮影、篠山紀信。モデル、坂東玉三郎、立川ユリ。コスチュームデザイナー、紬屋吉平。ドレッサー、橋本直枝。ヘア、松村真佐子。

舞台用の化粧と衣裳の玉三郎とアンアン誌の女神ユリの上半身。当然ながら、玉三郎のほうが〝オンナ〟っぽい。

カラー9頁「玉三郎——坂東玉三郎、立川ユリ」。撮影、篠山紀信。着物、浅野美津子。着付、橋本直枝。ヘア、松村真佐子。

日本のファッション・ポートレート写真の代表的傑作。堀内のアートディレクションのスキのなさ。そして、堀内の指示にさらにプラスアルファの要素を盛りあげる篠山のカメラワーク。華やかさと美しさ、人間の虚実までも表現している。

楽屋の暖簾をくぐるふたり。玉三郎のゾッとする凄艶な美貌。姫鏡台にうつる玉三郎とユリ。ふたりは目を閉じていて、口紅の色だけが違う。モデルとしての諦観をみせるかのように目をつぶったユリ。

花道で舞う玉三郎を、無人の客席から見上げるユリ。本舞台にあがる時には足にも化粧をするものだが、玉三郎は撮影ということで足の化粧を省略していた。だから、青年、玉三郎の骨ばった足が、裾からのぞいている。写真全体には、そぐわない足だが、この写真の場合は、この素足が〝核〟になっている。

世紀のバレエダンサー、ヌレエフの素足だけをとらえたアヴェドンの写真があるが、それ以上のドラマチックな〝素足の写真〟。もちろん篠山は足が着物に隠れたショットも撮っていただろうが、堀内は素足の写真のほうが凄い、と感じて、この選択となった。芸術の真実は、事実と虚構の中間にある、という美しい見本だ。

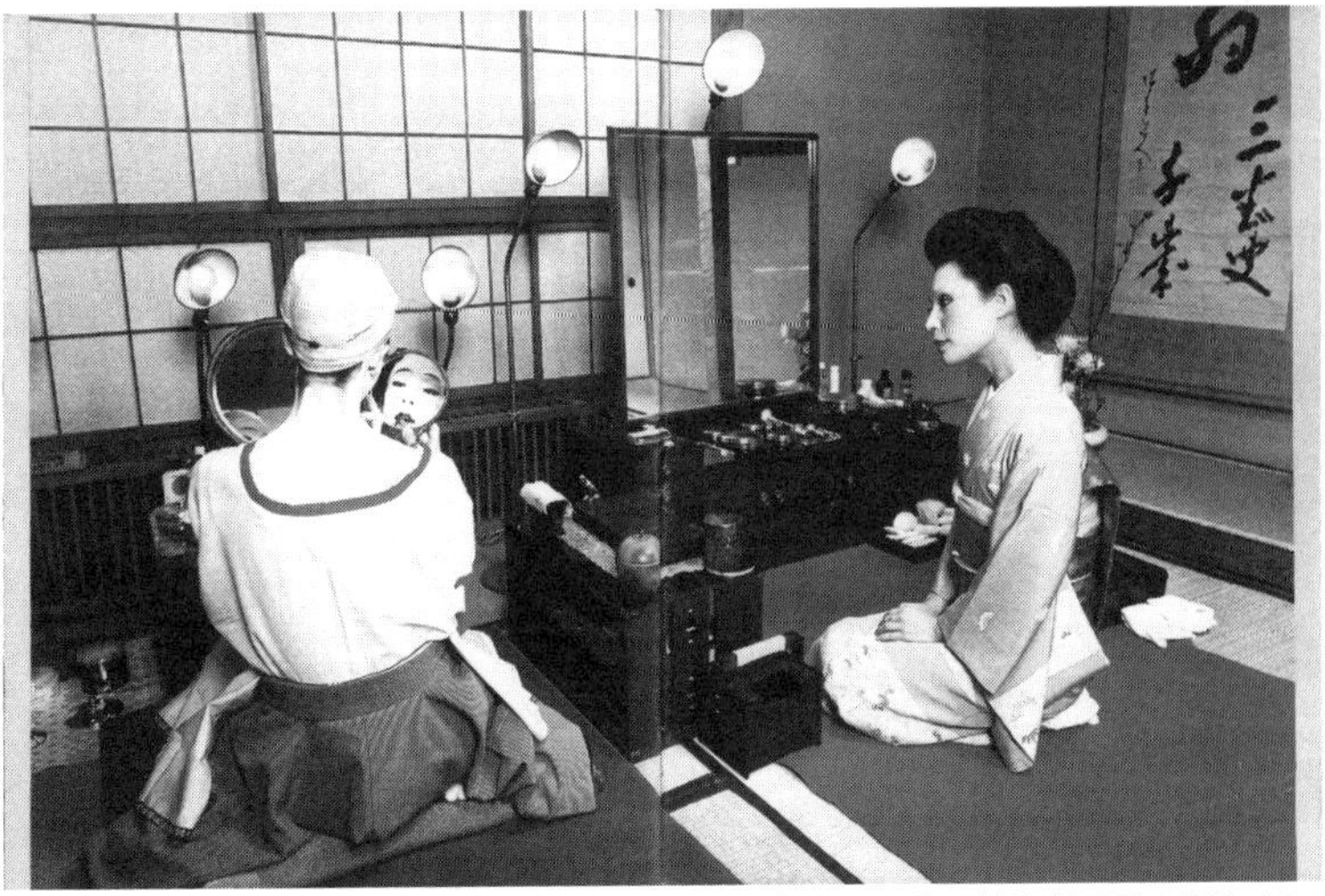

「玉三郎——坂東玉三郎、立川ユリ」撮影＝篠山紀信　第49号（1972年3月20日・4月5日創刊二周年記念合併号）より

カラー12頁「パリ・コレクション春・夏1972」。写真、ハンス・フォイラー。解説、長沢節。トップの3頁でフォイラーは、グレなどのオートクチュールに惜別するかのように、エモーショナルにゆったりと撮っている。長沢も「パリモードがわれわれにすべてを与えた時代は去った」と語っている。

次のプレタポルテの項では、サンローランの衣裳を中心に、フォイラーは、ドラマチックに、ギャラントな写真を撮り、ウンガロ、パトウ、ディオールのプレタポルテを、ノヴァ誌で一番多くファッション写真を撮ったハリー・ペチノッティが、手堅くまとめている。ハリーは、狂気に近づきつつも、決して同化しないフットワークを持った写真家だった。

モノクロ11頁「プレタポルテ」。

シェルレ、シャネル、ウンガロ、ジバンシーを、ギイ・ブルダンがメインで撮影。長沢はシャネルのデザイナーがガストン・ベルトロになって変化してしまった、と書いている。

カラー7頁「小袖の時代」。撮影、篠山紀信。モデル、立川ユリ。衣裳、栗崎昇。ヘア、松村真佐子。着付、須藤充子。文、鈴木清順。協力、龍吟庵、永観堂、仁和寺。

篠山も堀内がADだと、こうも柔らかい写真を撮る。

堀内はアンアンの仕事を終えた二年後、「写真でも、デザインでも、自然で、力にあふれていれば、それが一番いいので、篠山紀信の作品もそれで簡単に説明がすむ。私が写真家と会う時には、作品が自然に生まれるための条件を良くすることに努めて、希望に満ちて元気に別れられればいいと思って(実はそのために悩みがたえないのだ)いるが、篠山紀信の場合はこっちが元気づけられていることが多い」(「ロッコール」一九七四年)と記した。

この小袖の時代の撮影の時、堀内がいう〝自然に生まれるための条件を良くすること〟は、国宝級の小袖を持っていた栗崎昇と堀内の信頼関係だっただろう。

この企画は〝幽玄美〟を狙ったものだが、白い小袖を着たユリが、池をバックに撮ったものが一番、幽玄美をかもしだしていた。ユリが着ている小袖の、水が流れて渦ができる様《さま》の文様がいい。

第48号の「純情画帖」の立木義浩がユリの左横顔だけを撮ったように、篠山も、この小袖では、ユリの左横顔だけを撮っている。清順の文は、「小袖は春の匂いでございます。（略）春は実に乙女の肌からにほい出るものでございます」とはじまり、「手に小刀がきらめきました……」で終わる粋《すい》な狂いにあふれた美文。

カラー6頁「赤ずきんと狼青年」。撮影、斎藤亢。モデル、立川ユリ、ローリイ・ベルナール。詩、岸田衿子。コスチューム、金子功。ヘア、松村真佐子。

金子の衣裳は豪華でメルヘンチックだったが、斎藤の写真にはなんの感興もおきなかった。

カラー6頁「ロリータの日々」。目次には正しく、撮影、久米正美とあるが、誌面では久木となっている。モデル、立川ユリ、ロナルド・ウエー。詩、白石かずこ。衣裳、金子功。ヘア、松村真佐子。ヤンキー風のファッションは、ユリには似合わないのがわかる。

カラー5頁「海辺のニット」。撮影、千葉允（社員）。モデル、立川ユリ、マリ。エッセイ、大橋歩。コスチューム、金子功。制作、カロ・ニットサロン。

ニットはいいのだが、写真が問題。モデルにも的確な指示をだしていなさそうだ。だから、だらけた写真、そして何度もみたような写真になる。

カラー6頁「月のユリによせて」。撮影、立木義浩。モデル、立川ユリ。句、加藤郁乎。コスチューム、金子功。ヘア、石田ヒロ。

これがアートディレクター堀内誠一、アンアンで最後の仕事となった。〝女神ユリ〟にオマージュをささげたものだ。

最初の見開き写真は、オールヌードのユリが自分よりも大きい銀の月に横たわっている。

加藤郁乎は、写真の数と同じ数の五句を寄せていて、最後の、クレージュ風宇宙飛行士のようになったユリが月とともに宇宙を飛んでいるという写真には、郁乎の「月光も　濡れる落花も　さようなら」の句がそえられた。

立木義浩は、この写真で、週刊平凡、平凡パンチ、アンアンと、八年間続いた堀内誠一との共同作業を、まさしく卒業した。だからこそ、この写真は、淡淡と、どこにも力がこもってない〝大人の写真〟になったのだろう。

カラー13頁「再見　香港1972」。原田治が悠々と、ガイド頁はこうつくるのですよ、といいたいかのような高い完成度の誌面をつくった。写真は赤羽嘉夫だったが、ここでは写真家などというヤボな表記をしないで、「摂影師《シアイエンシイー》」と中国語であらわしている。ちなみにイラストレーターは、図解者《トウカイチエ》。写真家に愛されたAD堀内の最後の号に、さりげなく、摂影師と書いた原田治の感性の鋭敏さ。さらにタイトルの「再見」の意味は香港では、「さようなら」のことですと原田は説明している。まさに軽妙な江戸っ子的洒落の気分を隠した別れの挨拶だった。

最終回と通告された「熊猫周報」の天気予報では、「おお！　なんとアンアン編集室の頭上を見上げてみれば暗雲低くたれこめて、まるでこの熊猫周報の終わりを惜しみ悲しむかのような空模様なのであります。でも空さんよ、そんなに悲しむことはないのだよ」、と大貫憲章は記した。

堀内誠一がつくった四十九冊のアンアンは、これで終了した。

四十九冊のうち、第47号と第49号の写真は、とりわけ堀内のアートディレクターとしての真価を充

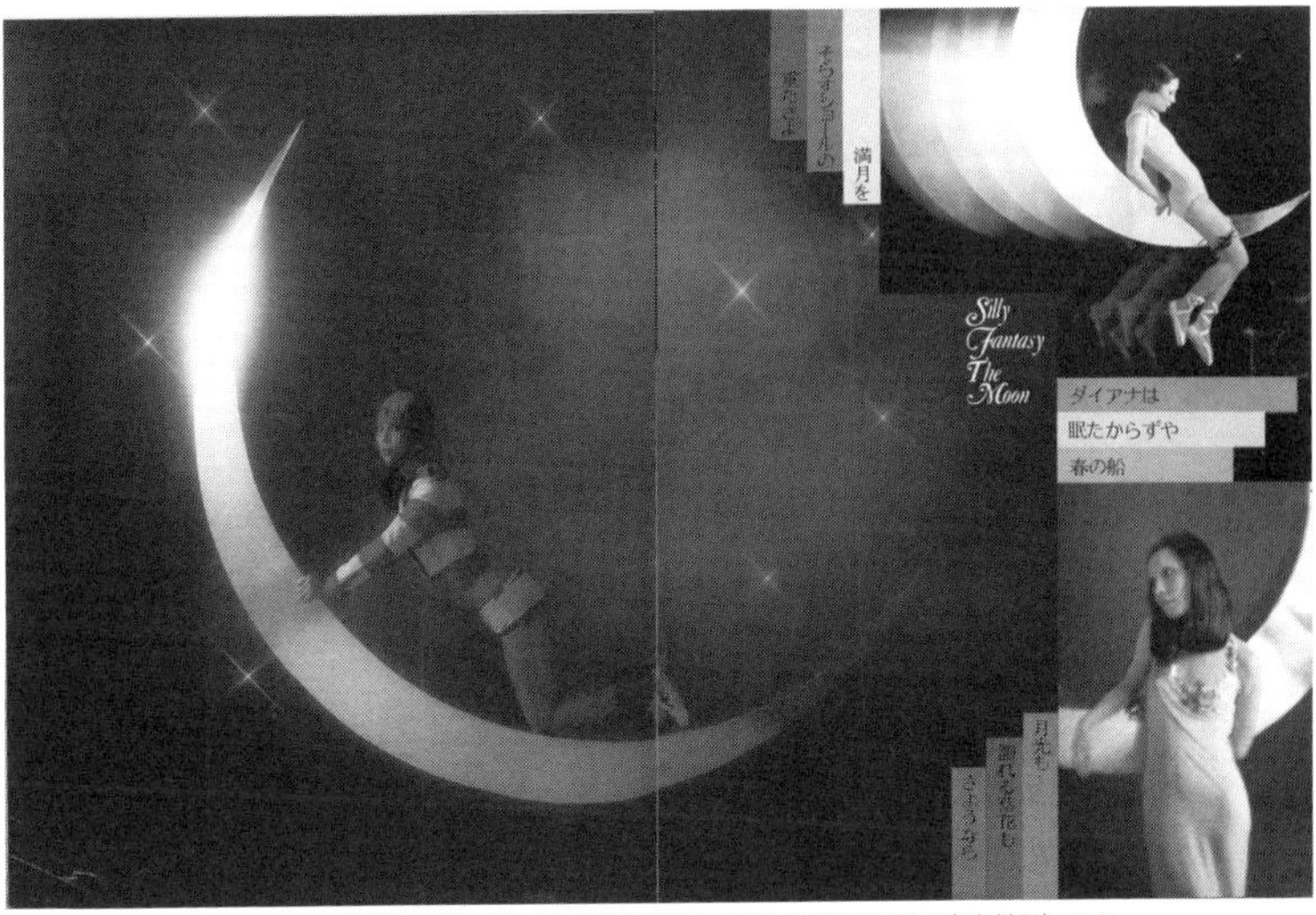
満月を
そらすショールの
Silly Fantasy The Moon
ダイアナは
眠たからずや
春の船
「月のユリによせて」撮影＝立木義浩　第49号（1972年3月20日・4月5日創刊二周年記念合併号）より

分に発揮したものだった。立木義浩も篠山紀信も天成の感性、美意識を持っていたが、堀内が撮影現場（それを決めるのも堀内の仕事だ）にいなかったら、あれほどのいい写真は撮れなかったと椎根は思う。

堀内の金言は多数あるが、そのなかで椎根が好きなのは、「視覚の記憶の強い人は王者である」（『ぼくの絵本美術館』）。

ロッコール誌時代、堀内は、米国育ちでシカゴのニュー・バウハウスで写真を勉強した石元泰博にであう。石元は堀内の才能に驚き、「貴方みたいな人は、こんなところに居ないで、アメリカに行きなさい」と助言したという（『父の時代　私の時代』）。ハーパーズ・バザー誌のブロドヴィッチもヴォーグ誌のアレックス・リバーマンもロシアからの移民だったから堀内がアメリカでアートディレクターになるのはなんの問題もなかった。

もうひとつ、堀内がいつも〝愛用〟していた言葉を椎根は思いだす。

「再見　香港 1972」イラスト＝原田治
第49号（1972年3月20日・4月5日創刊二周年記念合併号）より

それは、「欲よ、ヨクだよ」。写真・写真家に対する批判的意見を述べる時、人間を語る時の評価の基準としてよく使っていた。堀内には〝欲〞がまったく感じられなかった。

　堀内がアンアン誌を退任するという公式な発表はなく、ただ編集部内でヒソヒソと語られたのみだった。

　椎根も、このままアンアンに残っても、無意味な人事抗争にまきこまれるだろうという予感がして退社することにした。その後のアテはなかったが、一番いい思い出となったロンドンでブラブラしようと考えていた。また生意気にも男性編集者は、三十歳をこえたら雑誌の世界から足を洗わなければならない、と信じていた。椎根は二十九歳だった。

　今野雄二に、この平凡出版という会社をやめるよ、というと、「ヤマトがやめるのならボクもやめる！」と、椎根がゲイ関係でもないのに、うれしい決意をみせてくれた。

　女性のほうでは、淀川、滝谷、野田と同時期に社員になった歌代千代子も同時期に退社した。スタイリストの島本美知子も、堀内さんのいない編集部にいても、なんにもならない、といってパリへイラスト修業へいった。

金子功、立川ユリも、アンアンに登場することがなくなった。立木義浩、三朗の写真もみられなくなった。

金子功は、一九七二年の夏にピンクハウスを立ちあげ、ニコルの松田光弘と、ジョイント・ファッション・ショーを開いた。その写真は斎藤亢が撮り、アンアンに掲載された。

第50号から、堀内誠一抜きで再スタートしたアンアンには、芸能人が登場することが多くなり、そこに木滑編集長の、ポパイ誌的な男っぽい企画があり、蝦名・中谷組の陶芸の世界があり、わけのわからない企画がはさまり、ごった煮カタログ・マガジンになってしまった。

レイアウト、デザイン部門には堀内の直弟子、新谷雅弘、村松仁美は残ったが、そこに社員の永井博が参加して、堀内時代にあった、粋で、愉しい絵本をみるような、匂いまで発するようなデザインワークはみられなくなった。

そして堀内が去ってからわずか四か月で、木滑良久と蝦名・中谷組の、編集方針をめぐる深刻な抗争がはじまる。それをみて、清水副社長は、広告局長だった相川新一をアンアン編集部に、自分のかわりに発行人として常駐させた。

ところが、その相川が心臓病で急死してしまう。もつれてしまった木滑と蝦名の関係を、元にもどそうとした心労が、相川の死につながった、といわれた。

相川の突然の死に愕然とした木滑良久も平凡出版を退社することになる。木滑退社の報を聞いて、椎根は予想通りの事のなりゆきに、微苦笑するだけだった。

しかし、ポパイ誌創刊とともに平凡出版に再入社した木滑はその後社長になり、木滑の次は中谷規子、次に赤木洋一も社長になった。そう考えるとアンアン編集部には、社長向きの人材がゴロゴロしていたわけである。

椎根も、オリーブ誌創刊の時に、再入社した。

今野雄二は、すばらしいゲイの世界の小説『恋の記憶』（径書房）を残して、自死した。

淀川美代子と野田敬子は、アンアン編集部に十年以上在籍した。アンアンの新入社員の自己紹介文に、〝かわいい文章も書いてみたい〟と記した淀川美代子は一九八五年にオリーブ誌編集長になり〝かわいい写真〟で、オリーブ少女ブームをつくりあげた。

一九八七年、淀川はアンアン編集長になり、一九八九年「セックスで、きれいになる」特集で、社としての念願だった発行部数百万部を突破した。アンアン誌はファッションで、〝ヴィジュアル・ショック〟をめざしてスタートしたが、その二十年後に〝セックス路線〟によって目標を達成した。


アルチュール・ランボーは、「見者の手紙」で、「『詩人』はあらゆる感覚の、久しい、宏大な、熟考された不羈奔放化によって『見者』となるのです。恋愛の、苦悩の、狂気のありとあらゆる形式です」（『ランボオの手紙』祖川孝訳、角川文庫）と宣言していた。

ファッション界の〝皇太后〟ココ・シャネルは、「モードというものは、その時代にマッチした、まったく違った女性が生まれた、という幻影を与えることなのよ」（マルセル・ヘードリッヒ『ココ・シャネルの秘密』山中啓子訳、早川書房）といっている。

アンアンが、やってきたことは、まさに、そのことだった。

ランボーのいう〝狂気の形式〟、ココの〝モード〟という言葉を〝ファッション雑誌〟と置き換えて読めば、すんなりと理解できるだろう。

ランボーは、「彼は未知のものに達したのである。そして気も錯乱して、遂には自分の幻像が理解出来なくなった時、彼は正しくその幻像を見たわけです！　数限りない前代未聞の事物による跳躍のなかで」と続けている。

ココは、〝幻影〟といい、ランボーは〝幻像〟と記したが、どちらも同じ意味、〝イメージ〟である。創刊から四十九冊のアンアンは、希代のイリュージョニスト堀内誠一のもとで、純粋に幻影・幻像づくりに集中できた幸運な時代だったのかもしれない。

ランボーの〝幻像〟話の次の章句は、「くたばるならくたばるがよい。他の恐るべき労働者たちがその代りにやって来るだろう」だった。

狂気の形式が、狂気の写真がなくなった雑誌では、編集は、〝恐るべき労働者〟にまかせるしかないのかもしれない。

アンアン誌は創刊からずっと赤字だった。

のちに堀内はこう記している。

「正直、私がADをしていた二年間は投資段階で、私は又も清水さんに遊ばせてもらったことになります」(『父の時代　私の時代』)

ところが、六本木というエリアの急激な発展により、あれよあれよというちに地価が高騰し、堀内のいたアンアンの二年間の累積赤字を軽くペイできるほどになった。

アンアン誌編集部を六本木に置きたいと強く主張したのは、堀内誠一だった。

堀内のありあまる才能に寄りかかって、〝遊ばせてもらった〟のは平凡出版、つまりマガジンハウスのほうだった。

本書は書き下ろしです

著者について

椎根和（しいね・やまと）

編集者・作家。一九四二年福島県生まれ。早稲田大学第二商学部卒業後、「婦人生活」編集者に。その後、平凡出版（現マガジンハウス）で「平凡パンチ」「アンアン」の編集に携わり、講談社開発室、「日刊ゲンダイ」創刊編集長を経て、以後、「ポパイ」チーフディレクター、「オリーブ」創刊編集長、「週刊平凡」編集長、「Ｈａｎａｋｏ」「Ｃｏｍｉｃアレ！」「ＬＩＫＥ Ａ ＰＯＯＬ」「リラックス」の創刊編集長を歴任。関わった雑誌は十一誌に及ぶ。

著書に『ＶＲ的完全版　平凡パンチの三島由紀夫』『ｐｏｐｅｙｅ物語』『オーラな人々』『銀座Ｈａｎａｋｏ物語』『フクシマの王子さま』『希林のコトダマ　樹木希林のコトバと心をみがいた98冊の保存本』、荒井良二との共作絵本に『ウリンボー』がある。

49冊のアンアン

二〇二三年三月十五日印刷
二〇二三年四月十五日発行

著　者　椎根和
発行者　吉田保
発行所　株式会社フリースタイル
東京都世田谷区北沢二－十－十八
電話　（〇三）六四一六－八五一八
振替　〇〇一五〇－〇－一八二〇七

印刷・製本　株式会社シナノ

ISBN978-4-86731-005-2